Uma herança incômoda

Nicholas Wade

Uma herança incômoda

Genes, raça e história humana

TRADUÇÃO Pedro Sette-Câmara

TRÊS ESTRELAS

Título original *A Troublesome Inheritance: Gene, Race and Human History*

EDITOR Alcino Leite Neto

EDITORA-ASSISTENTE Rita Palmeira

PRODUÇÃO GRÁFICA Iris Polachini

CAPA André Kavakama

IMAGEM DA CAPA Universal Images Group Editorial/ Getty Images

PROJETO GRÁFICO DO MIOLO Mayumi Okuyama

EDITORAÇÃO ELETRÔNICA Jussara Fino

PREPARAÇÃO Ana Cecília Agua de Melo

REVISÃO Carmen T. S. Costa, Cacilda Guerra e Guilherme Magalhães

INFOGRAFIA Editoriadearte.com

Dados Internacionais de Catalogação na Publicação (CIP)
(Câmara Brasileira do Livro, SP, Brasil)

Wade, Nicholas
Uma herança incômoda: genes, raça e história humana / Nicholas Wade; tradução Pedro Sette-Câmara. São Paulo: Três Estrelas, 2016.

Título original: *A Troublesome Inheritance: Genes, Race and Human History*

ISBN 978-85-68493-30-4

1. Civilização Ocidental 2. Evolução humana 3. Genética 4. Raça 5. Sociobiologia I. Título.

16-05196 CDD-599.938

Índices para catálogo sistemático:
1. Evolução humana: Ciências da vida 599.938

Este livro segue as regras do Acordo Ortográfico da Língua Portuguesa (1990), em vigor desde 1º de janeiro de 2009.

TRÊS ESTRELAS

Al. Barão de Limeira, 401, 6º andar
CEP 01202-900, São Paulo, SP
Tel.: (11) 3224-2186/2187/2197
editora3estrelas@editora3estrelas.com.br
www.editora3estrelas.com.br

Sumário

Prefácio

Todo livro deveria falar por si mesmo. Porém, como *Uma herança incômoda* recebeu uma atenção fora do comum desde sua publicação, talvez os leitores que se perguntam sobre o motivo de tanto barulho sejam beneficiados por uma nova exposição dos objetivos do livro e pela consideração de algumas críticas.

O livro foi ocasionado pelas volumosas informações novas a respeito da recente evolução humana que estão surgindo do genoma. Está vindo à luz a imagem cada vez mais detalhada da diferenciação da população humana moderna desde que ela se dispersou de sua origem ancestral africana há cerca de 50 mil anos. Essa história seria puramente científica não fosse a raça, que é o resultado final da diferenciação, um tópico politicamente muito controverso.

A história ocorre dentro do arcabouço da evolução humana. Os dois assuntos, entretanto, são sempre tratados separadamente, como se a evolução humana tivesse parado de vez algum tempo considerável antes de a história começar. Contudo, a evolução não pode parar. Não há indícios de que esse conveniente hiato tenha ocorrido. Os novos indícios do genoma deixam cada vez mais claro que a evolução e a história estão entremeadas, talvez não intimamente, mas o bastante para permitir que a genética tenha ao menos um pequeno papel na moldagem do mundo de hoje.

O propósito de *Uma herança incômoda* é explorar esse novo território e, em certos momentos, mostrar como as diferenças evolutivas entre as populações humanas podem ser descritas sem oferecer a menor base para o racismo, a visão de que existe uma hierarquia de raças, sendo algumas superiores às outras. As diferenças entre populações sem dúvida existem, mas são muito sutis. Longe de serem distintas, as raças diferem meramente na qualidade conhecida pelos geneticistas como frequência relativa de alelos. Essas diferenças existem porque, uma vez espalhadas pelo planeta, as diversas populações humanas ficaram amplamente independentes umas das outras, e daí assumiram diferentes caminhos evolutivos.

Essa visão pode parecer comum, mas fere inúmeras superstições acadêmicas. Muitas pessoas, incluindo cientistas sociais e boa parte da esquerda acadêmica, há muito fizeram o que me parece uma escolha infeliz, que consiste em basear sua oposição ao racismo não em princípios, mas na afirmação de que a raça é uma construção social, não uma realidade biológica. Assim, eles se opõem furiosamente, a partir de bases políticas, a qualquer discussão do fundamento biológico da raça. Seus ideais são honrosos, mas suas táticas, nem tanto.

Ao referir-se a qualquer pessoa que investigue o fundamento biológico da raça como "racista científico", e assim essencialmente satanizá-la como se fosse racista, a esquerda acadêmica conseguiu suprimir quase toda a discussão a respeito da diferenciação humana. A maior parte dos pesquisadores foge do assunto em vez de arriscar-se a ser maculados com insinuações de racismo, que colocariam em risco suas carreiras e seus financiamentos.

Em geral, os críticos deste livro ignoraram seus argumentos centrais e preferiram desacreditá-lo indiretamente. Uma tática foi dar a entender que o livro é racista, ainda que isso exija atribuir-lhe afirmações que ele não faz. Na verdade, o livro é uma tentativa de explorar como a variação humana pode ser entendida desde uma perspectiva explicitamente não racista. Com torrentes cada vez maiores de dados do genoma, essa é uma tarefa que deverá ser encarada mais cedo ou mais tarde. Cabe ao leitor determinar quanto sucesso este livro teve ao abordá-la.

Outra tática foi afirmar, sem provas, que o livro está repleto de erros e de representações equivocadas. Esses ataques, que incluíram uma carta assinada por um grande número de geneticistas acadêmicos, não citam exemplos específicos de nenhum desses problemas; espera-se que o leitor aceite a mera palavra dos críticos como prova suficiente. Essas críticas têm motivação política e, na minha opinião, não têm mérito. Até onde sei, o livro não tem grandes erros e é tão correto quanto pode ser uma descrição de um campo científico em que as mudanças são velozes.

Nesta edição, corrigi uma citação errada, ainda que ela não fizesse diferença para o argumento em questão, atualizei informações que foram superadas por novos dados, e esclareci o argumento em diversos pontos. Não vi motivo para modificar o argumento de sua primeira metade, de que a raça tem fundamento biológico e que se baseia na qualidade sutil da frequência relativa de alelos. Longe de oferecer qualquer pretexto para o racismo, esse fato científico apenas enfatiza a unidade genética da humanidade.

A segunda metade do livro, como explicado no primeiro capítulo, é especulativa. Nela, questiona-se se o comportamento social humano, e portanto a natureza das sociedades humanas, passou por alguma mudança evolutiva no passado recente. Não há muitos indícios a esse respeito, em parte porque não houve estudo sistemático da questão. Para mim, é no mínimo plausível a hipótese de que a seleção natural não deixou de moldar o comportamento social de uma espécie altamente social. Caso as sociedades humanas tenham continuado a evoluir nos últimos milhares de anos, muitos aspectos da história e do mundo moderno receberão uma luz considerável lançada por esse processo. Principalmente, ele ajudaria a explicar por que as instituições – as quais, por baixo de espessas camadas de cultura, repousam sobre o comportamento humano – tendem a diferir de uma sociedade para outra em padrões de longo prazo.

Conjeturar que um pequeno componente evolutivo contribuiu para a rica diversidade das sociedades humanas não parece particularmente implausível. Na verdade, isso é muito mais provável do que a alternativa disponível, isto é, que a evolução não tenha desempenhado papel nenhum na moldagem das sociedades atuais. Porém, o dogma dominante nas ciências sociais manteve por décadas que todas as diferenças entre sociedades humanas são puramente culturais, e qualquer questionamento dessa visão provoca uma agitação considerável.

Aqueles que escrevem sobre ciência não devem excluir nada ao tentar explicar para os leitores as descobertas e as implicações de novas pesquisas. No caso do genoma humano, é evidente que estamos abrindo um arquivo de dados inteiramente novos sobre a história humana. Surpreendentemente, boa parte dos dados na verdade reflete mudanças ocorridas no passado evolutivo recentíssimo. A questão é saber se algumas das mudanças são recentes o bastante para fazer parte do período histórico. Se for esse o caso, o genoma humano promoveria a interseção entre evolução e história. *Uma herança incômoda* é o primeiro livro a abordar especificamente essa questão de interesse extraordinário. No atual estado rudimentar do conhecimento, algumas das premissas e conjeturas do livro podem vir a demandar revisões. Mesmo assim, creio que *Uma herança incômoda* está fazendo as perguntas certas e esclarece respostas pelas quais ansiamos e que um dia trarão novos e profundos esclarecimentos sobre a natureza, a sociedade e a história humanas.

Evolução, raça e história

Desde a decodificação do genoma humano em 2003, um novo foco de luz foi lançado sobre a evolução humana, levantando muitas questões interessantes porém incômodas.

Hoje não se questiona que a evolução humana é um processo contínuo que vem avançando vigorosamente nos últimos 30 mil anos e quase com certeza – ainda que a evolução recente seja difícil de mensurar – no período da história registrada e até os dias de hoje. Seria de supremo interesse saber como as pessoas evoluíram em épocas recentes e reconstruir as impressões digitais deixadas pela seleção natural enquanto ela moldava e retrabalhava o barro genético. Qualquer grau de evolução no comportamento social que se saiba ter acontecido no tempo histórico poderia ajudar a explicar traços importantes do mundo contemporâneo.

Todavia, a investigação e a discussão dessas questões são complicadas em razão da raça. Desde que os primeiros humanos modernos dispersaram-se de sua terra natal ancestral no norte da África há cerca de 50 mil anos, as populações de cada continente evoluíram em grande parte de maneira independente umas das outras, cada qual adaptando-se a seu próprio ambiente regional. Sob essas diversas pressões locais, desenvolveram-se as principais raças da humanidade: a dos africanos, asiáticos orientais e europeus, assim como muitos outros grupos menores.

Por causa dessas divisões na população humana, qualquer pessoa interessada na evolução do ser humano recente está quase inevitavelmente estudando as raças, quer queira, quer não.

A investigação científica assim entra em um conflito potencial com os interesses das políticas públicas de não gerar comparações possivelmente ofensivas que possam fomentar o racismo. Diversas barreiras intelectuais erguidas muitos anos atrás para combater o racismo hoje bloqueiam o caminho do estudo do passado evolutivo recente. Entre essas inclui-se o pressuposto de que não houve evolução humana recente e a afirmação de que raças não existem.

A NOVA VISÃO DA EVOLUÇÃO HUMANA

Novas análises do genoma humano estabelecem que a evolução humana foi recente, copiosa e regional. Os biólogos que esquadrinham o genoma em busca de indícios da seleção natural detectaram sinais de muitos genes que foram favorecidos pela seleção natural no passado evolutivo recente. Pelo menos 8% do genoma humano, segundo uma estimativa, mudou sob essa pressão evolucionária recente.[1] A maior parte desses sinais da seleção natural data de 30 mil a 5 mil anos atrás, um mero piscar de olhos na escala temporal da evolução, que é de 3 bilhões de anos.

A seleção natural continuou a moldar o genoma humano, sem dúvida até os dias atuais, ainda que os sinais da evolução nos últimos cem ou mil anos sejam mais difíceis de captar, a menos que a força da seleção tenha sido extremamente pronunciada. Porém, o estudo do DNA ancestral recuperado em sítios da atual Ucrânia revelou um exemplo bastante recente da seleção natural: os pesquisadores verificaram que genes variantes que favorecem pele clara, olhos azuis e cabelo mais claro estiveram sob seleção nos últimos 5 mil anos.[2]

Hoje são conhecidos diversos exemplos de como a seleção natural moldou características humanas apenas nos últimos séculos. Sob a pressão da seleção, por exemplo, a idade da primeira reprodução entre as mulheres nascidas de 1799 a 1940 em L'Isle-aux-Coudres, uma ilha no rio Saint Lawrence, perto de Quebec, caiu de 26 para 22 anos, segundo pesquisadores que puderam estudar um registro excepcionalmente completo de casamentos, nascimentos e óbitos nos registros paroquiais da ilha.[3]

Os pesquisadores afirmam que outros efeitos possíveis, como uma nutrição melhor, podem ser descartados como explicações e observam que a tendência a dar à luz em uma idade menos avançada parecia herdável, confirmando que uma mudança genética tinha acontecido. "Nosso estudo corrobora a ideia de que os seres humanos ainda estão evoluindo", escrevem. "Ele também demonstra que a microevolução é detectável em algumas poucas gerações em uma espécie de vida longa."

Outra fonte de evidências para a evolução humana muito recente é a das pesquisas multigeracionais conduzidas por razões médicas, como o Framingham Heart Study. Fazendo uso de métodos estatísticos desenvolvidos por biólogos evolutivos para medir a seleção natural, os médicos conseguiram recentemente isolar certas mudanças corporais que estão sob pressão evolutiva em grandes populações de pacientes. Os traços incluem a idade da primeira reprodução, que está diminuindo nas sociedades modernas, e a idade da menopausa, que está aumentando. Os traços não possuem nenhuma importância particular em si mesmos e foram medidos só porque os dados relevantes foram reunidos pelos médicos que projetaram os estudos. Contudo, as estatísticas sugerem que os traços são herdados, e, se é assim, eles são uma evidência de que a evolução está operando nas populações hoje. "As evidências sugerem fortemente que estamos evoluindo e que nossa natureza é dinâmica, não estática", conclui Stephen Stearns, biólogo da Universidade Yale, ao resumir catorze estudos recentes que mediram a mudança evolutiva em populações vivas.[4]

A evolução humana é não apenas recente e extensiva; também é regional. O período de 30 mil a 5 mil anos atrás, no qual foram detectados sinais da seleção natural recente, ocorreu depois da separação das três raças principais, e por isso representa aquela seleção que aconteceu em grande parte de maneira independente dentro de cada raça. As três raças principais são os africanos (aqueles que vivem ao sul do Saara), os asiáticos orientais (chineses, japoneses e coreanos) e caucasianos (europeus e os povos do Oriente Próximo e do subcontinente indiano). Em cada uma dessas raças, um conjunto distinto de genes foi modificado pela seleção natural, como descrito mais adiante, no capítulo "A genética da raça". Isso é nada mais do que aquilo que seria esperado de populações que tiveram de adaptar-se a desafios diversos em cada continente. Os genes especialmente afetados pela seleção natural controlam não apenas traços esperados como cor da pele e metabolismo nutricional, mas também alguns aspectos da função cerebral, porém de maneiras ainda não compreendidas.

A análise dos genomas do mundo inteiro estabelece que de fato existe uma realidade biológica para a raça, apesar das declarações oficiais em contrário das principais organizações de ciências sociais. Uma discussão mais longa dessa questão é apresentada no capítulo "A genética da raça", mas é possível ilustrar esse ponto com o fato de que, com populações de raça mista, como os afro-americanos, os geneticistas hoje conseguem, a partir de um genoma individual, dizer se cada segmento possui um ancestral africano ou europeu, exercício que seria impossível se a raça não tivesse alguma base na realidade biológica.

O fato de que a evolução humana tem sido recente, copiosa e regional não é muito reconhecido, ainda que já tenha sido referido em muitos artigos na literatura sobre genética. A razão, em parte, é que o conhecimento é novíssimo, e em parte porque impõe desafios incômodos a saberes convencionais profundamente arraigados.

O CREDO DAS CIÊNCIAS SOCIAIS E A EVOLUÇÃO

Há muito é conveniente para os cientistas sociais pressupor que a evolução humana parou por completo em um passado distante, talvez quando as pessoas descobriram que podiam construir um telhado sobre suas cabeças e proteger-se das forças hostis da natureza. Os psicólogos evolutivos ensinam que a mente humana está adaptada às condições que prevaleceram no fim do último período glacial, há cerca de 10 mil anos. Os historiadores, economistas, antropólogos e sociólogos pressupõem que não houve mudança no comportamento humano inato durante o período histórico.

Essa crença na suspensão recente da evolução, ao menos para as pessoas, é compartilhada pelas principais associações de cientistas sociais, que afirmam que a raça nem sequer existe, ao menos em sentido biológico. "A raça é uma invenção humana recente", proclama a American Anthropological Association [Associação Americana de Antropologia]. "Raça tem a ver com cultura, não com biologia."[5] Um livro recente publicado pela Associação afirma que "a raça não é real da maneira como a concebemos: como algo profundo, primordial e biológico. Antes, trata-se de uma ideia fundacional com consequências devastadoras porque nós, em nossa cultura e em nossa história, a fizemos assim".[6]

A conclusão a que nos leva o bom senso – de que a raça é tanto uma realidade biológica quanto uma ideia altamente politizada que às vezes tem consequências perniciosas – também escapou à American Sociological Association [Associação Americana de Sociologia]. O grupo afirma que "raça é um construto social" e adverte "para o risco de contribuir para a concepção popular de raça como algo biológico".[7]

A visão oficial dos cientistas sociais foi elaborada para sustentar a visão política de que a genética não pode de jeito nenhum ser a razão pela qual as sociedades humanas diferem – é preciso que a resposta esteja exclusivamente nas diferenças entre as culturas humanas e no ambiente que as produziu. O antropólogo social Franz Boas estabeleceu a doutrina de que o comportamento humano é moldado apenas pela cultura e de que cultura nenhuma é superior a qualquer outra. Desse ponto de vista segue-se que todos os homens são essencialmente intercambiáveis, exceto por suas culturas, e de que as sociedades mais complexas devem sua maior força ou prosperidade apenas a acidentes felizes, como os geográficos.

As descobertas recentes de que a evolução humana tem sido recente, copiosa e regional solapam fortemente a visão de mundo oficial dos cientistas sociais porque estabelecem que a genética pode ter desempenhado um papel possivelmente significativo junto com a cultura na formação das diferenças entre as populações humanas. Por que, então, tantos pesquisadores ainda se apegam à ideia de que a cultura por si é a única explicação possível para as diferenças entre sociedades humanas?

Uma razão é, claro, o temor compreensível de que a investigação de diferenças raciais vá servir de apoio ao racismo, questão discutida a seguir. Outra é a inércia intrínseca do mundo acadêmico. Os pesquisadores universitários não agem de modo independente, mas como comunidades de estudiosos que constantemente conferem e aprovam o trabalho uns dos outros. É assim que as coisas funcionam particularmente no ramo das ciências, em que os pedidos de financiamento precisam ser aprovados por um painel de colegas e as publicações são submetidas ao exame de editores e de resenhistas. A grande vantagem desse processo é que as afirmações que os estudiosos fazem em público costumam ser muito mais do que sua opinião particular – elas são o conhecimento certificado por uma comunidade de especialistas.

Contudo, uma desvantagem do sistema é sua tendência ocasional a um conservadorismo extremo. Os pesquisadores apegam-se à visão do campo em que se formaram e, à medida que envelhecem, podem obter a influência necessária para bloquear mudanças.

Durante cinquenta anos os principais geofísicos não pouparam esforços para opor-se à ideia de que os continentes movimentaram-se pela face do planeta. "O conhecimento avança, um funeral após o outro", observou certa vez o economista Paul Samuelson.

Outro tipo de falha ocorre quando as universidades permitem que um campo inteiro de estudiosos vá para a direita ou para a esquerda. As duas direções são igualmente prejudiciais à verdade, mas no momento a maioria dos departamentos universitários tende fortemente para a esquerda. Qualquer pesquisador que discuta questões politicamente ofensivas à esquerda corre o risco de antagonizar os colegas profissionais que têm a função de aprovar seus pedidos de fundos governamentais e que analisarão seus artigos a serem publicados. A resposta mais frequente é a autocensura, especialmente em qualquer coisa que tenha a ver com a recente evolução diferencial da espécie humana. Bastam alguns justiceiros para encurralar todo um campus. O resultado é que os pesquisadores hoje costumam ignorar a biologia da raça, ou pisam em ovos ao abordar o assunto, a fim de não serem acusados de racismo por seus rivais acadêmicos e verem suas carreiras destruídas.

A resistência à ideia de que a evolução humana é recente, copiosa e regional dificilmente vai desaparecer se os acadêmicos não puderem ser convencidos de que a exploração do passado evolutivo recente não levará a um ressurgimento do racismo. Na verdade, esse ressurgimento parece altamente improvável, pelas razões a seguir.

A GENÔMICA E AS DIFERENÇAS RACIAIS

Em primeiro lugar, a oposição ao racismo é hoje bastante arraigada, ao menos no Ocidente. É difícil imaginar qualquer circunstância que fosse derrubar ou enfraquecer esse juízo, em particular alguma evidência científica. O racismo e a discriminação são errados não como questão científica, mas de princípio. A ciência trata do que é, não do que deveria ser. Suas areias movediças não sustentam valores, por isso é tolo erguê-los sobre elas.

Os acadêmicos, que são obcecados com inteligência, temem a descoberta de um gene que vá provar que uma raça é mais inteligente do que outra. Mas é improvável que isso vá acontecer no futuro próximo. Ainda que a inteligência tenha base genética, ainda não foram descobertas quaisquer variantes genéticas que a aumentem. A razão, quase com certeza, é que existem muitos desses genes, e cada um deles possui um efeito pequeno demais para ser detectável com os métodos atuais.[8] Caso os pesquisadores um dia descubram um gene que aumenta a inteligência nos asiáticos orientais, por exemplo, dificilmente eles poderiam afirmar, a partir disso, que os asiáticos orientais são mais inteligentes do que outras raças, porque restam centenas de genes similares a ser descobertos em europeus e em africanos.

Mesmo que todas as variantes que aumentam a inteligência em cada raça fossem identificadas, ninguém tentaria computar a inteligência a partir da informação genética: seria muito mais fácil simplesmente aplicar um teste de inteligência. Mas testes de QI já existem, qualquer que seja seu valor.

Mesmo que se provasse que uma raça é geneticamente mais inteligente do que outra, que consequência se seguiria? Na verdade, quase nenhuma. Os asiáticos orientais costumam marcar por volta de 105 pontos em testes de inteligência, média acima da dos europeus, que marcam 100. Um QI superior não torna os asiáticos orientais moralmente superiores a outras raças. As sociedades asiáticas orientais têm muitas virtudes, mas não têm necessariamente mais sucesso que as sociedades europeias em atender às necessidades de seus membros.

A ideia de que qualquer raça tem o direito de dominar outras ou é superior a elas em qualquer sentido absoluto pode ser firmemente rejeitada por uma questão de princípios, e, tendo raiz em princípios, é inatacável pela ciência. Mesmo assim, sendo as raças diferentes, é inevitável que a ciência vá estabelecer vantagens relativas em alguns traços. Por causa de variantes genéticas, os tibetanos e os andinos são melhores do que outros em viver em grandes altitudes. Em todos os jogos olímpicos desde 1980, todo finalista na corrida masculina de 100 metros rasos tem ascendência da África ocidental.[9] Não surpreenderia caso fosse descoberto algum fator genético que contribuísse para esse atletismo.

O estudo da genética da raça vai inevitavelmente revelar diferenças, algumas das quais mostrarão, para aqueles que se interessarem, que uma raça tem uma pequena vantagem sobre outra em um traço particular. Mas esse tipo de investigação também vai estabelecer uma verdade mais ampla e mais importante: a de que todas as diferenças entre raças são variações sobre um tema comum.

Descobrir que a genética desempenha um certo papel nas diferenças entre as principais sociedades humanas não significa que esse papel seja dominante. Os genes não determinam o comportamento humano; eles apenas predispõem as pessoas a agir de determinadas maneiras. Os genes explicam muito, provavelmente muito mais do que hoje se entende ou se conhece. Mas sua influência na maioria das situações é ou pode ser sobrepujada por comportamentos aprendidos ou pela cultura. Dizer que os genes explicam tudo no comportamento social humano seria tão absurdo quanto supor que eles não explicam nada.

Os cientistas sociais muitas vezes escrevem como se acreditassem que a cultura explica tudo e a raça, nada, e que todas as culturas humanas têm o mesmo valor. A verdade que vem surgindo é mais complicada. A natureza humana é muito parecida no mundo inteiro. Mas, ainda que as pessoas tenham muito em comum, suas sociedades diferem enormemente em sua estrutura, em suas instituições e em suas realizações. Durante a maior parte da história registrada, a civilização da China teve preeminência. Ao contrário da crença central dos multiculturalistas, a cultura ocidental realizou muito mais do que outras culturas em muitas esferas importantes e fez isso porque os europeus, provavelmente por razões tanto evolutivas quanto históricas, foram capazes de criar sociedades abertas e inovadoras, marcadamente distintas de organizações humanas comuns como o tribalismo e a autocracia. Sendo as pessoas tão similares, ninguém tem o direito, nem motivo, para afirmar superioridade sobre uma pessoa de raça diferente. Porém, algumas sociedades realizaram muito mais do que outras, talvez por pequenas diferenças em comportamento social. Uma questão a ser explorada adiante é se essas diferenças foram moldadas pela evolução.

COMPORTAMENTO SOCIAL E HISTÓRIA

O propósito das páginas seguintes é desmistificar a base genética da raça e perguntar o que a evolução humana recente revela a respeito da história e da natureza das sociedades humanas. Se o medo do racismo puder ser suficientemente superado pelos pesquisadores a ponto de eles aceitarem que a evolução humana tem sido recente, copiosa e regional, diversas questões críticas da história e da economia podem abrir-se para a exploração. A raça pode ser uma herança problemática, mas é melhor explorar e entender seu peso na natureza e na história humanas do que fingir, por razões de conveniência política, que ela não tem base evolutiva.

É o comportamento social que tem relevância na explicação de acontecimentos centrais – explicados imperfeitamente por outros métodos – da história e da economia. Ainda que as diferenças emocionais e intelectuais entre os povos do mundo como indivíduos sejam de fato pequenas, mesmo uma pequena alteração no comportamento social pode gerar um tipo de sociedade muito diferente. As sociedades tribais, por exemplo, organizam-se a partir das relações de parentesco e diferem das sociedades modernas pelo fato de que o raio de confiança das pessoas não vai muito além da família e da tribo. Porém, nessa pequena variação está a raiz da vasta diferença nas estruturas econômicas e políticas de sociedades tribais e modernas. As variações em algum outro comportamento de base genética, a presteza com que se pune aqueles que violam regras sociais, pode explicar por que algumas sociedades são mais conformistas do que outras.

A estrutura social é o ponto em que a evolução humana encontra sua interseção com a história. Ocorreram vastas mudanças na estrutura social humana em todas as três raças principais nos últimos 15 mil anos. Esse foi o período em que as pessoas começaram a passar da vida nômade de bandos de caçadores-coletores para a existência sedentária em comunidades muito maiores. Essa fortíssima mudança obrigou à vida em uma sociedade hierárquica, e não mais em uma sociedade igualitária, assim como ao temperamento necessário para relacionar-se com muitos estranhos, e não apenas com alguns parentes próximos. Considerando que essa mudança levou tanto tempo para acontecer – os humanos modernos aparecem pela primeira vez no registro arqueológico 200 mil anos atrás, mas eles levaram 185 mil anos para assentar-se em comunidades fixas –, é tentador presumir que uma mudança genética significativa no comportamento social foi necessária e demorou esse tempo todo para desenvolver-se. Além disso, esse processo evolucionário aconteceu de maneira independente nas populações da Europa, da Ásia oriental, das Américas e da África, que se separaram muito antes que surgissem os primeiros assentamentos.

É improvável que a transição de caçadores-coletores para sedentários tenha sido a única mudança evolutiva no comportamento social humano. Provavelmente, desde o começo da agricultura, há cerca de 10 mil anos, a maioria das pessoas viveu à beira da fome completa. Após cada novo aumento de produtividade, mais bebês nasciam, as bocas a mais comiam o excedente e, em uma geração, todos estavam de volta a um estado de escassez pouco melhor do que o de antes.

Essa situação foi descrita com precisão pelo reverendo Thomas Malthus em sua análise de que a população era sempre contida pela miséria e pelo vício. Foi de Malthus que Darwin extraiu a ideia de seleção natural. Nas condições de luta feroz pela existência descritas por Malthus, Darwin percebeu que as variações favoráveis seriam preservadas e as desfavoráveis seriam destruídas, levando em algum momento à formação de uma nova espécie.

Considerando que a população humana deu a Malthus as observações que levaram Darwin ao conceito de seleção natural, há toda razão para supor que as pessoas que vivem em sociedades agrárias foram submetidas a intensas forças de seleção natural. Mas que traços estavam sendo selecionados durante o longo passado agrário? As evidências descritas no capítulo "O remodelamento da natureza humana" indicam que foi a natureza social humana que mudou. Até a grande transição demográfica que se seguiu à industrialização, os filhos dos ricos sobreviviam em maior número do que os dos pobres. À medida que muitos filhos dos ricos perdiam status, disseminavam pela população os genes que sustentam os comportamentos úteis para a acumulação de riquezas. Essa engrenagem de riqueza oferece um mecanismo geral para que um conjunto específico de comportamentos – aqueles exigidos pelo sucesso econômico – torne-se mais generalizado e, uma geração após a outra, gradualmente mude a natureza de uma sociedade. O mecanismo até agora foi documentado apenas para uma população, para a qual existem registros excepcionalmente precisos, a da Inglaterra entre 1200 e 1800. Entretanto, considerando a forte propensão humana para investir no sucesso dos próprios filhos, a engrenagem pode perfeitamente ter operado em todas as sociedades nas quais há gradações de riqueza.

As narrativas construídas pelos historiadores descrevem muitas formas de mudança, sejam políticas, militares, econômicas ou sociais. Um fato que quase sempre se supõe constante é a natureza humana. Contudo, se a natureza social humana, e portanto a natureza das sociedades humanas, mudou no passado recente, está disponível uma variedade nova para ajudar a explicar grandes pontos de mudança da história. A Revolução Industrial, por exemplo, marcou uma profunda mudança na produtividade das sociedades humanas, que levou quase 15 mil anos para surgir depois dos primeiros assentamentos. Será que isso também poderia ter exigido a evolução de uma diferença no comportamento social humano, tão significativa quanto aquela que acompanhou a transição da vida caçadora-coletora para a sedentária?

Há outros pontos de virada importantes na história, para os quais os estudiosos propuseram um punhado de causas prováveis, mas nenhuma explicação persuasiva. A China criou o primeiro Estado moderno e gozou da mais avançada civilização até o ano 1800, quando entrou em um intrigante declínio. Em 1500, o mundo islâmico superava o Ocidente na maioria dos aspectos, atingindo o ponto alto de sua expansão com o cerco de Viena em 1529 pelas forças do sultão Solimão, o Magnífico. Então, após quase mil anos de conquista incansável, a casa do Islã entrou em uma retirada longa e dolorosa, também por razões que desafiam o consenso dos estudiosos.

A contrapartida dos declínios chinês e islâmico é a ascensão inesperada do Ocidente. A Europa, feudal e semitribal no ano 1000, era quinhentos anos depois uma vigorosa expoente do saber e da exploração. A partir dessa base, as nações ocidentais tomaram a dianteira na expansão geográfica, na proeminência militar, na prosperidade econômica e na ciência e na tecnologia.

Os economistas e os historiadores descreveram muitos fatores que contribuíram para o despertar da Europa. Um deles, raramente considerado, é a possibilidade de uma mudança evolutiva, de que a população europeia, ao adaptar-se a suas circunstâncias particulares locais, tenha desenvolvido um tipo de sociedade altamente favorável à inovação.

DISPARIDADES ECONÔMICAS

Também falta uma explicação para muitas características importantes até do mundo de hoje. Por que alguns países são ricos e outros não deixam de ser pobres? O capital e a informação circulam de maneira bastante livre, então o que é que impede os países pobres de fazerem um empréstimo, de copiarem todas as instituições escandinavas e de tornarem-se tão ricos e pacíficos quanto a Dinamarca? A África absorveu bilhões de dólares de assistência no último meio século e, mesmo assim, até um surto recente de crescimento, seu padrão de vida permaneceu estagnado por décadas. A Coreia do Sul e Taiwan, por outro lado, quase igualmente pobres no começo do mesmo período, conseguiram uma recuperação econômica. Por que esses países foram capazes de modernizar-se tão rapidamente, enquanto outros têm muito mais dificuldade?

Os economistas e os historiadores atribuem as grandes disparidades entre os países a fatores como recursos, geografia ou diferenças culturais. No entanto, muitos países sem recursos, como Japão ou Cingapura, são muito ricos, ao passo que nações repletas de recursos como a Nigéria tendem a ser bem pobres. A Islândia, coberta principalmente por geleiras e por frígidos desertos, parece ter uma situação menos favorável do que a do Haiti, mas os islandeses são ricos e os haitianos, assolados pela persistência da pobreza e da corrupção. É verdade que a cultura apresenta uma explicação persuasiva e suficiente para muitas dessas diferenças. No experimento natural oferecido pelas duas Coreias, as pessoas são as mesmas em ambos os países, então com certeza devem ser as más instituições que mantêm pobres os coreanos do Norte e as boas que mantêm prósperos os coreanos do Sul.

Todavia, em situações em que a cultura e as instituições políticas podem circular livremente pelas fronteiras, é mais difícil explicar disparidades há muito persistentes. O ritmo enérgico e contínuo da evolução humana sugere uma nova possibilidade: a de que na raiz de cada civilização está um conjunto particular de comportamentos sociais evoluídos que a sustenta, os quais se refletem nas instituições da sociedade. As instituições não são apenas conjuntos de regras arbitrárias. Antes, nascem de comportamentos sociais instintivos, como a propensão a confiar em outras pessoas, a seguir regras e a punir aqueles que não as seguem, a tomar parte na reciprocidade e no comércio ou a pegar em armas contra grupos vizinhos. Como esses comportamentos variam levemente de uma sociedade para outra como resultado de pressões evolutivas, é provável que as instituições que dependem deles também variem.

Isso explicaria por que é tão difícil transferir instituições de uma sociedade para outra. As instituições americanas não podem ser implantadas com sucesso no Iraque, por exemplo, porque os iraquianos possuem comportamentos sociais distintos, incluindo uma base no tribalismo e uma bem fundamentada desconfiança do governo central. Igualmente, seria impossível importar a política tribal iraquiana para os Estados Unidos.

Com o advento de métodos rápidos e baratos para decodificar a sequência de unidades de DNA no genoma humano, as variações genéticas subjacentes às raças humanas podem ser exploradas pela primeira vez. Os caminhos evolutivos que geraram diferenças entre raças são de grande interesse para os pesquisadores, e muitos são descritos nas páginas seguintes. O significado mais amplo das variações do DNA no mundo inteiro, porém, não está nas diferenças, mas nas similaridades. Em nenhum outro lugar a unidade essencial da humanidade está escrita de maneira tão clara e indelével como no genoma humano.

Como boa parte do material que segue pode ser novo ou desconhecido para o leitor comum, um guia para sua credibilidade pode ser útil. Os capítulos "O experimento humano" e "A genética da raça" são provavelmente os de fundamento mais seguro. Ainda que apresentem ao leitor a vanguarda das pesquisas atuais, e a ciência de ponta tenha sempre mais chance de incomodar do que a dos livros-texto, as descobertas reproduzidas aqui baseiam-se em um amplo corpo de investigações feitas por renomados especialistas de cada área e é improvável que elas sejam revistas sob qualquer aspecto mais relevante. Os leitores podem provavelmente considerar os fatos nesses capítulos razoavelmente sólidos e as interpretações, geralmente bem fundamentadas.

A discussão das raízes do comportamento social humano no capítulo "As origens da natureza social humana" também se baseia em pesquisas substanciais, principalmente em estudos do comportamento humano e animal. Os fundamentos genéticos do comportamento social humano, porém, ainda são na maioria desconhecidos. Assim, há espaço considerável para discordâncias sobre quais comportamentos sociais têm base genética e até que ponto esses comportamentos podem ser definidos geneticamente. Além disso, todo o campo de pesquisa em comportamento social humano é ainda novo e eclipsado pelo paradigma, ainda influente entre os cientistas sociais, de que todo comportamento humano é puramente cultural.

Os leitores devem estar plenamente cientes de que do capítulo "Sociedades e instituições" ao capítulo "Perspectivas evolutivas sobre a raça" estarão deixando o mundo das ciências "duras" e adentrando uma arena muito mais especulativa na interface de história, economia e evolução humana. Como a existência das raças foi por muito tempo ignorada ou negada por muitos pesquisadores, existe uma carência de informações factuais sobre o peso da raça na sociedade humana. As conclusões apresentadas nesses capítulos estão muito longe de poder ser provadas. Por mais plausíveis (ou implausíveis) que pareçam, muitas são especulativas. Não há nada de errado com a especulação, claro, desde que as premissas sejam esclarecidas. E a especulação é o modo costumeiro de principiar a exploração de um território desconhecido, já que estimula a busca por evidências que a corroborem ou refutem.

Perversões da ciência

> Os imperialistas, citando o darwinismo em defesa da subjugação das raças mais fracas, podiam recordar *A origem das espécies*, cujo subtítulo é *A preservação das raças favorecidas na luta pela vida*. Darwin estava falando de pombos, mas os imperialistas não viram por que suas teorias não deveriam valer para os homens.
>
> RICHARD HOFSTADTER[1]

Ideias sobre raça, a maioria delas criada por biólogos, foram exploradas para justificar a escravidão, para esterilizar pessoas consideradas inaptas e, na Alemanha de Hitler, para realizar campanhas assassinas contra segmentos inocentes e indefesos da sociedade, como os ciganos, os homossexuais e as crianças com doenças mentais. O mais assustador foi a fusão de ideias eugenistas com noções de pureza racial que levaram os nazistas a assassinar cerca de 6 milhões de judeus nos territórios que controlavam.

Como não pode haver alerta mais sério para qualquer pessoa que pretenda investigar a natureza da raça, os erros que levaram pessoas e governos por esses caminhos equivocados devem primeiro ser compreendidos.

O racismo é um conceito surpreendentemente moderno. É só em 1910 que a palavra aparece pela primeira vez no *Oxford English Dictionary*. Antes disso, o preconceito racial existia em profusão, e ainda existe. Os gregos antigos usavam a palavra "bárbaro" para designar qualquer pessoa que não falasse grego. A China por muito tempo chamou a si mesma de Reino Central, considerando bárbaros todos aqueles que viviam fora de suas fronteiras. Os povos do deserto de Kalahari, que falam usando cliques, dividem o mundo em *Ju|'hoansi*, ou "gente de verdade", como eles próprios, e *!ohm*, categoria que inclui outros africanos, europeus e animais não comestíveis, como predadores. Os europeus conectam nacionalidade e comestibilidade, cunhando nomes pejorativos uns para os outros. Assim, os franceses referem-se aos ingleses como *les rosbifs* (*roast beefs*, ou rosbifes), ao passo que os ingleses chamam os franceses de *frogs* (rãs, em referência às pernas de rãs, iguaria francesa) e os alemães de *krauts* (de *sauerkraut*, ou chucrute).

A premissa central do racismo, que o distingue do preconceito étnico, é a noção de uma hierarquia ordenada de raças nas quais umas são superiores às outras, presumindo-se que a raça superior deve gozar do direito de governar as outras por suas qualidades intrínsecas.

Além da superioridade, o racismo também sugere a ideia de imutabilidade, que um dia se julgou estar no sangue, e que hoje se julga estar nos genes. Os racistas preocupam-se com casamentos inter-raciais ("a pureza do sangue"), que poderiam solapar a base de sua superioridade racial. Como a qualidade é considerada biologicamente intrínseca, o status superior do racista nunca pode ser questionado, e as raças inferiores jamais podem redimir-se. A noção de superioridade intrínseca, geralmente ausente do mero preconceito étnico, é usada para justificar o abuso ilimitado das raças consideradas inferiores, da discriminação social à aniquilação. "A essência do racismo consiste em considerar os indivíduos superiores ou inferiores ao supor que eles compartilhem atributos físicos, mentais e morais com o grupo a que pertenceriam, e presume-se que eles não podem mudar esses traços individualmente", escreve o historiador Benjamin Isaac.[2]

Não surpreende que a ideia de superioridade racial tenha surgido no século XIX, depois de as nações europeias terem estabelecido colônias na maior parte do mundo e procurado uma justificativa teórica para dominar outros povos.

Pelo menos duas outras linhas de pensamento contribuíram para as ideologias racistas modernas. Uma se originou do esforço dos cientistas para classificar as muitas populações humanas que os exploradores europeus descreveram. A outra foi o darwinismo social e a eugenia.

CLASSIFICANDO RAÇAS HUMANAS

No século XVIII, Lineu, o grande classificador dos organismos do mundo, reconheceu quatro raças, com base principalmente na geografia e na cor da pele. Ele as denominou *Homo americanus* (americanos nativos), *Homo europaeus* (europeus), *Homo asiaticus* (asiáticos orientais) e *Homo afer* (africanos). Lineu não distinguia uma hierarquia de raças e listou as pessoas junto com o resto da natureza.

Em um tratado de 1795 intitulado *De generis humani varietati nativa* [Sobre a variedade natural do gênero humano], o antropólogo Johann Blumenbach descreveu cinco raças com base no tipo de crânio. Ele acrescentou uma raça malaia, essencialmente os povos da Malásia e da Indonésia, às quatro de Lineu e inventou a útil palavra "caucasiano", para referir os povos da Europa, do norte da África e do subcontinente indiano. A origem do nome se devia em parte à sua crença de que os povos da Geórgia, ao sul do Cáucaso, eram os mais belos, e em parte à visão predominante à época de que a arca de Noé tinha ido parar no monte Ararat, no Cáucaso, fazendo da região o lar dos primeiros povos a colonizar a Terra.

Blumenbach foi injustamente maculado com as crenças supremacistas de seus sucessores. Na verdade, ele era contrário à ideia de que algumas raças eram superiores às outras e admitia que sua avaliação da beleza caucasiana era subjetiva.[3] É mais razoável atribuir suas opiniões sobre a beleza caucasiana ao preconceito étnico do que ao racismo. Além disso, Blumenbach insistia em que todos os humanos pertenciam à mesma espécie, contrariando a visão, que começava a surgir à época, de que as raças humanas eram tão diferentes umas das outras que constituíam espécies diferentes.

Até Blumenbach, o estudo das raças humanas era uma tentativa razoavelmente científica de entender e de explicar a variação humana. A virada mais duvidosa ocorrida no século XIX é ilustrada pelo livro *Ensaio sobre a desigualdade das raças humanas*, publicado entre 1853 e 1855 por Joseph Arthur de Gobineau. O conde de Gobineau era um aristocrata francês, diplomata, não cientista, e amigo e correspondente de Alexis de Tocqueville. Seu livro era uma tentativa filosófica de explicar a ascensão e a queda das nações, com base essencialmente na ideia de pureza racial. Ele presumia que havia três raças, reconhecidas pelas cores branca, amarela e negra da pele. Uma raça pura poderia conquistar as vizinhas, mas, ao misturar-se com elas, perderia sua vantagem e correria por sua vez o risco de ser conquistada. A razão, supunha Gobineau, era que a mistura de raças leva à degeneração.

A raça superior, escreveu Gobineau, era a dos indo-europeus, ou arianos, e sua continuidade nos impérios grego, romano e europeu. Ao contrário do que se poderia esperar de alguém cujas obras foram usadas por Hitler, Gobineau admirava enormemente os judeus, que descrevia como "um povo que tinha sucesso em tudo que empreendia, um povo livre, forte e inteligente, e que antes de perder, de espada na mão, o nome de nação independente, tinha dado ao mundo tanto sábios quanto mercadores".

A ambiciosa teoria da história de Gobineau tinha sido construída sobre a areia. Não existe base factual para suas noções de pureza racial ou de degeneração racial causada pela miscigenação. Suas ideias sem dúvida teriam sido esquecidas, não fosse pelo pernicioso tema de uma raça superior ariana. Hitler adotou esse conceito sem valor e ao mesmo tempo ignorou as observações muito mais defensáveis de Gobineau sobre os judeus.

À afirmação de Gobineau de que as raças não eram iguais acrescentou-se então a controversa ideia de que as várias populações humanas representavam não apenas raças distintas, mas espécies distintas. Um dos principais defensores dessa ideia foi o médico Samuel Morton, da Filadélfia.

Morton foi induzido ao erro em suas ideias não pelo preconceito, mas pela fé religiosa. Ele tinha ficado perturbado com o fato de que pessoas negras e brancas eram representadas na arte egípcia de 3000 a.C., apesar de o mundo ter sido criado apenas em 4004 a.C., segundo a cronologia, amplamente aceita, elaborada pelo arcebispo Ussher a partir de informações tiradas do Antigo Testamento e de outras fontes. Isso não era tempo o bastante para o surgimento de raças distintas. Por isso, afirmava Morton, as raças deviam ter sido criadas separadamente – uma inferência válida se a cronologia de Ussher fosse ao menos vagamente correta.

Morton reuniu uma vasta coleção de crânios do mundo inteiro, medindo o volume ocupado pelo cérebro e outros detalhes que, na sua opinião, estabeleciam a particularidade das quatro principais raças. Ele efetivamente as classificava segundo uma hierarquia, acrescentando descrições subjetivas do comportamento de cada raça a suas cuidadosas mensurações anatômicas dos crânios. Os europeus são "os mais belos habitantes" da Terra, escreveu. Depois vinham os mongóis, isto é, os asiáticos orientais, considerados "engenhosos, imitativos e muito propensos ao estudo". O terceiro lugar cabia aos americanos, isto é, aos americanos nativos, cujas faculdades mentais pareciam a Morton trancafiadas em uma "infância contínua", e em quarto vinham os negros, ou africanos, que, segundo Morton, "possuem pouca inteligência, mas grandes capacidades imitativas, de modo que rapidamente aprendem as artes mecânicas".

Morton era um acadêmico e não promovia nenhuma consequência prática de suas ideias. Mas seus seguidores não hesitaram em enunciar a interpretação dele de que as raças tinham sido criadas em separado, de que os negros eram inferiores aos brancos e de que a escravidão no Sul dos Estados Unidos estava assim justificada.

Os dados de Morton apresentam um interessante estudo de caso de como as ideias preconcebidas de um cientista podem afetar seus resultados, apesar da ênfase na formação científica e na importância crítica da objetividade. Stephen Jay Gould, biólogo de Harvard e ensaísta muito lido, acusou Morton de ter medido erradamente os volumes dos crânios africanos e caucasianos a fim de corroborar sua ideia de que o tamanho do cérebro está relacionado à inteligência. Gould não mediu de novo os crânios de Morton, mas recalculou a análise estatística publicada pelo médico e estimou que as quatro raças possuíam volumes cranianos mais ou menos idênticos. As acusações de Gould foram publicadas na revista *Science* e em seu livro *A falsa medida do homem*, de 1981, muito citado.

No entanto, em uma reviravolta tão recente quanto surpreendente, hoje se vê que Gould é que foi o tendencioso. Morton não acreditava efetivamente, como afirmara Gould, que a inteligência estava relacionada com o tamanho do cérebro. Ele estava medindo os crânios apenas para estudar a variação humana como parte de sua investigação sobre Deus ter criado as raças em separado. Uma equipe de antropólogos físicos mediu outra vez todos os crânios que conseguiu identificar na coleção de Morton e viu que os dados estavam quase invariavelmente corretos. Eram as estatísticas de Gould que estavam erradas, segundo o relatório, e os erros vinham da tentativa de dar base à crença equivocada do biólogo de que não havia diferença na capacidade craniana dos grupos de Morton. "Ironicamente, a análise que Gould fez de Morton é provavelmente o exemplo mais forte de como um enviesamento pode influenciar os resultados", escreveu a equipe da Pensilvânia.[4]

Os autores observaram que, "nas mãos de Stephen Jay Gould, Morton serviu por trinta anos como exemplo acabado de má conduta científica". Além disso, Gould sugeriu que a ciência como um todo é um processo imperfeito porque é comum um viés como o de Morton. Isso, sugeriram os autores, é incorreto: "O caso de Morton, em vez de ilustrar a onipresença do viés, mostra a capacidade da ciência de fugir dos limites e das vendas dos contextos culturais".

Duas lições podem ser extraídas do imbróglio Morton-Gould. Uma é que os cientistas, apesar de estudarem para serem observadores imparciais, são tão falíveis quanto qualquer outra pessoa quando suas emoções ou inclinações políticas estão em jogo, venham eles da direita ou, como no caso de Gould, da esquerda.

A segunda é que, apesar das faltas pessoais de alguns cientistas, a ciência como sistema gerador de conhecimento de fato tende a corrigir-se, ainda que muitas vezes após um tempo considerável. É durante esses períodos que grandes danos podem ser causados por aqueles que usam descobertas científicas incorretas para propagar políticas públicas nocivas. As tentativas dos cientistas de classificar as raças humanas e de entender o devido escopo da eugenia foram sequestradas antes de os dois campos poderem ser plenamente corrigidos.

Uma refutação firme da ideia de que as raças humanas eram espécies diferentes foi apresentada por Darwin. Em *A origem das espécies*, publicado em 1859, ele expôs sua teoria da evolução, mas, talvez preferindo dar um passo de cada vez, não disse nada em particular sobre a espécie humana. Os humanos foram tratados em seu segundo livro, *A descendência do homem*, publicado doze anos depois. Com bom senso e intuição infalíveis, Darwin decretou que as raças humanas, por mais distintas que parecessem, não eram de jeito nenhum diferentes o bastante para serem consideradas espécies separadas, como afirmavam os seguidores de Samuel Morton e outros.

Ele observou inicialmente que, "se um naturalista que nunca viu um negro, um hotentote, um australiano ou um mongol fosse compará-los [...], com certeza afirmaria que eram uma espécie como tantas outras a que ele tinha o hábito de afixar nomes específicos".

A fim de defender essa opinião (Darwin está formulando o melhor argumento contrário antes de derrubá-lo), ele observou que as diversas raças humanas servem de alimento a espécies distintas de piolhos. "O médico de um navio baleeiro no Pacífico" – Darwin tinha uma vasta rede de informantes – "garantiu-me que, quando os *pediculi*, de que alguns habitantes das ilhas Sandwich estavam infestados, passavam aos corpos dos marinheiros ingleses, morriam em três ou quatro dias". Assim, se os parasitas das raças humanas são espécies distintas, "é razoável propor o argumento de que as raças mesmas deveriam ser classificadas como espécies distintas", sugeriu Darwin.

Por outro lado, sempre que duas raças humanas ocupam a mesma área, elas se misturam, observou Darwin. Além disso, os traços distintivos de cada raça são altamente variáveis. Darwin citava o exemplo dos pequenos lábios estendidos (o "avental hotentote") das mulheres do deserto. Algumas têm o avental, não todas.

O argumento mais forte contra considerar as raças humanas espécies separadas, na opinião de Darwin, "é que há gradações entre elas, em muitos casos, até onde conseguimos julgar, independentemente de terem-se entrecruzado". Essa gradação é tão vasta que as pessoas que tentam contar o número de raças humanas variavam enormemente em suas estimativas, que iam de 1 a 63, observou Darwin. Porém, todo naturalista que tente descrever um grupo de organismos altamente variados fará bem em uni-los em uma única espécie, disse Darwin, pois "ele não tem nenhum direito de dar nomes a objetos que não consegue definir".

Quem quer que leia obras de antropologia dificilmente deixará de se impressionar com as semelhanças entre as raças. Darwin notava “o prazer que todas elas têm em dançar, em ouvir música vulgar, em atuar, em pintar, em tatuar-se e em ornar-se de outras maneiras; o modo como compreendem mutuamente a linguagem gestual, pela mesma expressão em seus traços, e pelos mesmos gritos inarticulados, quando provocadas pelas mesmas emoções”. Quando o princípio da evolução é aceito, “como certamente será em breve”, escreveu Darwin, esperançoso, a discussão sobre os seres humanos pertencerem a uma única espécie ou a muitas “morrerá de uma morte silenciosa, que nem será notada”.

DARWINISMO SOCIAL E EUGENIA

Darwin, por sua autoridade, pôde pôr um fim à ideia de que existiriam muitas espécies humanas. Apesar de seus melhores esforços, teve menos sucesso em acabar com o movimento político chamado darwinismo social. Este consistia na proposição de que, assim como na natureza os mais adaptados sobrevivem e os fracos são postos contra a parede, a mesma regra também deveria prevalecer nas sociedades humanas, para que as nações não fossem debilitadas pelo excesso de filhos dos pobres e dos doentes.

O divulgador dessa ideia não foi Darwin, mas o filósofo inglês Herbert Spencer, que desenvolveu uma teoria sobre a evolução da sociedade, segundo a qual o progresso ético dependia de as pessoas adaptarem-se às condições do momento. A teoria foi desenvolvida independentemente de Darwin e carecia de quaisquer pesquisas biológicas, como aquelas, extensivas, em que se baseava a de Darwin. Contudo, foi Spencer quem formulou a expressão “sobrevivência do mais apto”, que Darwin adotou.

Spencer afirmava que a assistência governamental que permitisse aos pobres e doentes se propagarem impediria a adaptação da sociedade. Até mesmo o apoio governamental ao ensino deveria ser cortado, a fim de não adiar a eliminação daqueles que não conseguissem adaptar-se. Spencer foi um dos intelectuais de maior destaque da segunda metade do século XIX, e suas ideias, por mais desagradáveis que hoje pareçam, eram muito discutidas tanto na Europa quanto nos Estados Unidos.

A teoria da evolução de Darwin, ao menos aos olhos de seu autor, dizia respeito exclusivamente ao mundo natural. Contudo, ela era tão atraente para os cientistas políticos quanto a chama de uma vela para as mariposas. Karl Marx perguntou a Darwin se poderia dedicar-lhe *O capital*, honra que o grande naturalista declinou.[5] O nome de Darwin foi contrabandeado para as ideias políticas de Spencer, que poderiam ter sido chamadas com maior precisão de spencerismo social. O próprio Darwin demoliu-as em uma refutação lapidar.

Sim, a vacinação salvara milhões de pessoas que teriam sucumbido à varíola por suas constituições mais frágeis, escreveu Darwin. E, sim, os membros fracos das sociedades civilizadas propagam sua cepa, que, a julgar pela criação de animais, "deve ser altamente prejudicial à raça do homem". A ajuda que nos sentimos impelidos a dar aos indefesos, porém, é parte de nossos instintos sociais, disse Darwin. "Igualmente também não poderíamos frear nossa simpatia, mesmo instados pela dura razão, sem que se deteriorasse a parte mais nobre de nossa natureza", escreveu. "Caso negligenciássemos intencionalmente os fracos e indefesos, só poderíamos fazê-lo almejando um benefício contingente, ao sermos confrontados com um malefício momentâneo avassalador."[6]

Tivesse o conselho de Darwin recebido atenção, acontecimentos desastrosos da história do século XX poderiam ter sido um pouco menos inevitáveis. No entanto, para muitos intelectuais, os benefícios teóricos muitas vezes sobrepujam malefícios presentes e avassaladores. Motivado por vagas noções de melhoria racial, o movimento eugênico por muitas décadas gerou o ambiente mental para os extermínios em massa realizados pelos nazistas na Alemanha. Contudo, essa catástrofe começou em um lugar muito diferente. Ela começou com Francis Galton, primo de Darwin.

Galton era um cavalheiro e polímata vitoriano que deu grandes contribuições a muitos campos da ciência. Inventou diversas técnicas estatísticas básicas, como os conceitos de correlação, de regressão e de desvio padrão. Antecipou a genética do comportamento humano usando gêmeos para distinguir as influências de natureza e criação. Elaborou o esquema classificatório ainda usado na identificação de impressões digitais. Desenhou o primeiro mapa climático. Perguntando-se maliciosamente como testar se as preces são atendidas, observou que a população inglesa havia séculos rezava toda semana na igreja pela longa vida de seu soberano, de modo que, se a prece tinha qualquer poder, ela certamente deveria resultar na maior longevidade dos monarcas ingleses. Seu relatório de que os soberanos eram as pessoas de vida mais curta entre os ricos, e de que, portanto, a prece não tinha qualquer efeito positivo, foi rejeitado por um editor por ser "conclusivo e ofensivo de maneira demasiadamente terrível para não cutucar um ninho de vespas" e permaneceu inédito por muitos anos.[7]

Um dos principais interesses de Galton era saber se as capacidades humanas seriam hereditárias. Ele compilou diversas listas de pessoas eminentes e procurou aquelas que tinham parentesco umas com as outras. Dentro dessas famílias, ele observou que os parentes próximos do fundador tinham mais chance de destacar-se do que os distantes, estabelecendo que a distinção intelectual tinha base hereditária.

Galton foi obrigado por críticos contemporâneos a prestar mais atenção ao fato de que os filhos dos homens importantes tinham oportunidades, educacionais e de outros tipos, maiores do que outros. Ele admitiu que a criação tinha seu peso, chegando mesmo a criar a expressão "natureza *versus* criação".* Seu interesse na hereditariedade de capacidades extraordinárias, porém, permaneceu. A teoria da evolução de Darwin era então muito aceita na Inglaterra, e Galton, com sua avidez por mensurar características humanas, estava interessado no efeito da seleção natural sobre a população inglesa.

Essa linha de pensamento levou-o por um caminho perigoso. Ele propôs que as populações humanas poderiam ser aprimoradas pela criação controlada, exatamente como se faz com animais domésticos. Sua descoberta de que a proeminência era coisa de família levou-o a propor que os casamentos entre famílias com essa característica deveriam ser promovidos com incentivos monetários, a fim de aprimorar a raça. Para esse objetivo, Galton cunhou outra palavra: eugenia.

Em um romance não publicado, *Kantsaywhere* [Nãopossodizeronde], Galton escreveu que os reprovados em testes genéticos deveriam ser confinados em campos onde teriam de trabalhar duro e permanecer celibatários. Porém, isso parece ter sido antes de tudo um experimento mental ou uma fantasia da imaginação de Galton. Em sua obra publicada, ele enfatizava a informação pública sobre a eugenia e incentivos positivos para o casamento entre aqueles eugenicamente aptos.

Não há nenhuma razão em especial para duvidar da avaliação de Nicholas Gillham, um dos biógrafos de Galton, de que ele "teria ficado horrorizado se soubesse que pouco mais de vinte anos após sua morte, a esterilização forçada e o assassinato seriam praticados em nome da eugenia".[8]

As ideias de Galton pareciam razoáveis na época, considerando o conhecimento de então. A seleção natural parecia ter

* Em inglês, "nature *versus* nurture", expressão usada para opor a importância das qualidades inatas de um indivíduo às suas qualidades adquiridas. [N.E.]

afrouxado seu controle sobre as populações modernas. As taxas de nascimento no final do século XIX estavam em declínio, de maneira particularmente marcada entre as classes médias e altas. Parecia lógico que a qualidade da população seria melhorada se as classes altas fossem incentivadas a ter mais filhos. As ideias de Galton foram recebidas favoravelmente. As honrarias não paravam de chegar. Ele recebeu a Medalha Darwin da Royal Society, a mais importante instituição científica inglesa. Em 1908, três anos antes de sua morte, foi sagrado cavaleiro, marca de aprovação do *establishment*. Ninguém à época entendeu que ele, sem saber, tinha gerado o ovo da serpente.

A atração da eugenia de Galton era sua crença de que a sociedade melhoraria se aqueles intelectualmente destacados pudessem ser incentivados a ter mais filhos. Que estudioso discordaria disso? Uma quantidade maior de uma coisa boa certamente deve ser bom. Na verdade, não há nenhuma grande certeza de que esse resultado seria desejável. Os intelectuais, como classe, têm um notório pendor para planos que parecem ótimos na teoria mas levam a catástrofes, como o darwinismo social, o marxismo ou, de fato, a eugenia.

Por analogia com a criação de animais, sem dúvida seria possível fazer criação de pessoas, se isso fosse eticamente aceitável, de modo a realçar traços específicos desejados. Mas é impossível saber quais traços beneficiariam a sociedade como um todo. O programa eugênico, por mais razoável que possa parecer, sofria de uma incoerência básica.

E, em termos práticos, ele continha um problema fatal. A ideia de eugenia de Galton era induzir os ricos e a classe média a mudar seus hábitos de casamento e a ter mais filhos. Porém, a eugenia positiva – como é conhecida essa proposta – era uma ideia politicamente inviável. A eugenia negativa, a segregação ou a esterilização daqueles considerados inaptos, era muito mais fácil de ser colocada em prática.

Em 1900, as leis da genética de Mendel, ignoradas durante sua vida, foram redescobertas. Os geneticistas, combinando as leis dele com os métodos estatísticos desenvolvidos por Galton e por outros, começaram a desenvolver a poderosa disciplina conhecida como genética populacional. Geneticistas renomados dos dois lados do Atlântico usaram sua autoridade recém-conferida para promover ideias eugênicas. Ao fazê-lo, libertaram uma ideia cujos poderes profundamente malévolos não conseguiram controlar.

O principal organizador do novo movimento eugênico foi Charles Davenport. Ele fizera seu doutorado em biologia em Harvard e era professor de zoologia nessa universidade, na Universidade de Chicago e no Laboratório de Biologia de Cold Spring Harbor, do Instituto Brooklyn de Artes e Ciências, em Long Island. As opiniões de Davenport sobre a eugenia eram motivadas pelo desdém por raças diferentes da sua. "Será que não podemos construir em volta deste país uma muralha alta o bastante para manter longe essas raças inferiores, ou será que essa barreira não funcionaria [...], fazendo com que nossos descendentes tenham de abandonar o país aos negros, marrons e amarelos e ir buscar asilo na Nova Zelândia?", escreveu.[9]

Uma forte onda de imigrantes chegou aos Estados Unidos entre 1890 e 1920, criando um clima de preocupação que era favorável a ideias eugênicas. Davenport, ainda que não tivesse qualquer distinção particular como cientista, não teve dificuldades para arrecadar dinheiro para seu programa de eugenia. Ele obteve fundos dos principais filantropos, como a Fundação Rockefeller e a então recém-fundada Carnegie Institution. Examinando uma lista de famílias ricas de Long Island, deparou-se com o nome de Mary Harriman, filha do magnata ferroviário E. H. Harriman. O fato é que Mary tinha tanto interesse em eugenia que seu apelido na faculdade tinha sido Eugênia. Ela deu a Davenport os fundos para que ele abrisse o Escritório de Registros Eugênicos, que pretendia registrar os antecedentes genéticos da população americana e distinguir entre as linhagens boas e as defeituosas.[10]

As instituições Carnegie e Rockefeller não dão dinheiro simplesmente para qualquer um, mas sim para campos de pesquisa que seus conselheiros julgam promissores. Esses conselheiros compartilhavam a visão geralmente favorável da eugenia que então predominava entre os cientistas e muitos intelectuais. A Associação de Pesquisas Eugênicas incluía membros de Harvard, de Columbia, de Yale e de Johns Hopkins.[11]

Escreve Daniel Kevles, historiador da ciência:

> Nos Estados Unidos, o clero eugênico incluía boa parte dos primeiros líderes responsáveis pela extensão do mendelismo. Além de Davenport, havia Raymond Pearl e Herbert S. Jennings, ambos da Universidade Johns Hopkins; Clarence Little, presidente da Universidade de Michigan e depois do Laboratório Jackson no Maine; e os professores Edward M. East e William E. Castle, de Harvard. [...] A grande maioria das faculdades e universidades americanas – incluindo Harvard, Columbia, Cornell, Brown, Wisconsin, Northwestern e Berkeley – oferecia cursos bastante frequentados sobre eugenia, ou cursos de genética que incorporavam temas eugênicos.[12]

Outro historiador do movimento eugênico, Edwin Black, extrai a mesma conclusão: "Os pensadores de elite da medicina, da ciência e da educação superior americana trabalharam pela expansão do corpus do conhecimento eugênico e pela promoção de seus princípios", escreveu.[13]

Muitos foram os que seguiram os passos de tantos cientistas eminentes. O ex-presidente Theodore Roosevelt escreveu em 1913 a Davenport: "Não nos cabe permitir a perpetuação de cidadãos do tipo errado".[14] O programa de eugenia atingiu o auge da aceitação quando recebeu o imprimátur da Corte Suprema americana.

O tribunal considerava uma apelação de Carrie Buck, mulher que o estado da Virgínia queria esterilizar alegando que ela, sua mãe e sua filha tinham deficiência mental.

No caso de 1927, conhecido como Buck x Bell, a Corte Suprema deu ganho de causa ao estado da Virgínia, com apenas um voto discordante. O juiz Oliver Wendell Holmes, escrevendo em nome da maioria, apoiou sem reservas o credo eugênico de que a prole dos mentalmente deficientes era uma ameaça à sociedade. Escreveu ele:

> É melhor para o mundo se, em vez de esperarmos para executar essa prole degenerada por seus crimes, ou de esperar que ela morra de fome por sua incapacidade, a sociedade possa impedir aqueles manifestamente inaptos de perpetuar sua cepa. O princípio que sustenta a vacinação compulsória é amplo o suficiente para cobrir o corte das trompas de Falópio. Três gerações de incapazes já bastam.

A eugenia, tendo começado como uma proposta politicamente inviável de incentivo de casamentos entre os bem-constituídos, agora se tornara um movimento político aceito com funestas consequências para os pobres e os indefesos.

A primeira delas foram os programas de esterilização. Por insistência de Davenport e de seus discípulos, as legislaturas estaduais aprovaram programas para a esterilização dos internos de suas prisões e de seus asilos psiquiátricos. Um critério comum para a esterilização era a imbecilidade, categoria diagnóstica mal definida que muitas vezes era identificada por meio de questões de conhecimento que colocavam as pessoas de baixa escolaridade em particular desvantagem.

Os eugenistas perverteram os testes de inteligência, fazendo deles um instrumento de degradação humana. Os testes tinham sido originalmente desenvolvidos por Alfred Binet para o reconhecimento de crianças que necessitavam de apoio educativo especial. O movimento eugênico usou-os para apontar os imbecis, e portanto adequados à esterilização. Muitos dos primeiros testes averiguavam o nível de conhecimento, não de inteligência inata. Questões como "O motor Knight é usado nos automóveis Packard/ Stearns/ Lozier/ Pierce Arrow" ou "Becky Sharp aparece em *Feira das vaidades/ Romola/ Um conto de Natal/ Henrique V*" eram fortemente enviesadas contra quem não tinha recebido determinado tipo de formação. Como escreve Kevles, "os testes tinham um viés favorável a capacidades escolares, e o resultado dependia da formação cultural e educacional da pessoa testada".[15] Contudo, testes como estes foram usados para destruir as esperanças das pessoas de ter filhos ou para negar-lhes a entrada no serviço militar.

Até 1928, menos de 9 mil pessoas tinham sido esterilizadas nos Estados Unidos, ainda que os eugenistas tenham estimado que até 400 mil fossem "imbecis".[16] Após a decisão de Buck x Bell, as comportas se abriram. Em 1930, 24 estados contavam com leis de esterilização e, em 1940, 35.878 americanos tinham sido esterilizados ou castrados.[17]

Os eugenistas também começaram a influenciar as leis de imigração do país. A Lei de Imigração de 1924 associou a cota de cada país à proporção de seus nacionais presente no censo de 1890, ponto de referência alterado posteriormente para o censo de 1920. O propósito e o efeito da lei foram o aumento da imigração de países nórdicos e a restrição a pessoas do Sul e do Leste da Europa, incluindo os judeus que fugiam da perseguição na Polônia e na Rússia. Além disso, o ato barrava qualquer imigração da maioria dos países da Ásia oriental. Como explicou o deputado Robert Allen, da Virgínia Ocidental, durante o debate no plenário: "A principal razão para restringir o fluxo de estrangeiros [...] é a necessidade de purificar e de manter puro o sangue dos Estados Unidos".[18]

Os eugenistas tinham inspetores instalados nas principais capitais da Europa para filtrar os possíveis imigrantes. Quase um décimo era julgado defeituoso física ou mentalmente.

A inspeção acabou depois de alguns anos por causa do custo, mas suas preferências permaneceram nas mentes dos cônsules americanos. Quando os judeus tentaram fugir da Alemanha em números cada vez maiores após 1936, os cônsules americanos recusaram-se a dar vistos a eles e a outros refugiados desesperados.[19]

Muitos defensores da Lei de Imigração de 1924 tinham sido influenciados por um livro chamado *The Passing of the Great Race* [A morte da grande raça]. Seu autor, Madison Grant, era um advogado e conservacionista de Nova York que ajudou a fundar a Save the Redwoods League, o Zoológico do Bronx, o Parque Nacional Glacier e o Parque Nacional Denali. Apesar de não ter credenciais acadêmicas, Grant tinha força em círculos antropológicos e frequentemente batia-se com Franz Boas, fundador da antropologia social norte-americana e defensor da ideia de que importantes diferenças entre sociedades têm origem cultural, não biológica. Grant tentou fazer com que Boas fosse demitido de sua cátedra no departamento de antropologia da Universidade Columbia e fez uma malograda campanha contra ele pelo controle da Associação Americana de Antropologia.

As crenças de Grant eram marcadamente racistas e eugênicas. Ele considerava que os europeus, tendo em vista seu crânio e outros traços físicos, eram compostos de três raças, que ele denominava nórdicos, alpinos e mediterrâneos. Os nórdicos, com seu cabelo castanho ou louro e seus olhos azuis ou claros, eram o tipo superior, em parte porque o severo clima do norte em que evoluíram "deve ter-lhes imposto uma eliminação rigorosa dos defeituosos pela operação de duros invernos e pela necessidade de indústria e de antecipação na provisão anual de alimentos, vestimentas e abrigo durante o curto verão".

Seguiu-se que, "se essas demandas de energia permanecessem por muito tempo, produziriam uma raça forte, viril e independente, que inevitavelmente sobrepujaria na batalha as nações cujos elementos mais fracos não tivessem sido expurgados".[20]

O declínio da Inglaterra se devia à "proporção decrescente de seu sangue nórdico e à transferência do poder político da vigorosa aristocracia e classe média nórdica para os elementos radicais e operários, ambos em grande parte recrutados dentre o tipo mediterrâneo", escreveu Grant. A "raça superior" estava ameaçada da mesma diluição nos Estados Unidos: "Aparentemente os Estados Unidos estão condenados a receber nos dias de hoje as classes e os tipos menos desejáveis de cada nação europeia que hoje exporta homens".

Emma Lazarus via os Estados Unidos como farol de esperança para os refugiados da selvageria das guerras e do ódio europeus. Grant tinha uma visão menos expansiva a oferecer:

> Nós, americanos, precisamos nos dar conta de que os ideais altruístas que controlaram nosso desenvolvimento social durante o último século e a pieguice sentimental que fez dos Estados Unidos "um asilo para os oprimidos" estão varrendo o país na direção de um abismo racial. Se o *melting pot* for deixado a ferver sem controle e continuarmos a seguir nosso lema nacional, cegando-nos para todas as "distinções de raça, de credo ou de cor", o tipo de americano nativo de ascendência colonial extinguir-se-á, como o ateniense da época de Péricles e o viking dos dias de Rollo.[21]

O livro de Grant era pouco lido nos anos 1930, quando os americanos começaram a voltar-se contra as ideias eugênicas. Mas seu papel na forjadura da Lei de Imigração de 1924 não foi o menor de seus impactos malignos. Grant recebeu um dia uma típica carta de fã de um ardente admirador que tinha incorporado muitas ideias de *The Passing of the Great Race* em uma obra sua. "Esse livro é a minha Bíblia", garantia a Grant o remetente. O fã de Grant, autor de *Minha luta*, era Adolf Hitler.[22]

A tendência pró-eugenia não era inevitável. Na Inglaterra, as ideias eugênicas nunca deixaram o reino da teoria. A versão galtoniana da eugenia de início atraiu muitos seguidores entre a *intelligentsia*, incluindo o dramaturgo George Bernard Shaw e radicais sociais como Beatrice e Sidney Webb. Winston Churchill, à época secretário do Interior, disse aos eugenistas durante a discussão da Lei de Deficiência Mental de 1913 que os 120 mil cidadãos britânicos considerados imbecis "deveriam, se possível, ser segregados nas devidas condições, para que seu mal morresse com eles e não fosse transmitido às gerações futuras".

Contudo, o Parlamento não foi favorável à esterilização. Em 1931 e em 1932 a Sociedade Eugênica conseguiu que fossem apresentados projetos de leis permitindo a esterilização voluntária, mas eles não foram aprovados. Não havia paladar para essas medidas extremas, e, de qualquer modo, a esterilização de qualquer pessoa, mesmo com seu consentimento ou de um responsável nomeado por um tribunal, teria sido considerada crime pela lei inglesa.

A Sociedade Eugênica na Grã-Bretanha teve muito menos sucesso em influenciar a opinião pública do que o *lobby* eugênico de Davenport teve nos Estados Unidos. Uma razão era que a maioria dos cientistas ingleses, após uma paixonite inicial pelas ideias de Galton, ficou contra a eugenia, especialmente a do tipo promovido por Davenport.

Davenport acreditava que traços mal definidos como "indolência" ou "imbecilidade" eram causados por genes únicos e tinham os padrões hereditários simples descritos por Mendel em suas ervilhas experimentais. No entanto, traços comportamentais complexos geralmente são governados por muitos genes agindo em conjunto. Se um traço mendeliano poderia em tese ser praticamente eliminado por meio da esterilização de seus portadores, supondo que fosse ético fazê-lo, muito mais difícil seria influenciar da mesma maneira traços complexos.

Um artigo de 1913 de David Heron, membro do laboratório Galton, atacava certos trabalhos americanos por sua "apresentação de dados descuidada, seus métodos de análise imprecisos, sua irresponsável expressão de conclusões e sua rápida mudança de opinião". Muitas contribuições recentes ao assunto, na opinião do autor, ameaçavam colocar a eugenia "completamente fora do espectro da verdadeira ciência".[23]

Os críticos ingleses estavam certos a respeito da qualidade da ciência de Davenport, embora ela tenha continuado a influenciar os Estados Unidos ainda por muitos anos. Quando a Carnegie Institution finalmente obteve uma análise objetiva do trabalho de Davenport no Escritório de Registros Eugênicos em 1929, os analistas também chegaram à conclusão de que os dados não valiam nada. Um segundo comitê de análise concluiu em 1935 que a eugenia não era uma ciência e que o Escritório de Registros Eugênicos "deveria dedicar todas as suas energias à pesquisa pura, separada de todas as formas de propaganda e de estímulo ou patrocínio de programas de reforma social e de melhoria racial como a esterilização, o controle de natalidade, o cultivo da consciência racial ou nacional, a restrição da imigração etc.".

Em 1933, a eugenia tinha atingido um fatídico ponto de virada. Tanto na Inglaterra quanto nos Estados Unidos, os cientistas tinham inicialmente abraçado a ideia e depois se voltado contra ela, seguidos por seus respectivos públicos. A eugenia poderia ter sido reduzida a uma mera nota de rodapé da história se os cientistas na Alemanha tivessem seguido seus colegas na rejeição de ideias eugênicas. A ascensão de Hitler ao poder excluiu qualquer possibilidade disso.

Os eugenistas alemães mantinham estreito contato com seus colegas americanos tanto antes quanto depois da Primeira Guerra Mundial. Eles viam que os eugenistas americanos favoreciam raças nórdicas e tentavam manter imaculado o *pool* genético. Observavam com grande interesse as várias legislaturas estaduais americanas criar programas para esterilizar os deficientes mentais e o Congresso mudar as leis de imigração para favorecer quem vem do norte da Europa em detrimento dos que vêm de outras regiões do mundo.

As leis e a ideologia eugênicas americanas "tornaram-se planos inspiradores para a maré crescente na Alemanha de biólogos raciais e de fomentadores de ódio racial", escreve Edwin Black.[24] Hitler chegou ao poder em 30 de janeiro de 1933 e o programa eugênico alemão logo começou a operar. Na Lei para a Prevenção da Prole Defeituosa, decretada em 14 de julho de 1933, a Alemanha identificou nove categorias de pessoas a ser esterilizadas – os imbecis e os portadores de esquizofrenia, de psicose maníaco-depressiva, de doença de Huntington, de epilepsia, de surdez, de deformidades hereditárias, de cegueira hereditária e de alcoolismo. Exceto por esta última, essas eram as mesmas doenças visadas por Davenport e pelos eugenistas americanos.

Cerca de 205 Tribunais de Saúde Hereditária foram criados na Alemanha, cada qual com três membros – um advogado que servia de presidente, um eugenista e um médico. Os médicos que não indicassem os pacientes suspeitos eram multados. As esterilizações começaram em 1º de janeiro de 1934 e incluíam crianças com mais de dez anos e as pessoas em geral, não apenas aquelas internadas. Durante o primeiro ano, 56 mil pessoas foram esterilizadas. Em 1937, o último ano em que os registros foram divulgados, o total tinha atingido 200 mil pessoas.

O propósito da lei de 1933, segundo uma autoridade no Ministério do Interior do Reich, era impedir "o envenenamento da corrente sanguínea inteira da raça". A esterilização protegeria a pureza do sangue perpetuamente. "Vamos além do amor ao próximo; nós o estendemos às gerações futuras", disse a autoridade. "Eis aí o alto valor ético e a justificação da lei."[25]

O programa de esterilização envolvia médicos e hospitais e criou um sistema médico e jurídico para o tratamento coercitivo daqueles que os nazistas considerassem inaptos. Com essa máquina funcionando, era muito mais fácil estender o programa de eugenia em duas grandes direções. Uma era a transição da esterilização para o assassinato, incitada em parte pela crescente falta de leitos nos hospitais com o avançar da Segunda Guerra Mundial. Em 1939, cerca de 70 mil pacientes com deficiência mental que estavam em asilos foram selecionados para eutanásia. As primeiras vítimas foram fuziladas. As posteriores foram levadas à força para locais disfarçados como salas de banho, mas que eram na verdade câmaras de gás.[26]

O outro direcionamento no programa alemão de eugenia foi o acréscimo de judeus à lista daqueles considerados inaptos. Uma sucessão de leis punitivas expulsou os judeus de seus empregos e de suas casas, isolando-os do resto da população, e em seguida confinou os que ainda não tinham fugido em campos de concentração, onde eram assassinados.

O primeiro decreto contra os judeus, de 7 de abril de 1933, impunha a demissão de servidores públicos "não arianos". O termo "não ariano" ofendia nações estrangeiras como o Japão. As leis futuras referiram-se explicitamente aos judeus, mas levaram o Ministério do Interior do Reich ao problema de decidir quem era judeu. O Partido Nacional Socialista propunha que os meio-judeus fossem considerados judeus, mas o Ministério do Interior rejeitou a ideia, considerando-a impraticável, e dividiu os meio-judeus em duas categorias, considerando-os judeus por completo apenas se pertencessem à religião judaica ou se fossem casados com outro judeu. Usando essa definição, a Lei de Nuremberg de 13 de setembro de 1935, também conhecida como Lei para a Proteção do Sangue e da Honra Alemães, proibiu o casamento entre judeus e cidadãos "de sangue alemão ou correlato".[27]

Essas medidas foram seguidas por outras que em poucos anos chegaram a um programa de morticínio em massa dos judeus na Alemanha e nos países europeus ocupados pelas tropas de

Hitler. Dos 9 milhões de judeus que viviam na Europa antes do Holocausto, quase 6 milhões foram mortos, incluindo 1 milhão de crianças. A máquina de matar engoliu ainda 4 ou 5 milhões de vítimas, como homossexuais, ciganos e prisioneiros de guerra russos. O objetivo de Hitler era despovoar os países do Leste Europeu, a fim de abrir espaço para colonos alemães.

Muitos dos elementos do programa de eugenia dos nazistas podiam ser encontrados no programa americano de eugenia, ao menos em termos de ideias, ainda que não no mesmo grau. Supremacia nórdica, pureza de sangue, condenação do casamento inter-racial, esterilização dos inaptos – tais ideias foram adotadas pelos eugenistas americanos.

A destruição dos judeus, porém, foi ideia de Hitler, assim como a troca da esterilização pelo assassinato em massa.

O fato de os antecedentes das ideias que levaram ao Holocausto poderem ser encontrados nos movimentos eugênicos americano e inglês das décadas de 1920 e de 1930 não significa que outros dividam a responsabilidade pelos crimes do regime nazista. Significa, sim, que ideias relacionadas a raça são perigosas quando associadas a objetivos políticos. Isso entrega aos cientistas a responsabilidade de testar rigorosamente as ideias científicas apresentadas ao público.

Na Alemanha, os cientistas desempenharam um importante papel na preparação do caminho para a destruição dos judeus, mas não foram os únicos culpados. Afirmações antissemitas maculam os escritos de grandes filósofos alemães, até mesmo de Kant. Wagner vituperava contra os judeus em seus ensaios. Escreve Yvonne Sherratt em seu levantamento das influências intelectuais de Hitler:

> Ao fim da Primeira Guerra Mundial, as ideias antissemitas estavam presentes em quase todos os aspectos do pensamento alemão, do Iluminismo ao Romantismo, do nacionalismo à ciência. Homens da lógica ou da paixão, idealistas ou darwinistas sociais, os muito

sofisticados e os muito rudes, todos forneceram a Hitler ideias para reforçar e realizar seu sonho.[28]

O antissemitismo não foi uma ideia que os cientistas alemães encontraram na ciência; antes, eles a encontraram em sua cultura e permitiram que ela infectasse sua ciência.

Scientia significa "conhecimento", e os verdadeiros cientistas são aqueles que distinguem meticulosamente aquilo que sabem cientificamente daquilo que não sabem ou que talvez apenas suspeitem. Os envolvidos no programa eugênico de Davenport, incluindo seus patrocinadores na Carnegie Institution e na Fundação Rockefeller e seus analistas, deveriam ter dito de imediato que tais ideias não faziam sentido cientificamente. O silêncio ou a desatenção dos cientistas permitiu que se desenvolvesse um clima na opinião pública que possibilitou ao Congresso aprovar leis de imigração restritivas, às legislaturas estaduais decretar a esterilização daqueles julgados mentalmente enfermos e à Corte Suprema americana proteger ataques gratuitos aos cidadãos mais fracos do país.

Depois da Segunda Guerra Mundial, os cientistas decidiram, pela melhor das razões, que nunca mais se permitiria que a pesquisa genética alimentasse as fantasias raciais de déspotas assassinos. Agora que novas informações sobre raças humanas foram desenvolvidas, as lições do passado não devem ser esquecidas, e, na verdade, ficam ainda mais relevantes.

As origens da natureza social humana

> A unidade comportamental da humanidade existe, mas está enterrada fundo, debaixo de muitos milhares de anos de evolução cultural acumulada, quase indistinguível desde o reino humano.
>
> BERNARD CHAPAIS[1]

> É digno de nota que, assim que os progenitores do homem se tornaram sociais [...], os princípios da imitação, da razão e da experiência teriam aumentado e modificado muito as faculdades instintivas de uma certa maneira, da qual só percebemos vestígios nos animais inferiores.
>
> CHARLES DARWIN[2]

Em uma comparação entre pessoas e duzentas espécies de macacos e de gorilas da família dos primatas, um dos traços mais estranhos da anatomia humana é a esclera, a parte branca dos olhos. Em todos os nossos parentes primatas, a esclera mal pode ser vista. Nos humanos ela se destaca como um farol, sinalizando para qualquer observador a direção do olhar de uma pessoa e, portanto, aquilo em que ela pode estar pensando.

Qual a razão do desenvolvimento desse traço? Um sinal que revela os pensamentos de alguém a um competidor ou a um inimigo no campo de batalha pode ser uma desvantagem fatal. Se a seleção natural favoreceu-o, deve haver alguma vantagem compensatória de magnitude avassaladora. E essa vantagem deve estar relacionada à natureza social da interação, ao benefício abundante conferido a todos os membros de um grupo por serem capazes de inferir o que os outros estão pensando apenas por enxergar a direção de seu olhar. O branco dos olhos é a marca de uma espécie altamente social e cooperativa, cujo sucesso depende do compartilhamento de pensamentos e de intenções.

Com frequência presume-se que a socialidade humana é integralmente uma questão de cultura, originando-se na altura da vida em que as crianças aprendem a tratar bem umas às outras. Uma cascata de descobertas, feitas na última década, deixou claro que não é bem assim. A socialidade humana foi moldada pela seleção natural, como se poderia esperar de um traço tão crucial para a sobrevivência. A socialidade está impressa em nossa forma física, assim como o branco dos olhos e o humilhante fenômeno do enrubescimento das bochechas como sinal de vergonha. Ela também está registrada em nossos circuitos neuronais, mais obviamente na faculdade da linguagem – não faz sentido falar sozinho – e em muitos outros comportamentos. Entre estes há a inclinação para seguir regras e o ímpeto de punir os demais por não as seguir. A vergonha e a culpa são as penalidades por nossas próprias faltas. A fim de obter status e de evitar sanções, estamos sempre tentando polir nossas reputações. Confiamos nos membros do nosso próprio endogrupo e estamos preparados para desconfiar do exogrupo. Muitas vezes sabemos instintivamente o que é certo e o que é errado.

Os genes que configuraram os circuitos desses instintos sociais ainda não foram identificados, mas sua presença pode ser inferida a partir de diversas linhas de dados descritos a seguir. O fato principal é que todos os tipos de sociedade humana, do bando caçador-coletor à nação moderna, têm suas raízes em um conjunto de comportamentos sociais. Esses comportamentos, que com toda a probabilidade têm base genética, interagem com a cultura para produzir as instituições características de todas as sociedades, ajudando-as a sobreviver em seus ambientes particulares.

Qualquer traço que tenha base genética pode ser alterado pela seleção natural. A existência de genes que influenciam de algum modo o comportamento social humano significa que esse comportamento pode ser retrabalhado pela evolução e, portanto, pode variar segundo tempo e lugar. Porém, o remodelamento das sociedades humanas pela seleção natural é muito mais difícil de identificar do que, digamos, as mudanças na cor da pele, porque esta depende primariamente dos genes, ao passo que o comportamento social, em todo caso mais difícil de mensurar, é fortemente influenciado pela cultura.

Mesmo assim, é razoável presumir que, se traços como a cor da pele evoluíram dentro de uma população, o mesmo há de ser verdade para seu comportamento social, e portanto os tipos tão diferentes de sociedades encontrados nas diversas raças e nas grandes civilizações do mundo diferem não apenas por causa da cultura recebida – em outras palavras, naquilo que se aprende desde o berço –, mas também por causa de variações no comportamento social de seus membros, transmitidos nos genes.

Considerando o imenso poder que a cultura tem para moldar o comportamento humano, é necessário recuar um bocado na história evolutiva para vislumbrar os sinais da operação de genes do comportamento social.

DA SOCIEDADE DE CHIMPANZÉS À SOCIEDADE HUMANA

A natureza da sociedade humana pode ser entendida com maior clareza rastreando-se sua evolução. Os humanos e os chimpanzés, nossos parentes evolutivos mais próximos, separaram-se há cerca de 5 ou 6 milhões de anos. Há razões para pensar que o ancestral comum de chimpanzés e humanos estava muito mais para chimpanzé do que para humano. Os chimpanzés parecem viver em um habitat muito semelhante àquele em que viviam há 5 milhões de anos e seu modo de vida básico não mudou. Os gorilas no topo da linhagem humana, por outro lado, abandonaram a floresta e aventuraram-se pelas savanas abertas da África, o que os obrigou a passar por muitas transições evolutivas, tanto no corpo quanto no comportamento, à medida que iam ficando cada vez menos parecidos com o ancestral que compartilhavam com os chimpanzés.

Se o ancestral comum de chimpanzés e de humanos era do feitio do chimpanzé, o mesmo acontecia com seu comportamento social. A sociedade dos chimpanzés existente hoje pode, portanto, com razoável precisão, servir de sucedâneo para a sociedade do ancestral comum e assim descrever a base a partir da qual evoluiu o comportamento social humano.

Os bandos de chimpanzés são hierárquicos. Um macho alfa e um ou dois aliados dominam a hierarquia dos machos, e abaixo desta há uma hierarquia feminina menos visível. Os machos marcam território com ferocidade, provavelmente para proteger as árvores frutíferas que são a principal fonte de alimentos da comunidade. As fêmeas normalmente permanecem em uma região do território, na qual se alimentam. Quanto maior for a região de cada fêmea, e quanto mais árvores contiver, mais filhos a fêmea poderá ter.

Para manter e ampliar a extensão de seu território, os chimpanzés machos regularmente patrulham seu perímetro, com incursões ocasionais pelos territórios dos vizinhos. Os chimpanzés machos são incansavelmente hostis a machos estranhos e, se possível, matam-nos imediatamente. Sua tática favorita de invasão de território inimigo é surpreender e matar qualquer macho que encontrem sozinho. Se o grupo invasor sentir que está em número menor, retira-se. Um território vizinho será capturado após os machos residentes terem sido mortos um por um, em uma campanha que pode durar muitos anos.

O comportamento reprodutivo dos chimpanzés exige que a fêmea copule com todos os machos do bando, ou ao menos com tantos quanto possível. Estima-se que ela copule entre 400 e 3 mil vezes a cada concepção. Esse esforço serve de seguro para seus filhos, porque cada macho que acreditar ser o pai do filho dela tem mais chances de abster-se de matar a cria.

Apesar da exuberante promiscuidade das chimpanzés fêmeas, o macho alfa de algum modo consegue exercer seu *droit du seigneur* de gerar boa parte dos filhos da comunidade – cerca de 36% segundo um estudo baseado em testes de DNA, ou 45% excluindo as parentes próximas com quem ele evitaria copular. Juntos, os machos de alto escalão seus aliados respondem por 50% das paternidades.

Um traço importante das comunidades de chimpanzés é que as fêmeas em sua grande maioria dispersam-se para grupos vizinhos quando chegam à adolescência, ao passo que os machos permanecem na comunidade em que nasceram, em um arranjo denominado patrilocalidade. A dispersão na puberdade, que evita o endocruzamento, é comum nas comunidades primatas, embora a maioria seja matrilocal, isto é, são os machos que se dispersam, enquanto as fêmeas ficam na comunidade de origem. Os chimpanzés, muitas sociedades caçadoras-coletoras e em uma certa medida os gorilas são patrilocais. Esse arranjo provavelmente tem muito a ver com a propensão de chimpanzés e de humanos para a guerra: um grupo de machos que tenha crescido junto será mais coeso na defesa de seu próprio território contra grupos rivais. Como os machos precisam permanecer juntos, isso obriga as fêmeas a partir, a fim de evitar o endocruzamento.

Um estranho traço da sociedade chimpanzé, ao menos da perspectiva humana, é que o parentesco é quase invisível. Se você nasce em uma sociedade chimpanzé, sabe quem é sua mãe e seus irmãos nascidos poucos anos antes ou depois de você, porque esses eram os chimpanzés que viviam em torno da sua mãe. Mas você não terá nenhuma ideia de quem é seu pai, ainda que ele provavelmente seja um dos machos da comunidade, nem terá nenhuma ideia de quem são os parentes dele, ainda que os veja todos os dias. Você igualmente ignora quem sejam os parentes da sua mãe, que ela deixou para trás em sua comunidade de origem, quando, adolescente, migrou para a sua. Quando um grupo de chimpanzés invasores adentra um território vizinho, os machos que são mortos por ele podem muitas vezes ser parentes sanguíneos ou por afinidade das filhas e das irmãs que se dispersaram ali. Todavia, os invasores desconhecem esse parentesco.

Como, então, foi a profunda transição feita da sociedade parecida com a dos chimpanzés do ancestral comum para as sociedades caçadoras-coletoras em que todos os humanos viviam 15 mil anos atrás e na qual o parentesco era uma instituição central? O primatologista Bernard Chapais elaborou uma especulação convincente dos passos prováveis desse processo. O passo comportamental crítico, na opinião dele, foi a manutenção de pares, ou ao menos de relacionamentos reprodutivos estáveis entre pares de macho e fêmea.

Consideremos uma população de criaturas semelhantes a chimpanzés vivendo em uma floresta africana há mais de 5 milhões de anos. Uma forte seca tomou conta da África entre 6,5 e 5 milhões de anos atrás, e as florestas encolheram, cedendo espaço a bosques espaçados ou a savanas. Provavelmente foi esse o acontecimento que obrigou a população a separar-se em dois grupos, um dos quais levou aos chimpanzés, e o outro aos humanos. Em resposta à seca, parte da população aferrou-se ao habitat tradicional, tornando-se os ancestrais dos chimpanzés. Outros deixaram as árvores e procuraram novas fontes de alimentos no chão, apesar do risco de ser pegos por grandes felinos e por outros predadores. Esse grupo tornou-se o ancestral da linhagem humana.

O grupo que tentava a vida no chão em algum momento passou a andar ereto, provavelmente porque andar com os dois pés é mais eficiente do que andar com as falanges dos dedos da mão, o método dos gorilas de fazer com que elas sirvam de par de pés dianteiros. Libertar as mãos, apesar de subproduto acidental de andar ereto, foi uma adaptação de amplas consequências porque agora as mãos podiam ser usadas para segurar instrumentos e para fazer gestos.

Outra adaptação, igualmente acidental e de grande alcance, levou a uma transformação da estrutura social. Foi a prática de guarda do parceiro, que evoluiu para a formação de relacionamentos reprodutivos estáveis e, a partir de dado momento, para a manutenção do par macho-fêmea.

Os machos de quase todas as espécies de primatas, inclusive chimpanzés, guardam as fêmeas até certo ponto, de modo a dissuadir os outros machos e a ampliar as próprias chances de nelas gerar filhos. Entre a população de ancestrais semelhantes a chimpanzés que deixou as árvores, a guarda dos parceiros teria se tornado mais comum do que o habitual por causa do ambiente mais perigoso do chão.

Com o macho sempre por perto para defesa, ele também poderia ajudar na alimentação e nos cuidados com as crianças. Ter ao menos duas pessoas envolvidas na criação dos filhos fez uma diferença enorme, afirma Chapais. O período de dependência juvenil poderia durar muitos anos mais. Os filhos poderiam nascer em um estágio anterior de desenvolvimento, pois seriam mais protegidos, e um nascimento antecipado permitia que o cérebro passasse mais tempo desenvolvendo-se fora do útero. O cérebro humano acabou atingindo um tamanho três vezes maior do que o dos chimpanzés.

De início cada macho guardava tantas fêmeas quanto podia, mas outro desenvolvimento levou-os involuntariamente para a monogamia. Foi o surgimento das armas. No começo, a força física era decisiva para afastar outros machos. Mas as armas são grandes equalizadoras, porque tendem a negar as vantagens do tamanho. O custo de manter um vasto harém ficou alto demais para a maioria dos machos. As armas forçaram a maioria a contentar-se com apenas uma esposa. Consagrou-se a manutenção do par macho-fêmea.

Ter um pai por perto faz toda a diferença nas redes criadas em sociedade. Em sociedades altamente promíscuas como a dos chimpanzés, cada indivíduo só conhece a mãe e os irmãos com quem cresce. Com a manutenção do par, as pessoas conhecem não apenas seu pai e sua mãe, mas também todos os parentes do pai. Os machos de uma comunidade agora reconheciam tanto suas filhas quanto o marido de cada uma delas e os pais do marido, depois que as filhas dispersavam-se para um grupo vizinho.

Os vizinhos, que costumavam ser tratados de maneira hostil, agora começaram a ser vistos sob uma luz inteiramente nova. Aqueles machos que outrora tinham de ser mortos ao primeiro contato não eram inimigos – eram parentes por afinidade, com idêntico interesse na promoção do bem-estar dos filhos da filha ou da irmã. Assim, na incipiente linhagem humana, uma estrutura social nova e mais complexa passou a existir: a da tribo, um grupo de bandos ligados entre si pela troca de mulheres.

A guerra entre bandos vizinhos, prática dos chimpanzés, agora tinha sido transferida para o nível superior da tribo. As tribos lutariam com a mesma selvageria de antes, mas entre os bandos dentro de cada tribo a cooperação passou a ser a regra.

Essa profunda transição na estrutura social começou algum tempo depois da divisão de populações ancestrais que levou a chimpanzés e a humanos. A manutenção do par, elemento essencial da nova estrutura social, provavelmente só se tornou importante com o surgimento do *Homo ergaster* há cerca de 1,7 milhão de anos. Esse foi o primeiro ancestral humano cujos machos não eram muito maiores do que as fêmeas. Uma grande diferença de tamanho entre os sexos, como nos gorilas, indica competição entre machos e estrutura de harém. A diferença de tamanho diminui à medida que a manutenção do par fica mais comum.

Considerando a peculiaridade do comportamento social dos chimpanzés, não há motivo para duvidar de que ele tenha base genética. As linhagens chimpanzé e humana teriam herdado ambas um conjunto de genes que governaria o comportamento social e em cada espécie os genes do comportamento social teriam evoluído à medida que a estrutura social se alterava em resposta às exigências de sobrevivência da sociedade.

A estrutura social dos chimpanzés, de fato, pode não diferir muito daquela do ancestral comum de chimpanzés e de humanos. Entretanto, a estrutura social humana mudou profundamente nos últimos 5 milhões de anos. Assim como a forma física mudava de macaco para homem, o comportamento social passava por uma transformação radical, do comportamento de bandos multimachos do chimpanzé para o sistema humano de manutenção do par. Existem inúmeras razões para supor, com o mesmo grau de certeza atribuído às mudanças físicas, que o desenvolvimento do comportamento social distintivo dos humanos teve base genética. E se o comportamento social estava sob controle genético durante a evolução da sociedade humana a partir da sociedade do ancestral semelhante ao chimpanzé, não se entende por que ele não continuaria a ser moldado pelas forças evolutivas até os dias de hoje.

O comportamento social se altera em resposta a mudanças no ambiente. À medida que os grupos de hominídeos abandonavam as árvores, que por eternidades foram o porto seguro dos primatas, suas sociedades precisaram adaptar-se às oportunidades mais ricas e aos perigos mais graves da vida no chão. Essa empreitada altamente arriscada exigia uma minuciosa remodelagem do comportamento social padrão do macaco, sobretudo no que dizia respeito ao grau de cooperação entre os indivíduos.

COOPERAÇÃO, A VIRTUDE QUE DISTINGUE OS SERES HUMANOS

Os chimpanzés cooperam sob certos aspectos, como reunir-se em grupos de guerreiros para patrulhar as fronteiras de seu território. Porém, além das exigências mínimas para ser uma espécie social, eles têm pouco instinto de ajudar-se entre si. Os chimpanzés selvagens buscam sozinhos seus alimentos. Até as mães chimpanzés regularmente recusam-se a dividir comida com os filhos, que desde muito cedo são capazes de coletar seus próprios alimentos. Quando as mães compartilham a comida, é sempre a casca ou a pior parte que é dada ao filho.[3]

No laboratório, os chimpanzés também não compartilham espontaneamente a comida. Com algumas exceções, a maioria dos experimentos mostra que os chimpanzés sofrem de uma carência aguda de sentimentos altruístas por outros chimpanzés. Se um chimpanzé é colocado em uma jaula em que possa puxar uma bandeja de comida para si ou, sem fazer maior esforço, uma bandeja com comida também para o vizinho da jaula ao lado, ele vai puxá-las indiscriminadamente – ele simplesmente não se importa se o vizinho vai comer ou não. Contudo, ele sabe perfeitamente que uma das bandejas tem uma porção de comida disponível para a jaula ao lado. Se a jaula ao lado estiver vazia e o chimpanzé tiver acesso a ela, normalmente vai pegar a bandeja com a porção dupla. Os chimpanzés são realmente egoístas.[4]

As crianças humanas, por outro lado, são intrinsecamente cooperativas. Desde a mais tenra idade, elas desejam ajudar os outros, compartilhar informações e participar na busca de objetivos comuns. Michael Tomasello, psicólogo do desenvolvimento, estudou essa cooperatividade em uma série de experimentos com crianças muito pequenas. Ele observa que, se crianças de dezoito meses veem um adulto desconhecido com as mãos cheias tentando abrir uma porta, quase todas tentam imediatamente ajudá-lo. Se o adulto finge ter perdido um objeto, crianças a partir dos doze meses vão solicitamente mostrar onde ele está.

Existem muitas razões para crer que os ímpetos de ajudar, de informar e de compartilhar "surgem naturalmente" em crianças pequenas, escreve Tomasello, no sentido de que são inatos, não aprendidos.[5] Uma delas é que esses instintos aparecem muito cedo, antes que a maioria dos pais comece a treinar os filhos para agir em sociedade. Outra é que os comportamentos solícitos não são aprimorados se as crianças receberem recompensas.

Uma terceira razão é que a inteligência social desenvolve-se nas crianças antes de suas capacidades cognitivas gerais, ao menos quando comparadas com os macacos. Tomasello aplicou a crianças humanas e chimpanzés uma bateria de testes relacionados à compreensão dos mundos físico e social. As crianças humanas, com dois anos e meio, não foram melhor do que os chimpanzés nos testes sobre o mundo físico, mas foram consideravelmente melhor na compreensão do mundo social.[6]

A essência daquilo que as mentes das crianças têm e a dos chimpanzés não têm é o que Tomasello denomina intencionalidade compartilhada. Parte dessa capacidade consiste em elas conseguirem inferir aquilo que os outros sabem ou estão pensando, capacidade chamada de teoria da mente. No entanto, além disso, mesmo crianças muito pequenas querem fazer parte de um propósito compartilhado. Elas buscam ativamente ser parte de um "nós", de um grupo que congregou seus talentos e pretende trabalhar com vistas a um objetivo comum.

As crianças, claro, possuem as motivações egoístas necessárias para a sobrevivência, assim como qualquer outro animal, mas um vigoroso instinto social recobre seu comportamento desde muito cedo. O instinto social vai sendo modulado mais tarde, à medida que as crianças aprendem a distinguir em quem podem confiar e quem não retribui.

Além dessa intencionalidade compartilhada, outro comportamento social que chama a atenção é a obediência a normas, ou a regras de consenso geral dentro do grupo "nós". Aliados à obediência às regras, há outros dois princípios básicos do comportamento social humano. Um é a tendência a criticar, e se necessário a punir, aqueles que não seguem as regras consensuais. Outro é fortalecer a própria reputação, apresentando-se como desprendido e valioso seguidor das normas do grupo, exercício que pode envolver apontar as faltas alheias.

Os dois primeiros comportamentos já são evidentes nas crianças muito pequenas. Tomasello apresentou um novo jogo a crianças de dois e de três anos. Em seguida apareceu um fantoche e jogou incorretamente. Quase todas as crianças protestaram contra as ações do fantoche e muitas objetaram explicitamente, dizendo ao fantoche como se devia jogar. "As normas sociais – mesmo desse tipo relativamente trivial – só podem ser criadas por criaturas que se empenham em uma intencionalidade compartilhada e em crenças coletivas", escreve Tomasello, "e elas têm um papel muito importante na manutenção dos valores compartilhados dos grupos culturais humanos".[7]

O ímpeto de punir desvios das normas sociais é um traço distintivo das sociedades humanas. Em princípio ele traz grandes riscos para aquele que pune. Nas sociedades tribais ou caçadoras-coletoras, quem quer que puna um malcomportado provavelmente sofrerá a vingança da família deste. Por isso, na prática, a punição é dispensada de maneira bastante deliberada. Primeiro, por meio da fofoca, chega-se a um consenso de que o comportamento de um indivíduo merece correção. A punição pode então ser realizada coletivamente, evitando-se ou mesmo relegando ao ostracismo o membro que se desviou. Um problema diferente surge quando o infrator recusa-se a redimir-se e precisa ser morto. Os caçadores-coletores normalmente convencem sua família a fazer o serviço porque qualquer outra pessoa trará para si uma disputa sanguinária.

As normas sociais e a punição dos infratores são comportamentos tão profundamente arraigados na psique humana que surgiram mecanismos especiais para que um indivíduo puna a si mesmo por infrações das normas sociais: a vergonha e a culpa, que às vezes são expressas pelo rubor.

Um delicado equilíbrio estava sendo mantido durante a evolução da estrutura social humana. À medida que o cérebro humano ia aumentando de tamanho, os indivíduos se tornavam capazes de calcular em um grau cada vez maior qual era seu próprio interesse e como ele poderia ser atendido à custa do grupo. Para impedir o parasitismo, eram necessários contramecanismos cada vez mais sofisticados. Junto com a vergonha e com a culpa, um senso inato de moralidade evoluiu, dando às pessoas uma aversão instintiva ao assassinato e a outros crimes, ao menos contra membros do próprio grupo. Uma propensão para o comportamento religioso uniu as pessoas em rituais repletos de emoção que afirmavam objetivos comuns. E a religião instituiu um supervisor vigilante das ações das pessoas, um vingador divino que puniria as infrações com desastres neste mundo e tormentos no além.

À medida que esses mecanismos de coesão grupal evoluíam, os humanos tornaram-se os mais sociais dentre os animais, e suas sociedades, tornando-se cada vez mais capazes, iniciaram a série de realizações que iria levar aos primeiros assentamentos e à agricultura.

O HORMÔNIO DA CONFIANÇA SOCIAL

A sociabilidade humana tem dois gumes. A confiança estendida a membros do próprio grupo é espelhada pela suspeita e pela desconfiança potencial em relação a estranhos. A disposição de defender os membros do próprio grupo é a contrapartida da prontidão para matar o inimigo. A moralidade humana não é universal, como disseram os filósofos: é estritamente local, ao menos em sua forma instintiva. Os reflexos dessa ambivalência hoje aparecem desde o nível dos genes.

Se a natureza social humana é inata e evoluiu, como parece altamente provável, haverá evidências de sua evolução no genoma. Compreende-se ainda muito pouco dos genes que governam o cérebro humano, então não há de surpreender que ainda se saiba pouco sobre a base genética do comportamento social humano. Uma exceção de destaque diz respeito ao hormônio neural chamado oxitocina, às vezes conhecido como hormônio da confiança. Ele é sintetizado em uma região na base do cérebro conhecida como hipotálamo e dali distribuído tanto para o cérebro quanto para o corpo, com funções diferentes a desempenhar. No corpo, a oxitocina é liberada quando uma mulher dá à luz e quando amamenta o filho.

No cérebro, a oxitocina possui uma gama de efeitos sutis que só agora estão começando a ser explorados. Em geral, parece que a oxitocina foi cooptada no curso da evolução para desempenhar um papel central na coesão social. Trata-se de um hormônio de afiliação. A oxitocina amortece a desconfiança que se costuma sentir em relação a estranhos e promove sentimentos de solidariedade. "Nos homens, ela aumenta a confiança, a generosidade e a disposição de cooperar", dizem os autores de uma resenha recente.[8] (O mesmo sem dúvida vale para as mulheres, mas a maior parte desses experimentos é realizada apenas em homens por causa do risco de que a oxitocina leve a um aborto caso a mulher esteja grávida e não saiba.)

A confiança promovida pela oxitocina não é a do tipo fraternidade universal – é estritamente local. A oxitocina engendra a confiança nos membros do endogrupo, junto com sentimentos de defensividade em relação aos de fora. Essa limitação no raio de confiança da oxitocina só foi descoberta recentemente por Carsten De Dreu, psicólogo holandês que duvidava do saber convencional de que a oxitocina simplesmente promovia sentimentos gerais de confiança. Um indivíduo que cegamente confie em todo mundo não vai prosperar na luta pela sobrevivência, supunha De Dreu, e seus genes rapidamente serão eliminados; por isso, parecia muito mais provável que a oxitocina promovesse a confiança apenas em certos contextos.

De Dreu mostrou em diversos experimentos engenhosos que de fato era assim. Em um deles, os rapazes holandeses que eram suas cobaias foram postos diante de dilemas morais padronizados, como decidir se seria cabível salvar cinco pessoas na rota de um trem ao custo de uma vida, a de um passante que pudesse ser jogado nos trilhos para parar o comboio. As pessoas a salvar eram todas holandesas, mas a pessoa a ser morta às vezes recebia um prenome holandês, como Pieter, e às vezes um nome alemão ou muçulmano, como Helmut ou Muhammad. (As pesquisas de opinião mostram que nenhuma das duas nacionalidades está entre as favoritas dos holandeses.)

Quando as cobaias tinham inalado um pouco de oxitocina, ficavam muito mais inclinadas a sacrificar os Helmuts e os Muhammads, como descobriu De Dreu, mostrando o lado sombrio da oxitocina, que torna as pessoas mais dispostas a punir os de fora. A oxitocina não parece promover agressões positivas contra os de fora, como ele verificou, antes aguça a disposição de defender o endogrupo.[9]

A natureza de dois gumes da oxitocina é exatamente aquilo que se poderia esperar para suprir as necessidades dos humanos ancestrais vivendo em pequenos grupos tribais em que todo estranho era um inimigo em potencial. Nas sociedades maiores, por exemplo nas cidades, em que as pessoas com frequência precisam negociar com estranhos, o nível geral de confiança precisa ser consideravelmente mais alto do que nas sociedades tribais, em que a maior parte das interações acontece entre parentes próximos.

As raízes da oxitocina são tão profundas que ela está envolvida no aspecto mais básico da sociabilidade humana: o reconhecimento dos rostos das pessoas. Doses de oxitocina aumentam o reconhecimento de rostos humanos em uma cobaia. Variações genéticas no gene que especifica a proteína receptora de oxitocina estão associadas a uma capacidade reduzida de reconhecimento facial.[10]

Quando a oxitocina chega a um neurônio-alvo, ela interage com uma proteína receptora que se projeta da superfície do neurônio e é feita especificamente para reconhecê-la. A força com que esses receptores conectam-se à oxitocina pode ser variada fazendo-se pequenas mudanças no gene receptor. Claro que não é possível fazer um experimento para testar isso em humanos, mas existem evidências relevantes derivadas da comparação de duas espécies de ratazana. As ratazanas-machos das pradarias são monogâmicas e pais carinhosos e confiáveis, ao passo que as ratazanas-machos das campinas são polígamas errantes que deixam muito a desejar no quesito paternidade. Se as ratazanas das campinas forem geneticamente modificadas de modo a encher seus neurônios com receptores extra de vasopressina, um hormônio muito similar à oxitocina, essas conquistadoras subitamente tornam-se monogâmicas.[11]

É fácil ver como a seleção natural poderia aumentar o grau geral de confiança nas sociedades humanas, elevando a produção de oxitocina no cérebro, inserindo mais receptores de oxitocina nos neurônios das pessoas ou ainda aguçando a tenacidade com que os receptores seguram a oxitocina. Os processos opostos diminuiriam o nível de confiança social. Ainda não se sabe por qual mecanismo específico são controlados os níveis de oxitocina nas pessoas. Mas o mecanismo de oxitocina pode evidentemente ser modulado pela seleção natural de modo a obter mais ou menos o mesmo efeito. Se uma inclinação para desconfiar dos outros favorecer a sobrevivência, as pessoas com níveis menores de oxitocina vão prosperar e ter mais filhos, e, em muitas gerações, a sociedade será menos confiante. Por outro lado, se laços mais fortes de confiança ajudam uma sociedade a prosperar, os genes que aumentam os níveis de oxitocina ficarão mais comuns.

Com isso não se pretende dar a entender que, nas sociedades humanas, a confiança é determinada exclusivamente pelos genes. A cultura é muito mais importante na maioria das interações de curto prazo. Como na maioria dos comportamentos humanos, os genes apenas dão um empurrãozinho em uma certa direção. Mas esses pequenos empurrõezinhos, agindo sobre cada indivíduo, podem alterar a natureza de uma sociedade. Mudanças pequenas no comportamento social podem, a longo prazo, modificar profundamente o tecido social e fazer com que uma sociedade seja significativamente distinta de outra.

O CONTROLE DA AGRESSÃO

Além da confiança, outro importante comportamento social que está claramente sob influência da genética é a agressão, ou melhor, toda a gama de comportamentos que vai da agressão à timidez. O fato de que animais possam ser domesticados é prova de que esse traço pode ser modulado pelas pressões seletivas da evolução.

Um dos experimentos mais dramáticos do controle genético da agressão foi realizado pelo cientista soviético Dmitry Belyaev. A partir da mesma população de ratos cinza da Sibéria ele desenvolveu duas variantes, uma altamente sociável e a outra fervilhante de agressão. Para os ratos dóceis, os pais de cada geração foram escolhidos simplesmente a partir do critério de quão bem eles toleravam a presença humana. Para os ratos ferozes, o critério foi o quão adversamente eles reagiam às pessoas. Depois de muitas gerações de cruzamentos, a primeira variante tinha ficado tão dócil que, quando os visitantes entravam na sala em que os ratos estavam presos, os animais apertavam os focinhos contra as grades da gaiola para ser acariciados. A outra variante não podia ser mais distinta. Os ratos lançavam-se chiando contra o intruso, batendo-se ferozmente contra as grades.[12]

Os roedores e os humanos usam muitos dos mesmos genes e das mesmas regiões cerebrais para controlar a agressão. Experimentos com ratos mostraram que um grande número de genes está envolvido no traço, o que certamente também é verdade para pessoas. Comparações de gêmeos idênticos criados juntos e separados mostram que a agressão pode ser herdada. Os genes respondem por entre 37% e 72% da hereditariedade, a variação do traço em uma população, segundo diversos estudos. No entanto, muito poucos dos genes por trás da agressão já foram identificados, em parte porque, quando muitos genes controlam um comportamento, cada qual tem um efeito tão pequeno que é difícil de detectar. A maior parte das pesquisas concentrou-se em genes que promovem a agressão e não naqueles do outro lado do espectro comportamental.

Um dos genes associados à agressão chama-se MAO-A, o que significa que ele produz uma das duas formas de uma enzima chamada monoamina oxidase. Essa enzima tem um papel central na manutenção de estados mentais normais por sua função de limpeza – ela quebra três das pequenas substâncias neurotransmissoras usadas para levar sinais de um neurônio para outro. Esses três neurotransmissores, a serotonina, a norepinefrina e a dopamina, precisam ser jogados fora depois de realizada a sinalização. Caso se acumulem no cérebro, vão manter ativos neurônios que deveriam ter voltado ao repouso.

O papel da MAO-A no controle da agressão veio à luz em 1993 graças ao estudo de uma família holandesa em que os homens tinham inclinação para condutas desviantes violentas, como agressão impulsiva, incêndio, tentativa de estupro e exibicionismo. Os oito homens afetados tinham herdado uma forma incomum do gene MAO-A. Uma única mutação no gene faz com que a produção celular da enzima MAO-A seja interrompida no meio do processo, tornando-a ineficaz. Na ausência de enzimas MAO-A operantes, os neurotransmissores acumulam-se em excesso, fazendo com que os homens fiquem superagressivos em situações sociais.[13]

Mutações que perturbam completamente um gene como o MAO-A têm graves consequências para o indivíduo. Existem maneiras mais sutis de um gene como o MAO-A poder ser modulado pela seleção natural, de modo a deixar as pessoas mais ou menos agressivas. Os genes são controlados por elementos chamados promotores, breves trechos de DNA que ficam perto dos genes que eles controlam. E, sendo feitos de DNA, os promotores podem sofrer mutações, exatamente como o DNA dos genes.

O fato é que o promotor do MAO-A varia muito na população humana. As pessoas podem ter duas, três, quatro ou cinco cópias dele, e, quanto mais cópias tiverem, mais suas células produzem da enzima MAO-A. Que diferença isso faz para o comportamento de uma pessoa? Um bocado, para dizer a verdade. As pessoas com três, quatro ou cinco cópias do promotor de MAO-A são normais, mas as que têm apenas duas cópias têm um nível de delinquência muito mais alto. A partir de um questionário dado a 2.524 jovens nos Estados Unidos, Jean Shih e colegas verificaram que homens com apenas dois promotores tinham muito mais chance de relatar ter cometido tanto delitos graves nos doze meses anteriores, como roubo, venda de drogas ou danos a propriedades, quanto agressões violentas, como ferir alguém a ponto de a vítima precisar de cuidados médicos, ou ameaçar alguém com uma faca ou um revólver. Mulheres com dois promotores também relataram níveis muito mais altos de delinquência grave e violenta do que aquelas com mais promotores.[14]

Se os indivíduos podem diferir na estrutura genética de seu gene MAO-A e em seus controles, isso também vale para raças e para etnias? A resposta é sim. Uma equipe liderada por Karl Skorecki, do hospital Rambam, em Haifa, pesquisou as variações no gene MAO-A em pessoas de sete etnias – judeus asquenazitas, beduínos, pigmeus africanos, taiwaneses aborígenes, asiáticos orientais (chineses e japoneses), mexicanos e russos. Foram encontradas 41 variações nas porções dos genes que decodificaram e o padrão da variação diferia de uma etnia para a outra, revelando uma "diferenciação substancial entre populações".

O padrão da variação poderia ter vindo de mutações aleatórias no DNA que não tinham nenhum efeito na enzima MAO-A ou no comportamento das pessoas. Mas, depois de aplicar vários testes, os pesquisadores concluíram que havia evidências possíveis para "seleção positiva, agindo sobre fenótipos relacionados a MAO-A".[15] Isso significa que eles acham que a seleção natural poderia ter favorecido traços comportamentais particulares nas diversas etnias, mais ou menos agressivos, o que poderia ter causado os padrões particulares de variação no gene MAO-A. Os pesquisadores, contudo, não examinaram os comportamentos das diversas etnias, por isso não puderam estabelecer conexões causais entre cada padrão de variações na enzima MAO-A e traços comportamentais específicos.

Essa conexão foi afirmada por uma equipe de pesquisas liderada por Michael Vaughn, da Universidade de Saint Louis. Ele e seus colegas observaram os promotores da MAO-A nos afro-americanos. As cobaias eram os mesmos 2.524 jovens americanos do estudo de Shih mencionado anteriormente. Dentre os homens afro-americanos na amostra, 5% eram portadores de dois promotores de MAO-A, a condição que Shih verificara estar associada a níveis mais altos de delinquência. Os membros do grupo de dois promotores tinham bem mais chances de ter sido detidos e presos do que os afro-americanos que possuíam três ou quatro promotores. Segundo os pesquisadores, não foi possível fazer a mesma comparação em machos brancos, ou caucasianos, porque apenas 0,1% deles eram portadores do alelo de dois promotores.[16]

Uma descoberta como essa deve ser interpretada com cuidado. Primeiro, como todo relatório científico, precisa ser reproduzido por um laboratório independente, a fim de ser validado. Segundo, é evidente que um grande número de genes está envolvido no controle da agressão, de modo que, se os afro-americanos têm mais chance do que os caucasianos de ser portadores do alelo de promotores de MAO-A relacionado à violência, os caucasianos podem ser portadores do alelo agressivo de outros genes ainda a ser identificados. De fato, uma variante de um gene chamado HTR2B, um alelo que predispõe seus portadores a crimes impulsivos e violentos quando embriagados, foi encontrado entre os finlandeses.[17] É portanto impossível, olhando genes isolados, dizer com base genética que uma raça é geneticamente mais inclinada à violência do que qualquer outra. Terceiro, os genes não determinam o comportamento humano; apenas criam uma propensão para agir de certa maneira. A passagem ao ato depende tanto das circunstâncias quanto da dotação genética, de modo que as pessoas que vivem em condições de pobreza e de desemprego podem ter mais indutores para a violência do que aquelas em melhor situação.

O ponto mais geral evidenciado pelo caso do gene MAO-A é que aspectos importantes do comportamento social humano são moldados pelos genes e esses traços de comportamento têm grandes chances de variar de uma raça para outra, às vezes de maneira significativa.

COMO AS SOCIEDADES MUDAM PARA ADAPTAR-SE AO AMBIENTE

A confiança e a agressão são dois componentes importantes do comportamento social humano, cuja genética subjacente já foi em certa medida explorada. Existem muitos outros aspectos do comportamento social, como a conformidade com as regras, a disposição de punir os violadores das normas sociais ou a expectativa de equanimidade e de reciprocidade, que muito provavelmente têm base genética, ainda que esta ainda esteja por ser descoberta.

O fato de que o comportamento social humano é em certa medida moldado pelos genes significa que ele pode evoluir e que tipos diferentes de sociedade podem surgir à medida que os comportamentos sociais de base mudam. Por outro lado, grandes mudanças na sociedade humana, como a transição da vida caçadora-coletora para a vida sedentária, foram quase certamente acompanhadas por mudanças evolutivas no comportamento social à medida que as pessoas adaptavam-se a seu novo modo de vida. (As palavras "adaptar" e "adaptação" aqui sempre são usadas no sentido biológico de uma resposta evolucionária de base genética às circunstâncias.)

Existem dois fatores importantes a considerar no surgimento da mudança social. O primeiro é que uma sociedade se desenvolve por meio de mudanças em suas instituições, que são amálgamas de cultura e de comportamento social moldado pela genética. O segundo é que os genes e a cultura interagem. Isso pode parecer paradoxal para qualquer pessoa que considere os genes e a cultura terrenos inteiramente distintos. Porém, não é nada surpreendente se visto por uma perspectiva evolutiva, considerando que o genoma é projetado para responder ao ambiente e que um dos principais componentes do ambiente humano é a sociedade, com suas práticas culturais.

Os componentes operativos de uma sociedade são suas instituições. Qualquer forma de comportamento socialmente aceita, de uma dança tribal a um parlamento, pode ser considerada uma instituição. As instituições refletem tanto a cultura quanto a história, mas seus alicerces fundamentais são os comportamentos humanos. O império da lei não existiria se as pessoas não tivessem tendências inatas a seguir normas e a punir os violadores. Não seria possível fazer com que os soldados seguissem regras se a disciplina do exército não fosse capaz de evocar comportamentos inatos de conformidade, de obediência e de disposição de matar em nome do próprio grupo.

Consideremos, portanto, a intrincada dinâmica do sistema natural em que os membros de uma sociedade humana estão inseridos. Sua motivação básica é sua própria sobrevivência e a de suas famílias. Ao contrário de espécies que só conseguem interagir diretamente com seu ambiente, as pessoas com frequência interagem por meio de sua sociedade e de suas instituições. Ao responder a uma mudança ambiental, uma sociedade ajusta suas instituições e seus membros ajustam-se às novas instituições, mudando sua cultura no curto prazo e seu comportamento social no longo prazo.

A ideia de que o comportamento humano tem base genética vem há muito tempo enfrentando a resistência daqueles que enxergam a mente como uma tábula rasa em que apenas a cultura é capaz de escrever. Essa noção de tábula rasa é particularmente atraente para os marxistas, que querem que o governo molde o homem socialista à imagem que desejam e veem a genética como entrave ao poder estatal. Os marxistas acadêmicos lideraram o ataque a Edward O. Wilson quando ele propôs, em *Sociobiologia*, que comportamentos sociais como a conformidade e a moralidade tinham base genética. Wilson até mesmo sugeriu que os genes pudessem ter alguma influência "nas qualidades comportamentais subjacentes às variações entre as culturas".[18] Ainda que seu termo sociobiologia não seja hoje muito usado – "psicologia evolutiva" é um termo menos controverso para basicamente a mesma coisa –, a maré está a favor das ideias de Wilson agora que muitas capacidades humanas parecem ser inatas. Do repertório social dos bebês aos instintos morais discerníveis em testes psicológicos, está claro que a mente humana é hereditariamente predisposta a agir de certas maneiras.

O comportamento social muda porque, ao longo de um período de gerações, os genes e a cultura interagem. “Os genes seguram a cultura pela coleira”, escreve Wilson. “A coleira é longa, mas inevitavelmente os valores serão constrangidos segundo seus efeitos no *pool* genético humano.”[19] Práticas culturais nocivas podem levar à extinção, mas práticas vantajosas criam pressões seletivas que podem promover variantes genéticas específicas. Se uma prática cultural oferece uma vantagem significativa de sobrevivência, os genes que permitem que uma pessoa adote essa prática irão se tornar mais comuns.

Essa interação entre o genoma e a sociedade, conhecida como evolução gene-cultura, provavelmente foi uma força importante na formação das sociedades humanas. Até agora ela foi documentada apenas para pequenas mudanças de dieta, mas estas estabelecem o princípio. O exemplo principal é o da tolerância à lactose, a capacidade de digerir leite na vida adulta por meio da enzima lactase, que quebra a lactose, o principal açúcar do leite.

Na maioria das populações humanas, o gene da lactase é desligado permanentemente após o desmame, de modo a poupar a energia necessária para a produção da lactase. A lactose, o açúcar metabolizado pela enzima da lactase, só ocorre no leite, de modo que, quando uma pessoa para de mamar, a lactase nunca mais será necessária. Porém, nas populações que aprenderam a pecuária e a beber leite cru de vaca, destacando-se a Cultura do Vaso em Forma de Funil que floresceu no centro-norte da Europa entre 6 mil e 5 mil anos atrás, houve uma grande vantagem seletiva em manter ligado o gene da lactase. Quase todos os holandeses e suecos hoje têm tolerância à lactose, o que significa que são portadores da mutação que mantém o gene da lactase permanentemente ligado. A mutação é progressivamente menos comum na Europa, à medida que aumenta a distância da região nuclear da antiga Cultura do Vaso em Forma de Funil.

TOLERÂNCIA À LACTOSE
DISTRIBUIÇÃO NA EUROPA ATUAL

⁘ A área pontilhada mostra a terra da Cultura do Vaso em Forma de Funil, que floresceu entre 6 mil e 5 mil anos atrás

■ As áreas cinza-escuro indicam 100% de tolerância

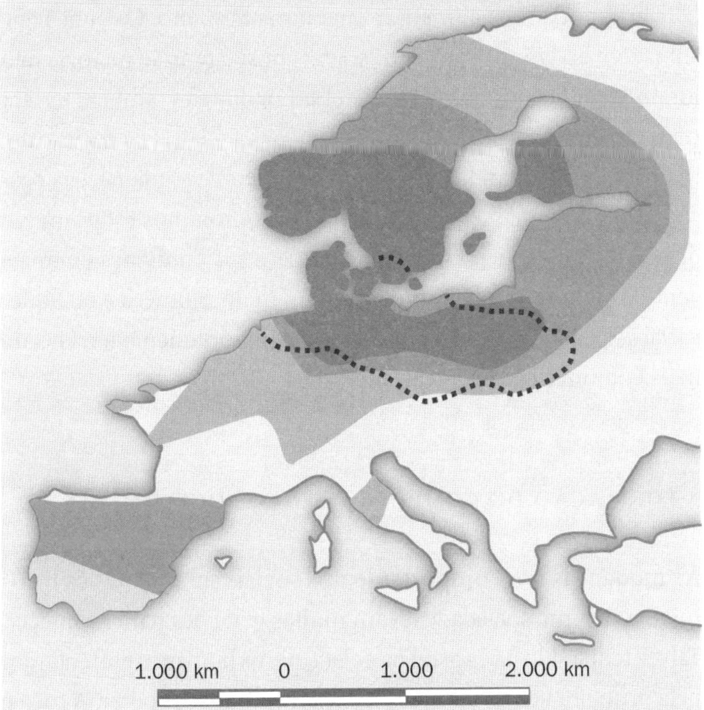

Fonte: Beja-Pereira, Albano. *Nature Genetics*, v. 35, 2003, pp. 311-5.

Três mutações diferentes que tiveram o mesmo resultado foram detectadas em povos pastoris da África oriental. A seleção natural precisa trabalhar com as mutações disponíveis na população, quaisquer que sejam, e é evidente que mutações distintas estavam disponíveis naqueles povos europeus e africanos que decidiram dedicar-se à pecuária e beber leite cru. As mutações prolongadoras da lactase conferiram uma enorme vantagem a seus portadores, permitindo que eles deixassem dez vezes mais filhos vivos do que aqueles sem a mutação.[20]

A tolerância à lactose é um exemplo fascinante de como uma prática cultural humana, no caso a pecuária e o hábito de tomar leite cru, pode retroalimentar o genoma humano. Os genes que subjazem ao comportamento social em sua grande maioria não foram identificados, mas é razoável supor que eles também teriam mudado em resposta a novas instituições sociais. Em sociedades maiores, que demandassem um nível maior de confiança, as pessoas que só confiassem em seus parentes próximos estariam em desvantagem. Aquelas que depositassem sua confiança em mais gente veriam seus filhos sobreviver em maior número e qualquer variação genética que promovesse esse comportamento teria ficado mais comum a cada geração sucessiva.

A FORMAÇÃO DO COMPORTAMENTO SOCIAL HUMANO

As mudanças nos comportamentos sociais subjacentes às instituições de uma sociedade levam muitas gerações para acontecer. Talvez tenha sido na caça ou na coleta que os humanos enfrentaram pela primeira vez fortes pressões seletivas para cooperar. A caça é muito mais eficiente quando feita em grupo; de fato, é só assim que se consegue derrubar e fatiar animais maiores e também protegê-los dos rivais. A caça pode ter induzido a intencionalidade compartilhada que é característica dos humanos; os grupos que não cooperavam intimamente não sobreviviam. Junto com a cooperatividade surgiram as regras para compartilhar carne de maneira equitativa e as engrenagens de fofoca que puniam a fanfarronice e a mesquinhez.

Uma sociedade caçadora-coletora consiste de bandos pequenos e igualitários sem líderes nem cabeças. Era essa a estrutura social humana padrão até 15 mil anos atrás. O fato de terem sido necessários 185 mil anos para que as pessoas dessem o passo aparentemente óbvio de assentar-se e colocar um teto permanente sobre suas cabeças sugere fortemente que diversas mudanças genéticas no comportamento social tiveram de evoluir primeiro. A natureza agressiva e independente dos caçadores-coletores, acostumados a só confiar em seus parentes próximos, teve de ceder a um temperamento mais sociável e à capacidade de interagir pacificamente com números maiores de pessoas. Uma sociedade coletora que se volta para a agricultura precisa desenvolver todo um novo conjunto de instituições para coordenar as pessoas na faina ainda desconhecida de semear e colher culturas.

Nesse novo ambiente, as pessoas com habilidades agrícolas e que operavam em comunidades maiores prosperavam e deixavam mais filhos; aqueles cuja única habilidade era a caça não iam tão bem e deixavam menos filhos e menos genes na geração seguinte. Com o tempo, a natureza da sociedade e de seus membros mudava para servir ao novo modo de vida.

Após os primeiros assentamentos, uma onda de novas sociedades surgiu, então, em resposta a pressões populacionais e a novas maneiras de coletar comida. O antropólogo Hillard Kaplan e seus colegas elaboraram a dinâmica de diversas dessas adaptações.[21]

Uma razão por que as sociedades caçadoras-coletoras são igualitárias é que suas fontes habituais de alimentos – animais de caça, tubérculos, frutas e oleaginosas – tendem a estar dispersas e não é fácil monopolizá-las. Na horticultura tribal, como praticada na Nova Guiné e em partes da América do Sul, as pessoas vivem em assentamentos com hortas que devem ser cultivadas e defendidas. Esse modo de vida demanda mais estrutura do que um bando de caçadores-coletores. As pessoas aceitam o governo de um líder que organize a defesa e mantenha relações diplomáticas com os grupos vizinhos.

O pastoralismo tribal cria uma demanda ainda maior por liderança militar porque o principal recurso da tribo, manadas de ovinos ou de caprinos, pode facilmente ser capturado e levado embora. A competição por pasto é outra fonte de atrito. Os pastoralistas desenvolveram as instituições necessárias para o combate frequente, as quais muitas vezes incluem a segregação social das classes dos jovens guerreiros e linhagens masculinas expansionistas.

A ascensão das primeiras cidades-Estados, baseadas em agricultura de larga escala, demandou um novo tipo de estrutura social, fundada em populações vastas e organizadas hierarquicamente, governadas por líderes militares. Os Estados sobrepuseram suas próprias instituições às da tribo. Usaram a religião para legitimar o poder do governante e para manter o monopólio da força.

O tema comum de todos esses desenvolvimentos é que, quando as circunstâncias mudam, quando um novo recurso pode ser explorado ou um novo inimigo aparece na fronteira, uma sociedade muda suas instituições em resposta. Dessa maneira, é fácil ver a dinâmica da mudança social humana e por que existem esses tipos de estruturas sociais humanas. Assim que o modo de subsistência muda, uma sociedade desenvolve novas instituições com o objetivo de explorar seu ambiente de modo mais eficiente. Os indivíduos cujo comportamento social está mais afinado com essas instituições vão prosperar e deixar mais filhos, e as variações genéticas subjacentes a esse comportamento vão ficar mais comuns. Se o ritmo da guerra se acelera, surgirá um conjunto especial de instituições de modo a aumentar a prontidão militar da sociedade. Essas novas instituições vão retroalimentar o genoma ao longo de gerações, na medida em que os que têm comportamentos sociais de sucesso em uma sociedade militarista deixarão mais filhos vivos.

Esse processo de adaptação contínua assumiu um curso diferente em cada região do mundo conforme o ambiente e os recursos exploráveis. À medida que a população crescia, coordenar as atividades de números cada vez maiores de pessoas exigia estruturas sociais mais complexas. As tribos fundiam-se em Estados arcaicos, os Estados se tornavam impérios e os impérios viviam sua ascensão e sua queda, deixando em seu rastro estruturas de larga escala conhecidas como civilizações.

O processo de organizar pessoas em estruturas sociais cada vez maiores, acompanhado por mudanças no comportamento social, foi com toda a probabilidade moldado pela evolução, ainda que as mudanças genéticas subjacentes ainda estejam por ser identificadas. Essa evolução social aconteceu mais ou menos em paralelo nas principais populações ou raças do mundo, as dos africanos, dos asiáticos orientais e dos caucasianos. (Os caucasianos incluem os europeus, os povos do subcontinente indiano e do Oriente Médio.) O mesmo processo é visível em uma quarta raça, os nativos da América do Norte e da América do Sul. Como as Américas foram povoadas muito depois da África e da Eurásia – os primeiros colonos cruzaram o estreito de Bering vindo da Sibéria apenas 15 mil anos atrás –, a evolução social começou muito mais tarde e os grandes impérios dos incas e dos maias surgiram muitos milhares de anos depois de suas contrapartidas eurasianas. Em uma quinta raça, os povos da Austrália e de Papua Nova Guiné, os números da população sempre foram baixos demais para desencadear os processos de colonização e de construção de Estados.

COMO A EVOLUÇÃO CRIA SOCIEDADES DIFERENTES

Pessoas são totalmente diferentes de formigas, mas há algo a aprender com as criaturas que ocupam o outro cume da evolução social na natureza. Uma formiga é uma formiga é uma formiga, mas a seleção natural moldou uma profusão de sociedades de formigas em grande parte distintas, cada qual adaptada a seu próprio nicho ecológico. As formigas-cortadeiras são agricultoras soberbas, responsáveis por hortas subterrâneas de um fungo semelhante a um cogumelo, que protegem com antibióticos especiais. Há formigas que vivem nos espinhos ocos oferecidos pelas acácias. Algumas formigas especializam-se em pilhar cupinzeiros. Formigas-tecelãs costuram folhas para construir abrigos para suas colônias. Formigas-correição matam tudo que estiver vivo e não conseguir escapar de seus grupos de ataque intensivo.

A evolução gerou suas muitas variedades de sociedade mantendo o corpo da formiga basicamente o mesmo e alterando o comportamento dos membros de cada sociedade. As pessoas também vivem em muitos tipos diferentes de sociedade, e a evolução parece tê-las construído com a mesma estratégia – mantendo o corpo humano essencialmente inalterado, mas mudando o comportamento social.

Uma das principais diferenças é que as pessoas, com sua inteligência muito maior, constroem sociedades cheias de interações complexas em que um indivíduo cujo comportamento fosse estereotipado como o de uma formiga estaria em séria desvantagem. O comportamento aprendido, ou cultura, desempenha um papel dominante nas sociedades humanas, moldadas por um conjunto pequeno, mas crucial, de comportamentos sociais influenciados pelos genes. Nas sociedades das formigas, por outro lado, o comportamento social é dominado pelos genes e pelos feromônios geneticamente prescritos que governam as principais atividades delas.

Nas sociedades humanas, o comportamento dos indivíduos é, portanto, flexível e generalista, com boa parte da especificidade de uma sociedade embutida em sua cultura. As sociedades humanas não são nem de longe tão diversas como são as das formigas porque a evolução teve apenas 50 mil anos para moldar as populações humanas modernas, em comparação com os 100 milhões de anos da evolução das formigas.

Outra grande diferença é que, entre as pessoas, os indivíduos de maneira geral podem passar com facilidade de uma sociedade para outra. As formigas matam formigas de outras espécies e até uma colônia vizinha da mesma espécie. Exceto pela escravidão – algumas espécies de formigas escravizam outras espécies –, as sociedades de formigas são imiscíveis. As instituições das sociedades de formigas são moldadas quase integralmente pela genética e pouco, ou nada, pela cultura. Não há como treinar formigas-correição para que parem de atacar e dediquem-se à horticultura pacífica, como as formigas-cortadeiras. Nas sociedades humanas, as instituições são em grande parte culturais e baseadas em um componente genético muito menor.

Tanto no caso das formigas quanto no das pessoas, as sociedades evoluem ao longo do tempo à medida que a seleção natural modifica o comportamento social de seus membros. Com as formigas, a evolução teve tempo de gerar milhares de espécies diferentes, cada qual com uma sociedade adaptada à sobrevivência em seu ambiente particular. Com as pessoas, que só recentemente se dispersaram de sua terra natal ancestral, a evolução até agora gerou apenas raças dentro de uma única espécie, mas com muitas grandes formas de sociedade, cada qual uma resposta a ambientes diferentes e a circunstâncias históricas. Novos dados sobre o genoma humano hoje permitem examinar pela primeira vez essa diferenciação da população humana em nível genético.

O experimento humano

> Porém, não há dúvida nenhuma de que as diversas raças, quando cuidadosamente comparadas e medidas, diferem muito umas das outras. [...] As raças também diferem na constituição, na aclimatação e na suscetibilidade a certas doenças. Suas características mentais são igualmente muito distintas; principalmente nas faculdades emocionais, mas em parte nas intelectuais.
>
> CHARLES DARWIN[1]

Por uma evolução independente mas em grande parte paralela entre as populações de cada continente, a espécie humana diferenciou-se em raças. Esse processo evolutivo é difícil de explorar, porém, quando a questão da raça é transformada em tabu, ou sua existência é frontalmente negada.

Muitos estudiosos gostam de fazer acenos cautelosos para a ortodoxia multiculturalista dando a entender que as raças não existem. *Race? Debunking a Scientific Myth* [Raça? Desmascarando um mito científico] é o título de um livro recente de um antropólogo físico e de um geneticista, ainda que seu texto não seja assim tão específico.[2] "O conceito de raça não tem base genética ou científica", escreve Craig Venter, que foi o principal decodificador do genoma humano, mas, até onde se sabe, não possui especialização na disciplina específica da genética populacional.[3]

Somente as pessoas capazes de achar que a Terra é plana acreditam na existência de raças humanas, segundo o geógrafo Jared Diamond. "A realidade das raças humanas é outra 'verdade' do senso comum destinada ao esquecimento junto com a da Terra plana", afirma.[4] Para uma posição mais sutil, considere a afirmação a seguir, que parece dizer a mesma coisa: "É cada vez mais claro que não existe base científica para definir limites étnicos ou raciais precisos", escreve Francis Collins, diretor do Instituto Nacional de Pesquisa do Genoma Humano em uma recapitulação das implicações do projeto.[5] Essa formulação, comumente usada por biólogos para dar a entender que aceitam a visão política ortodoxa sobre a inexistência da raça, tem muito menos sentido do que aparenta. Quando se desenvolve um limite específico entre as raças, elas não são mais raças, mas espécies distintas. Assim, dizer que não há limites precisos entre as raças é como dizer que não há círculos quadrados.

Alguns biólogos começaram a concordar que há raças humanas, mas apressam-se em acrescentar que esse fato significa muito pouco. As raças existem, mas as implicações "não são grande coisa", diz Jerry Coyne, biólogo evolutivo.[6] Pois é: a natureza vem realizando há 50 mil anos esse grandioso experimento, gerando miríades de variações fascinantes do tema humano, tudo para os biólogos evolutivos expressarem nada mais que decepção com seus esforços.

Das obscuridades dos biólogos sobre a questão da raça, os sociólogos incorretamente inferiram que não existe base biológica para a raça, confirmando sua preferência por considerar a raça apenas mais um construto social. Como o mundo acadêmico foi capaz de chegar a uma posição sobre a raça tão distante da realidade e da observação do senso comum?

A distorção politicamente motivada de visões científicas sobre raça pode ser rastreada até uma campanha contínua, iniciada na década de 1950, do antropólogo Ashley Montagu, que queria tornar tabu a palavra raça, ao menos quando se referia a pessoas. Montagu, que era judeu, cresceu em Londres, no East End, onde enfrentou um antissemitismo considerável. Ele estudou antropologia social em Londres e em Nova York, onde foi aluno de Franz

Boas, defensor da igualdade racial e da crença de que a cultura por si molda o comportamento humano. Começou a promover as ideias de Boas com mais zelo do que seu autor e desenvolveu visões apaixonadas dos males da raça. "A raça é a bruxaria, a demonologia da nossa época, o meio pelo qual exorcizamos as forças demoníacas imaginárias entre nós", escreveu. "É o mito contemporâneo, o mito mais perigoso da humanidade, o Pecado Original dos Estados Unidos."[7]

Nos anos do pós-guerra, com o horror do Holocausto pesando na cabeça das pessoas, Montagu encontrou rápida aceitação de suas ideias. Elas tiveram destaque na influente declaração da Unesco sobre raça, publicada originalmente em 1950, que ele ajudou a preparar. Montagu acreditava que o imperialismo, o racismo e o antissemitismo eram motivados por noções de raça e podiam ser solapados pela demonstração de que as raças não existiam. Por mais que se possa simpatizar com suas motivações, é talvez simplista acreditar que um mal pode ser eliminado banindo as palavras que o conceptualizam. A supressão da palavra, no entanto, era o objetivo de Montagu, e ele obteve um sucesso notável.

"A própria palavra raça é em si racista", escreveu em seu livro *Man's Most Dangerous Myth: The Fallacy of Race* [O mito mais perigoso do homem: a falácia da raça].[8] Muitos estudiosos que compreendiam muito bem as raças humanas começaram a deixar de usar o termo, para não serem postos no ostracismo como racistas. Em uma pesquisa feita em 1987, somente 50% dos antropólogos físicos (pesquisadores que estudam ossos humanos) concordavam que as raças humanas existiam, e entre os antropólogos sociais (que estudam pessoas), apenas 29%.

Os antropólogos físicos que melhor entendem a raça são os que trabalham na área forense. Os crânios humanos possuem três formatos distintos, que refletem o grau de ancestralidade de seus proprietários nas três principais raças, caucasiana, asiática oriental e africana. Os crânios africanos possuem cavidades nasais e oculares mais arredondadas e mandíbulas projetadas para a frente, ao passo que os caucasianos e os asiáticos possuem rostos mais achatados. Os crânios caucasianos são mais compridos, possuem queixos mais largos e cavidades nasais em forma de lágrima. Os crânios asiáticos orientais tendem a ser pequenos e largos, com malares largos. Há muitos outros traços característicos dos três tipos de crânios. Como costuma acontecer, não existe um único traço que por si baste para dizer que um crânio pertence a um tipo racial específico; antes, cada traço é mais comum em uma raça do que nas outras, permitindo que uma combinação desses traços sirva de diagnóstico.

Fazendo apenas algumas mensurações, os antropólogos físicos conseguem dizer à polícia a raça do antigo proprietário de um crânio com 80% de exatidão. Essa capacidade provoca alguma aflição entre aqueles convencidos por Montagu de que não se deveria reconhecer as raças humanas. Como eles conseguem identificar com tanta precisão a raça de um crânio se a raça não existe? "Que nós, os antropólogos forenses, coloquemos o selo de aprovação de nossa área no conceito tradicional e anticientífico de raça toda vez que emitimos um desses juízos é um problema para o qual não vejo solução fácil", escreveu um antropólogo físico. Sua sugestão foi obscurecer, mantendo o conceito, mas usando um eufemismo no lugar de raça, como ancestralidade.[9] Esse conselho vem sendo seguido por uma ampla gama de pesquisadores que, retendo o conceito necessário de raça, referem-se a ele por meio de perífrases inócuas como "estrutura populacional" ou "estratificação populacional". Quanto aos efetivos elementos de DNA usados hoje por biólogos para atribuir às pessoas sua raça ou raças, no caso de pais de raças diferentes, eles hoje são conhecidos como AIMS [Ancestry Informative Markers], ou marcadores informativos de ancestralidade.

As raças são uma escala no caminho ao longo do qual a evolução gera novas espécies. O ambiente muda o tempo todo e os organismos perecerão, a menos que se adaptem. No curso da adaptação, diferentes variações de uma espécie surgirão em condições que impõem desafios distintos. Essas variações, ou raças, são fluidas, não fixas. Se a pressão seletiva que fez com que elas surgissem desaparecesse, elas voltariam ao *pool* genético geral. Ou, se uma raça deixar de misturar-se com suas vizinhas por causa do surgimento de alguma barreira à reprodução, ela poderia vir a tornar-se uma espécie distinta.

Os seres humanos não foram isentados desse processo. Se a diferenciação humana continuasse no mesmo ritmo dos últimos 50 mil anos, uma ou mais raças hoje existentes poderiam em um futuro distante desenvolver-se em uma espécie diferente. Mas as forças de diferenciação hoje parecem ter mudado de curso graças a mais migração, mais viagens e mais casamentos inter-raciais.

As raças desenvolvem-se dentro de uma espécie e facilmente refundem-se nela. Todas as raças humanas, até onde se sabe, têm o mesmo conjunto de genes. Cada gene, no entanto, vem em um conjunto de sabores diferentes, ou de formas alternativas, denominadas alelos pelos cientistas. Pode-se supor que as raças diferem por ter alelos diferentes de diversos genes. Contudo, ainda que exista um punhado desses alelos que definem a raça, a base de uma raça está em grande parte em algo ainda mais tênue: uma diferença na relativa difusão, ou frequência, de alelos, situação discutida em maiores detalhes no próximo capítulo.

A frequência de cada alelo de um gene muda de uma geração para a seguinte, dependendo de qual dos genitores é aquele cujo alelo, por acaso, é herdado e do favorecimento, ou não, pela seleção natural. As raças são, portanto, muito dinâmicas, porque as frequências de alelos de que elas dependem mudam o tempo inteiro. Uma boa descrição é dada pelo historiador Winthrop Jordan em sua história das origens históricas do racismo nos Estados Unidos. Em suas palavras,

> [...] hoje é claro que a humanidade é uma única espécie biológica; que as raças não são unidades nem discretas, nem estáveis, mas plásticas, mutantes, partes integrais de um todo que também está mudando. Além disso, também é claro que é melhor estudar as raças como produtos de um processo; e, por fim, que as diferenças raciais envolvem a frequência relativa de genes e características mais do que distinções absolutas e mutuamente excludentes.[10]

As raças surgem como parte do processo da mudança evolutiva. No nível do genoma, a força motriz da evolução é a mutação. A mutação gera novidade na sequência de unidades de DNA que contêm a informação hereditária. Em seguida, os processos evolutivos de seleção natural, de deriva genética e de migração começam a agir sobre as novas sequências.

As unidades químicas que compõem o DNA duram bastante, mas não são permanentes. Com alguma frequência, uma unidade se desintegra, seja por declínio espontâneo, seja por radiação. Em toda célula viva, enzimas reparadoras constantemente patrulham os filos do DNA em todas as direções, conferindo a sequência de unidades químicas, ou bases, como são chamadas pelos cientistas. As quatro bases são conhecidas abreviadamente como A (adenina), T (timina), G (guanina) e C (citosina). A estrutura de uma molécula de DNA consiste de dois filos em espiral um em volta do outro, formando uma dupla hélice, com cada base de um filo ligeiramente entrecruzada com uma base do outro. Esse sistema de entrecruzamento demanda que, onde um filo da dupla hélice tem A, haja um T no mesmo local no filo oposto, com G e C sendo pareadas de modo similar. Se a base oposta a T não está presente, as enzimas sabem que devem inserir uma A. Se uma C está sem sua parceira, as enzimas produzem uma G. O sistema, apesar de sua eficiência impressionante, não é perfeito. Às vezes o sistema de conferência insere a base errada, e esses "erros de digitação" são chamados de mutações. Quando as mutações ocorrem nas células germinativas de uma pessoa, óvulos ou espermatozoides, elas se tornam evolutivamente significativas, porque então podem ser transmitidas à geração seguinte.

Outros tipos de mutação ocorrem por erros de cópia cometidos pela célula na manipulação do DNA. Todos esses tipos de mutação são a matéria-prima da seleção natural, a segunda força evolutiva. A maior parte das mutações afeta apenas as copiosas regiões do DNA que ficam entre os genes e têm pouca importância. É a sequência de bases nos genes que codifica a informação que especifica proteínas e outras partes funcionais da célula. Esse DNA codificador, como o chamam, ocupa menos de 2% do genoma humano. As mutações que não alterem significativamente o DNA codificador ou as regiões promotoras próximas do DNA, usadas para ativar o DNA codificador, geralmente não têm efeito no organismo. A seleção natural não tem motivo para ocupar-se delas, e por essa razão os geneticistas chamam-nas mutações neutras.

Das mutações que alteram a sequência genética, a maioria degrada ou até destrói a função da proteína especificada pelo gene. Essas mutações são prejudiciais e precisam ser eliminadas. "Seleção purificadora" é a expressão que os geneticistas usam para a ação da seleção natural que tira do genoma as mutações prejudiciais. O portador da mutação não sobrevive, ou tem poucos filhos, ou nenhum.

É só um punhado de mutações que tem efeito benéfico, e estas ficam mais comuns na população a cada geração sucessiva, pois os felizes proprietários são mais capazes de sobreviver e de reproduzir-se.

O indivíduo portador de uma mutação benéfica possui um novo gene, ou melhor, um novo alelo – uma versão do antigo gene com a nova mutação embutida. É por causa das mutações e dos alelos que existe uma terceira força de mudança evolutiva, chamada deriva genética. Cada geração é uma loteria genética. Seu pai e sua mãe possuem cada qual duas cópias de cada gene. Cada progenitor transfere uma das duas cópias para você. A outra fica no chão da sala de edição. Suponha que em uma população existem apenas duas versões de um gene específico, chamadas A e B. Suponha ainda que 60% de uma população possua o alelo A e 40% o alelo B. Na geração seguinte, essas proporções vão mudar porque, segundo a sorte, o alelo A vai ser transmitido aos filhos com maior frequência do que o alelo B, ou o contrário.

Se você acompanhar o destino do alelo A pelas gerações, ele passeia aleatoriamente em termos de frequência na população, de 60% em uma geração, digamos, para 67% na seguinte, e depois 58% ou 33% e daí por diante. Esse passeio, porém, não pode continuar para sempre, porque cedo ou tarde ele vai atingir 0% ou 100%. Se a frequência cair para 0%, o alelo A fica permanentemente perdido na população. Se atingir 100%, é o alelo B que se perde e o alelo A se torna a forma permanente do gene, ao menos até o aparecimento de uma mutação nova e melhor. Essa flutuação na frequência é um processo aleatório conhecido como deriva genética, e quando o passeio termina com o alelo A chegando a 100%, os geneticistas dizem que ele se tornou fixo ou atingiu a fixação, o que significa que agora só dá ele.

Uma parte importante do genoma que atingiu a fixação é o DNA da mitocôndria produtora de energia, antigas bactérias que foram capturadas e escravizadas há muito tempo pelo ancestral de todas as células animais e vegetais. As mitocôndrias, pequenas organelas dentro de cada célula, são herdadas pelo óvulo e passadas de uma mãe para seus filhos. Em algum estágio primitivo da moderna evolução humana, o DNA mitocondrial de alguma mulher atingiu a fixação expulsando todas as outras versões.

A mesma vitória do tipo "o vencedor leva tudo" foi obtida por uma versão específica do cromossomo Y, presente apenas nos homens porque inclui o gene que determina o sexo masculino. Em uma época em que a população humana era muito pequena, o cromossomo Y de um único indivíduo aumentou em frequência até tornar-se o único restante. Como descreveremos adiante, os legados genéticos da Eva mitocôndrica e do Adão do cromossomo Y mostraram-se imensamente úteis para rastrear a migração de seus descendentes pelo planeta.

A ascensão e a queda dos alelos dependem da mera sorte de quais são deixados de lado e quais são transmitidos à geração seguinte quando os óvulos e os espermatozoides são criados. A deriva genética pode ser uma força poderosa na formação das populações, particularmente as pequenas, em que a deriva, seja para a perda, seja para a fixação, pode acontecer em poucas gerações.

Outra força que molda a herança genética de uma espécie é a migração. Enquanto uma população permanece junta e se entrecruza, todos bebem de um mesmo *pool* genético em que cada gene existe em muitas versões ou alelos diferentes. Um indivíduo, porém, pode ser portador de no máximo dois alelos de cada gene, um de cada progenitor. Assim, se um grupo de indivíduos separa-se da população principal, vai levar consigo apenas alguns alelos do *pool* geral, perdendo portanto parte da dotação genética disponível.

A mutação, a deriva, a migração e a seleção natural são forças inexauríveis que impelem sempre adiante o motor da evolução. Mesmo que uma população fique no mesmo lugar e seu fenótipo, ou aspecto físico, permaneça o mesmo, seu genótipo, ou informação hereditária, permanecerá em fluxo constante, correndo como a Rainha de Copas para ficar no mesmo lugar.

Uma população pode ficar mais constante se se entrecruzar, com todos bebendo do mesmo *pool* de alelos. Assim que surge qualquer barreira ao entrecruzamento, como um rio encontrado durante a disseminação da espécie, as populações dos dois lados do rio vão ficar sutilmente diferentes uma da outra por causa da deriva genética. Vão ter dado o primeiro passo para tornar-se subespécies, ou raças, e vão continuar a acumular diferenças menores. Em algum momento uma dessas diferenças menores, talvez uma mudança na época do acasalamento ou na preferência de parceiro, criará uma barreira reprodutiva entre as duas subespécies. Assim que os indivíduos das duas populações pararem de acasalar-se livremente, as duas subespécies estarão prontas para separar-se em espécies distintas.

O POVOAMENTO DO MUNDO

Considere então como esse mecanismo de diferenciação, de uma espécie desenvolvendo-se em raças, seria aplicado aos humanos. Os agentes de mudança – migração, deriva genética e seleção natural – se impuseram sobre a população humana particularmente quando as pessoas começaram a dispersar-se da terra natal ancestral. Aqueles que deixaram a África parecem ter sido algumas centenas, talvez um único bando de caçadores-coletores. Levaram consigo apenas uma fração dos alelos na população ancestral humana, deixando-os geneticamente menos diversos. Espalharam-se pelo mundo segundo um processo de divisão de populações. Quando um grupo ficava grande demais para os recursos locais, ele se separava, com um bando permanecendo onde estava e o outro indo para outro lugar a alguns quilômetros pelo litoral, ou rio acima, processo que reduzia mais e mais a diversidade a cada separação populacional.

Como os humanos modernos de 50 mil anos atrás eram uma espécie tropical, as primeiras pessoas a deixar a África provavelmente cruzaram o extremo sul do mar Vermelho e mantiveram-se mais ou menos na mesma latitude, seguindo pelo litoral até chegar a Sahul, o continente da Era Glacial que à época incluía a Austrália, a Nova Guiné e a Tasmânia. Os mais antigos vestígios humanos conhecidos fora da África, com cerca de 46 mil anos de idade, vêm do lago Mungo, na Austrália.

O êxodo humano moderno da África ocorreu em uma época em que a Era Glacial do Pleistoceno ainda demoraria 40 mil anos para terminar. Para começar, bandos de caçadores-coletores provavelmente estendiam-se por uma faixa de climas majoritariamente tropicais do nordeste da África até a Índia e a Austrália. A julgar pelo comportamento dos caçadores-coletores modernos, esses pequenos grupos teriam sido altamente territoriais e agressivos em relação aos vizinhos. Para afastar-se uns dos outros e encontrar novos territórios, os bandos começaram a ir para o norte, para as frias florestas e estepes da Europa e da Ásia oriental.

As pressões evolutivas por mudança nesses pequenos grupos isolados teriam sido intensas. Aqueles que migravam para leste enfrentavam novos ambientes. Vivendo de caça e de coleta, teriam precisado reaprender a sobreviver em cada novo habitat. Os grupos que iam para o norte a partir da zona equatorial da primeira migração ter-se-iam deparado com pressões particularmente duras. A última Era Glacial só terminou 10 mil anos atrás. Os primeiros humanos modernos que foram para o norte tiveram de adaptar-se a condições muito diferentes daquelas de sua terra natal tropical e desenvolver novas tecnologias, como produzir roupas justas e guardar comida para os meses de inverno. O clima era muito mais frio, as diferenças nas estações eram mais pronunciadas e manter-se aquecido e encontrar sustento durante os meses de inverno era um grave problema.

Como se esses obstáculos não fossem assustadores o bastante, as pessoas que iam para o norte também se depararam com adversários armados. Uma onda anterior de humanos tinha deixado a

África cerca de 500 mil anos antes e agora ocupava o continente eurasiano. Esses humanos, denominados arcaicos para serem distinguidos das pessoas modernas, incluíam o Neandertal na Europa e o *Homo erectus* na Ásia oriental. Ambos desapareceram mais ou menos na época em que os humanos modernos adentraram seus territórios. No caso do Neandertal, o registro arqueológico deixa claro que a área de seus assentamentos foi diminuindo na mesma proporção em que a dos humanos modernos aumentava, dando a entender que os modernos levaram o Neandertal à extinção. Os registros da Ásia oriental ainda não são detalhados o bastante para compreendermos o destino do *Homo erectus,* mas existe a forte possibilidade de que a espécie tenha tido o mesmo destino do Neandertal.

Depois da ocupação da Eurásia, o único *pool* genético que existia no pequeno grupo que deixara a África agora estava fragmentado em muitos *pools* distintos. O vasto terreno pelo qual os humanos agora se espalhavam, do sul da África à Europa, à Sibéria e à Austrália, impedia qualquer fluxo substancial de genes entre eles. Cada população menor começou a acumular seu próprio conjunto de mutações, além daquelas herdadas da população ancestral comum. E em cada população as forças da seleção natural e da deriva operaram independentemente para processar essas mutações, tornando-as mais comuns, e eliminando outras.

Se parceiros matrimoniais tivessem sido trocados com liberdade suficiente pela população humana, as raças nunca teriam se desenvolvido. Mas o que aconteceu foi o contrário. As pessoas, ao mesmo tempo que se espalhavam pelos continentes, fragmentavam-se em pequenos grupos tribais. A mistura de genes entre essas pequenas populações era provavelmente muito limitada. Mesmo que a geografia não tivesse sido uma barreira formidável, os grupos caçadores-coletores eram territoriais e majoritariamente hostis a estranhos. Viajar era perigoso. A guerra provavelmente nunca parava, a julgar pelo comportamento dos caçadores-coletores modernos. Outro indício das guerras está no crescimento lento da população humana primitiva, que estava muito abaixo da taxa de nascimentos natural e poderia sugerir uma enorme quantidade de mortes em combate.

Uma vez ocupados os territórios disponíveis, a vastíssima maioria das pessoas passou a viver e morrer na região em que nasceu. O fato de elas ficarem basicamente trancadas em seus territórios de origem até a época moderna é uma das surpresas que o genoma nos trouxe. Diversos indícios apontam para essa conclusão. Todos os homens trazem cópias do mesmo cromossomo Y original, que, como dito anteriormente, universalizou-se logo no começo da moderna evolução humana. Porém, começaram a acumular-se mutações no Y, cada uma delas formando um ponto de ramificação na árvore genealógica humana entre os homens que têm a ramificação e os que não a têm. A raiz dessa árvore ramificada está na África, e seus galhos estendem-se pelo mundo em um padrão que segue o das migrações humanas. Não há muitos emaranhados entre os galhos, o que mostra que o mundo foi preenchido ordenadamente e que, uma vez que isso aconteceu, as pessoas ficaram onde estavam.

A mesma história é contada pelo DNA mitocondrial no rastreamento da migração das mulheres. Mais recentemente, os geneticistas foram capazes de pesquisar populações usando dispositivos chamados chips genéticos, que sondam o genoma inteiro e dão uma imagem muito mais detalhada. Os chips genéticos são séries de breves extensões de DNA escolhidas para reconhecer 500 mil lugares no genoma humano onde a sequência costuma variar. (Os lugares variáveis, conhecidos como SNPs, ou *snips*,* dizem

* *Single* ou *Simple Nucleotide Polymorphism*, ou polimorfismo de nucleotídio único ou simples. A pronúncia inglesa *snip* vem apenas da leitura da sigla SNP. [N.T.]

onde as pessoas diferem; os lugares do genoma em que todos têm o mesmo DNA não são informativos.) Como duas peças de DNA associam-se quimicamente se suas sequências de bases forem exatamente complementares,* cada pecinha de DNA em um chip genético efetivamente interroga o genoma testado, dizendo: "Você tem um A aqui ou não?". Assim, um genoma inteiro pode ser inspecionado para testar sua sequência em lugares que se sabe variarem de uma população a outra.

Usando um chip *snip* de 500 mil lugares, pesquisadores da Universidade Stanford descobriram uma forte correspondência entre a genética e as origens geográficas dos europeus. Na verdade, 90% das pessoas podem ser localizadas em um raio de 700 quilômetros de onde nasceram, e 50% em um raio de 310 quilômetros. Os europeus são bastante homogêneos no nível genético, então surpreende bastante que haja entre eles diferenças genéticas suficientes para que se possa inferir com tanta precisão a origem de uma pessoa.[11]

Outro grupo de pesquisadores se voltou para os europeus em regiões isoladas, os quais provavelmente não se deslocariam muito. Um desses lugares era uma ilha escocesa, outro uma aldeia croata e o terceiro um vale italiano. Qualquer pessoa que não tivesse os quatro avós morando na mesma região estava excluída. Sob essas condições, os pesquisadores descobriram que poderiam mapear os indivíduos em uma faixa de 8 a 30 quilômetros de sua aldeia de origem.

Essa descoberta mostra que a população humana do mundo é muito finamente estruturada em cada região geográfica em termos de sua genética, com os genomas humanos mudando de maneira

* Complementar aqui significa que dois filos de DNA trazem sequências de unidades de DNA que se combinam uma com a outra em cada par de bases. Onde um filo tem A, o outro tem T na mesma posição, e onde um filo tem G, o outro tem C. Dois filos assim têm uma grande afinidade química um com o outro, que é enfraquecida se um par de bases não é complementar. [N.A.]

identificável em poucos quilômetros percorridos pelo globo. Essa situação só existe porque, até as décadas mais recentes, a maioria das pessoas se casava com outras de origens muito próximas às suas. Um grau tão alto de casamento local "era provavelmente a norma na Europa rural por causa da falta de transporte ou de oportunidades econômicas", concluem os pesquisadores.[12]

PRESSÕES EVOLUTIVAS

Uma vez espalhada pelo planeta, a população humana foi submetida a uma série de pressões evolutivas, na forma de uma remodelação radical da organização social humana, e a movimentos populacionais que varreram o padrão original de assentamentos. Essas mudanças populacionais foram causadas pela mudança climática, pela difusão da agricultura e pela guerra.

Uma pista para os grandes movimentos populacionais depois do êxodo da África é dada pela cor da pele humana, que evoluiu para um tom escuro em latitudes equatoriais e para um tom pálido nas latitudes setentrionais. Se fosse possível olhar a população global de 25 mil anos atrás, sua diferenciação poderia ter sido muito mais simples de rastrear. A agricultura ainda não tinha sido inventada e o crescimento populacional ainda não tinha perturbado significativamente a estrutura social dos pequenos grupos de caçadores-coletores. Qualquer pessoa que pudesse voar pelo planeta teria visto gente de pele escura habitando o cinturão equatorial, gente de pele clara nas altas altitudes setentrionais e uma suave gradação de cor da pele entre elas.

O que fraturou esse padrão suave de associação entre cor da pele e latitude? Há cerca de 25 mil anos, a Era Glacial do Pleistoceno aproximava-se do fim, mas de jeito nenhum tinha acabado. As geleiras avançavam para o sul outra vez, causando o período de frio intenso conhecido como Último Máximo Glacial. Nos 5 mil anos seguintes, aproximadamente, a maior parte da Europa e do norte da Sibéria ficou inabitável. As pessoas de pele clara que viviam nas latitudes setentrionais não esperaram para ser enterradas pelas geleiras. Foram para o sul antes do avanço dos campos de gelo e provavelmente mataram as pessoas de pele mais escura que viviam no sul. Os do sul, afinal, dificilmente terão aceitado a invasão de seu território e é de crer que o defenderam até o fim. Mas os do norte teriam tido a vantagem de ser genética e culturalmente adaptados a viver no frio extremo que os acompanhou até o sul. Indo à frente das geleiras, eles teriam experimentado um ambiente mais frio, como era de sua preferência, mas duro para as pessoas que conseguiram remover.

Na Europa, as pessoas do norte em retirada encontraram refúgios do frio na Espanha e no sul da França. Quando as geleiras recuaram, o que começou há cerca de 20 mil anos, tanto a Europa quanto a Ásia oriental foram repovoadas por ex-habitantes do norte que tinham sobrevivido ao Último Glacial Máximo nos refúgios do sul tomados de seus habitantes anteriores. Desse modo, tanto a Europa quanto a Ásia oriental vieram a ser povoadas por pessoas de pele clara, descendentes daqueles que um dia tinham vivido no alto norte.

Outros dois continentes caíram no domínio das pessoas do norte de pele clara há cerca de 15 mil anos, quando as condições tornaram-se quentes o bastante para que se pudesse habitar a Beríngia, o território hoje submerso que outrora conectava a Sibéria ao Alasca. Talvez, enquanto o nível do mar aumentava, alguns dos habitantes da Beríngia tenham cruzado para o Alasca. A partir dali, uma vez que as camadas de gelo derreteram e abriram um corredor, eles migraram para o sul, colonizando dois continentes, a América do Norte e a do Sul.

Também por volta de 15 mil anos atrás, teve início outro processo que marcou um grande passo na evolução da estrutura social humana – o surgimento dos primeiros assentamentos permanentes. Eles apareceram, independentes uns dos outros, na Europa, na Ásia oriental, na África e nas Américas. Durante os 185 mil anos anteriores, desde que apareceram pela primeira vez no registro arqueológico, os humanos modernos tinham vivido como caçadores-coletores. Então, pela primeira vez, as pessoas foram capazes de assentar-se em comunidades permanentes, de construir abrigos e de acumular propriedades.

A decisão de assentar-se não pode ter sido simples sob nenhum aspecto, nem matéria de pura volição, ou teria acontecido muitos milênios antes. O mais provável é que uma mudança no comportamento social tenha sido necessária, uma mudança genética que reduziu o nível de agressividade comum nos grupos de caçadores-coletores. O registro fóssil humano mostra que, no período anterior ao assentamento, houve um afinamento gradual do esqueleto humano, processo conhecido pelos antropólogos físicos como gracilização e que ocorre tipicamente nos esqueletos das espécies de animais selvagens à medida que são domesticadas. Parece que a estrutura óssea dos seres humanos também ficou mais leve pela mesma razão – eles estavam ficando menos agressivos. Assim como os animais que passavam pela domesticação, os humanos perderam massa óssea porque a agressividade extrema não trazia mais as mesmas vantagens de sobrevivência e os membros mais belicosos de uma sociedade eram talvez mortos ou relegados ao ostracismo. Essa profunda mudança no comportamento social foi uma precursora necessária do assentamento em grandes comunidades e do aprendizado de lidar com pessoas que não eram parentes próximos.

A primeira dessas sociedades assentadas foi a cultura natufiana do Oriente Próximo, que aparece no registro arqueológico cerca de 15 mil anos atrás. Muitos milhares de anos depois dos primeiros assentamentos, as pessoas viram-se inventando a agricultura – um pouco inadvertidamente, porque o processo de cultivar cereais selvagens automaticamente levou a variantes mais adequadas à agricultura. À medida que o clima ficava mais quente, perto do fim da Era Glacial do Pleistoceno, há cerca de 10 mil anos, os sistemas incipientes de agricultura prosperavam, centrados em trigo e em cevada no Oriente Próximo e em milhete e depois arroz na China. Com fontes de comida novas e mais abundantes, a população começou a aumentar e os novos cultivadores da terra expandiram seus territórios. A população maior promoveu a estratificação social, as disparidades de riqueza entre as sociedades e um ritmo mais intenso de guerra entre elas. O comportamento social humano precisou adaptar-se a uma sucessão de remodelagens. Conforme as tribos assentadas iam-se desenvolvendo e se tornando chefaturas, estas se tornavam Estados arcaicos, e os Estados, impérios.

Essas expansões populacionais alteraram vastamente o padrão da distribuição humana pelo planeta. Os linguistas gostam de distinguir entre o que chamam de zonas de mosaico e zonas de espalhamento. A mais espetacular zona de mosaico ainda existente é a da Nova Guiné. Esse território de densas florestas é ocupado por pessoas que, quando descobertas pelos europeus, usavam tecnologia da Idade da Pedra e estavam envolvidas até o pescoço em guerras endêmicas. A população da ilha é separada pelo território e pela cultura. A cada 8 ou 16 quilômetros, fala-se uma língua diferente; a ilha abriga cerca de 1.200 idiomas, um quinto do total do mundo. A língua é vista como crachá de identidade e é deliberadamente diferenciada tanto quanto possível das línguas das tribos vizinhas. Até as guerras serem suprimidas pelos administradores coloniais, a maior parte dos nova-guineenses não podia viajar em segurança além de seu vale natal.

Em contraste com a Nova Guiné e suas 1.200 línguas diferentes, os Estados Unidos são uma zona de espalhamento, porque uma única língua é falada de uma costa à outra desde que os falantes do inglês conquistaram os habitantes originais e sua zona de mosaico de muitas línguas diferentes. Um processo bastante semelhante provavelmente aconteceu ao longo dos últimos 50 mil anos em um ciclo no qual se sucediam zonas de mosaico e zonas de espalhamento.

É provável que, quando foi originalmente ocupado, o mundo fora da África tenha se cristalizado, um pouco à maneira da zona de mosaico linguístico da Nova Guiné, em muitos milhares de territórios, cada qual ocupado por uma única tribo. Com o passar do tempo, a língua de cada tribo teria ficado mais peculiar e menos parecida com a dos vizinhos, e sua genética também teria ficado mais distintiva. Em cada pequena tribo, alelos diferentes teriam derivado em frequência crescente até a fixação, ou decrescente até a extinção.

Por que então a população global humana não é muito mais variada do que é? Porque a maioria dessas pequenas tribos foi destruída ou absorvida em tribos maiores à medida que zonas de espalhamento, impelidas pela expansão ou pela conquista demográficas, varriam como uma onda vastas áreas de zona de mosaico. Na Europa, por exemplo, as pessoas que trouxeram novas tecnologias agrícolas da Anatólia, região hoje conhecida como Turquia, criaram uma vasta zona de espalhamento após terem avassalado as populações existentes de caçadores-coletores, por meio da conquista ou de casamentos. Uma hipótese alternativa é que a zona de espalhamento foi criada pela conquista, não pela difusão da agricultura, à medida que pastores belicosos das estepes russas irrompiam de sua terra natal, atravessando a Europa e a Índia. Nos dois casos, a zona de espalhamento reflete a expansão de pessoas que falavam uma língua ancestral, o indo-europeu, e cujos descendentes hoje falam os muitos idiomas da família indo-europeia, do islandês e do espanhol ao persa e ao híndi.

Também no Extremo Oriente, os cultivadores de arroz começaram a expandir-se, matando as populações vizinhas ou absorvendo-as pela pura pressão dos números. A ascensão dos chineses han, que se tornaram a maior população do mundo, começou apenas há cerca de 10 mil anos, pois esse é o momento em que crânios de tipo mongoloide aparecem no registro arqueológico. O espalhamento demográfico dos chineses han ainda está acontecendo, com vizinhos menos numerosos como os tibetanos e os turcos uigur vendo-se constantemente absorvidos no império demográfico han. Na África, a expansão banto é outro exemplo de uma zona de espalhamento formada por um aumento populacional promovido pela agricultura. Muitas das raças e dos grupos étnicos de hoje provavelmente um dia foram pequenas tribos que se expandiram por meio do aumento populacional, seguido da conquista e da absorção de povos numericamente sobrepujados.

Todos esses processos evolutivos e históricos aconteceram de maneira independente em cada população continental, pois havia pouco fluxo de pessoas ou de genes entre elas. Muitas mudanças importantes no comportamento social – a transição para a vida sedentária, a complexidade social crescente de aldeia a império – e também a absorção de populações menores por outras maiores foram desenvolvimentos paralelos em cada continente, ainda que tenham acontecido segundo calendários distintos. Os primeiros assentamentos conhecidos foram os do Oriente Próximo, seguidos de assentamentos na China, na África e nas Américas. A diferença de tempo provavelmente dependeu da população. Quanto mais densa a população em cada continente, maior a pressão pelo assentamento e pela emergência de grupos sociais maiores.

Como os genes subjacentes ao comportamento social são em sua maioria desconhecidos, a evolução paralela e independente desses genes nas diversas raças ainda não pode ser demonstrada. Mas o desenvolvimento paralelo de outro traço, o da pele clara nos asiáticos orientais e nos europeus, como descreveremos depois, hoje pode ser rastreado no nível dos genes relevantes.

A emigração da África marcou a primeira grande divisão conhecida na população humana moderna: a divisão entre aqueles que ficaram na África e aqueles que partiram. Após a divisão, as duas populações deixaram de compartilhar o mesmo *pool* genético, pois estavam marcadamente separadas pela geografia. As migrações de volta para a África ocorreram depois, mas as quantidades de pessoas eram pequenas demais para que houvesse uma refusão do *pool* genético. Os que estavam fora da África e os que estavam dentro continuaram a evoluir, mas trilhando caminhos diferentes à medida que cada qual se adaptava a seu conjunto de circunstâncias particulares.

A grande bifurcação seguinte na árvore genealógica humana ocorreu entre as populações que colonizaram as duas principais metades do continente eurasiano. Aqueles que migraram para o norte tornaram-se os ancestrais dos caucasianos no Ocidente e dos asiáticos orientais no Oriente. Os caucasianos incluem os europeus e os povos do Oriente Médio e do subcontinente asiático. O termo “caucasiano” é evitado por alguns antropólogos porque Blumenbach, que o inventou, acreditava que os habitantes do Cáucaso eram as pessoas mais bonitas do mundo. Mas Blumenbach, como já observamos, não acreditava que os caucasianos fossem superiores às outras raças. Como não existe outra palavra para se referir a esse importante agrupamento de populações, muitos geneticistas usam o termo.[13] A data da separação entre asiáticos orientais e caucasianos ainda é incerta, mas pode ter sido até 30 mil anos atrás.

Tanto caucasianos quanto asiáticos orientais têm pele clara, uma adaptação à vida em latitudes setentrionais. A condição-padrão da pele primata é pálida: os chimpanzés, debaixo da pelagem, possuem pele branca (ainda que o rosto deles seja escuro por serem fortemente bronzeados). Quando nossos ancestrais distantes perderam sua pelagem, provavelmente porque a pele nua permitia mais controle do suor e do calor, eles desenvolveram a pele escura para impedir que um composto essencial conhecido como ácido fólico fosse destruído pela forte luz ultravioleta em torno do Equador. Os primeiros humanos modernos a migrar para latitudes setentrionais da Europa e da Ásia foram expostos a muito menos luz ultravioleta – na verdade, pouca demais para sintetizar vitamina D suficiente (o que demanda luz ultravioleta). A seleção natural, portanto, favoreceu o desenvolvimento da pele clara entre os povos que viviam em latitudes muito setentrionais. A pele clara também pode ter sido valorizada em parceiros sexuais, e, nesse caso, a seleção sexual, assim como a necessidade de sintetizar a vitamina D, teria acelerado a velocidade da disseminação dos alelos necessários. Objetivamente falando, a pele clara não é mais atraente do que qualquer outro tom. Talvez seja até menos, a julgar pela existência de salões de bronzeamento. Ela pode ter sido valorizada por razões arbitrárias ou, considerando sua associação com a síntese de vitamina D, porque os que a possuíam tinham filhos mais saudáveis em latitudes setentrionais extremas.

A pele clara evoluiu de maneira independente nas populações caucasianas e asiáticas orientais, mostrando que as duas populações permaneceram substancialmente distantes uma da outra desde sua separação. Sabe-se que é assim porque a pele clara dos caucasianos resulta de um conjunto de genes muito diferente daquele responsável pela pele clara nos asiáticos orientais. A evolução independente mas paralela da pele clara nas duas metades do continente eurasiano ocorreu porque ambas foram expostas à mesma pressão – a necessidade de proteger a síntese de vitamina D nas latitudes setentrionais. Mas a seleção natural só pode trabalhar com aqueles alelos – as diferentes versões de um gene – presentes em uma população. Obviamente alelos distintos para a pele clara estavam disponíveis nas populações caucasiana e asiática oriental.

Isso não é tão surpreendente. Produzir, empacotar e distribuir os grânulos de pigmento que dão cor à pele é um processo complexo, e existem muitas maneiras de modificá-lo para que dê um resultado em particular.

Entre os africanos, a pele escura é mantida pelo gene conhecido como MC1R. Uma única versão desse gene é encontrada por toda a África, ao passo que ao menos trinta alelos, todos diferentes do alelo africano, podem ser encontrados entre os europeus, e outras variantes são específicas dos asiáticos orientais. Parece que quaisquer mutações ou mudanças no alelo africano do MC1R produzem pele mais clara, que é prejudicial no contexto africano. Os portadores desse alelo na África têm poucos filhos, ou nenhum, e as versões variantes do gene MC1R que aparecem por causa da mutação são constantemente eliminadas pela seleção purificadora.[14]

Os europeus têm pele clara em parte porque a seleção purificadora que agia sobre seu gene MC1R foi relaxada. Mas essa não é a única razão. Eles têm diversos alelos que promovem a pele clara. Um é o alelo de um gene conhecido como SLC24A5. O gene SLC24A5 especifica uma grande proteína – uma cadeia de unidades de aminoácidos – em que a 111ª unidade é o aminoácido conhecido como alanina. Essa é a forma ancestral do gene e é o alelo encontrado em quase todos os africanos e asiáticos orientais. Quase todos os europeus têm um alelo em que há uma diferença crítica no trio de bases ACA, que especifica o aminoácido alanina. Nos europeus, o primeiro A no trio foi mudado para G, resultando na sequência GCA, e esse códon especifica o aminoácido conhecido como treonina. Essa única mudança de aminoácidos altera a função da proteína.

Quase todos os europeus possuem duas cópias (uma de cada progenitor) do alelo do gene SLC24A5, denotador de treonina e clareador de pele. Os africanos possuem duas cópias do alelo da alanina, que escurece a pele. Os afro-americanos e os afro-caribenhos que possuem uma cópia de cada alelo apresentam tons intermediários de pele.[15]

Os asiáticos orientais têm pele que pode ser tão pálida quanto a dos europeus. Mas eles carregam a forma ancestral de pele escura do SLC24A5. A seleção natural encontrou caminhos diferentes para clarear a pele dos asiáticos orientais.

Já são conhecidas diversas outras diferenças entre os asiáticos orientais e os europeus, testemunhando a separação ancestral das populações. Uma é a maior espessura do pelo asiático oriental. Os africanos e europeus, cujo pelo possui hastes finas, são portadores da mesma versão de um gene chamado EDAR. Um alelo distinto encontra-se disseminado entre os asiáticos orientais, ocorrendo em 94% dos chineses han, em cerca de 70% da população do Japão e da Tailândia e em 60% a 90% dos índios americanos. No 370º códon do gene, uma T mudou para C, de modo que o aminoácido codificado é a alanina, e não a valina.[16] Por causa da mudança da valina (V) para a alanina (A) no 370º códon, o alelo é chamado de EDAR-V370A.

Os asiáticos orientais portadores do alelo EDAR-V370A possuem pelo espesso e lustroso. Porém, como correlação não é prova, como se pode ter certeza de que o EDAR-V370A é mesmo a causa das hastes espessas dos pelos dos asiáticos orientais? Os pesquisadores que pretendiam provar isso recentemente geraram uma variante de ratos cujo gene EDAR foi convertido para a forma asiática oriental. Eles verificaram que os ratos tinham pelos mais espessos, provando que o alelo é a causa do pelo espesso nos asiáticos orientais, mas também repararam em duas outras mudanças interessantes.[17]

Primeiro, os ratos tinham mais glândulas sudoríparas écrinas do que o normal nas almofadas das patas. Existem duas versões das glândulas sudoríparas, as glândulas écrinas, que secretam água para resfriar o corpo por meio da evaporação, e as glândulas apócrinas, que secretam proteínas e hormônios. Fazendo verificações em uma população chinesa, os pesquisadores descobriram que o EDAR-V370A faz com que também as pessoas possuam significativamente mais glândulas écrinas, fato até então desconhecido.

Os ratos também tinham seios menores do que o normal, indicando que o alelo EDAR-V370A é provavelmente a razão pela qual as mulheres asiáticas orientais tendem a possuir seios menores do que as mulheres africanas e europeias.

Um quarto efeito provável do EDAR-V370A é que ele causa a dentição característica dos asiáticos orientais – seus dentes dianteiros parecem ter forma de pá quando vistos de trás. Os ratos foram menos úteis na elucidação desse efeito porque seus dentes são muito diferentes dos dentes humanos.

Pode parecer surpreendente que um único gene possa ter efeitos tão numerosos e tão profundos. O EDAR tem grande influência no corpo porque é ativado cedo no desenvolvimento embrionário e ajuda a dar forma a órgãos como a pele, os dentes, o cabelo e os seios.

O fato de que o alelo EDAR-V370A tem tantos efeitos nos asiáticos orientais levanta a intrigante questão de qual efeito específico foi o alvo da seleção natural que deixou esse alelo tão comum. Uma possibilidade é que cabelo espesso e seios pequenos eram muito admirados por homens asiáticos ou ainda que o cabelo espesso em qualquer um dos sexos fosse atraente para o outro. Em ambos os casos, esses traços estariam funcionando como agentes de seleção sexual, uma forma particularmente potente de seleção natural.

Outra possibilidade é que as glândulas sudoríparas foram a força motriz por trás da ascensão do EDAR-V370A. Costuma-se supor que os asiáticos orientais evoluíram em um clima frio por causa de certos traços, como narinas finas e uma dobra de gordura sobre as pálpebras, que parecem úteis para a conservação de calor corporal. Mas os pesquisadores calcularam que a variante do EDAR surgiu cerca de 35 mil anos atrás, em uma época em que a China central era quente e úmida.

Uma terceira possibilidade é que muitos ou todos os efeitos do EDAR-V370A eram vantajosos em algum momento ou em outro e que a seleção natural favoreceu um de cada vez. Efeitos de vantagem menos óbvia, como o formato dos dentes, vieram na esteira dos traços que a seleção natural considerou favoráveis.

Não todas, mas grande parte das diferenças fisiológicas entre asiáticos orientais e outras raças é explicada pelo EDAR-V370A. Outro traço que distingue a maioria dos asiáticos orientais dos europeus e dos africanos tem a ver com a cera dos ouvidos. Essa substância vem em duas formas, úmida e seca. A passagem de um tipo a outro é controlada por dois alelos do gene ABCC11. O alelo que causa a cera seca é muito comum na Ásia oriental. Entre os chineses han do norte e os coreanos, 100% das pessoas têm o alelo seco. A porcentagem cai para 85% entre os han do sul e 87% no Japão.[18]

Quase todos os europeus e todos os africanos têm o alelo da cera úmida do gene ABCC11. Essa aguda diferenciação dos dois alelos implica uma forte pressão seletiva. A função da cera dos ouvidos, como a do papel pega-mosca, é, porém, tão somente impedir que insetos entrem nos ouvidos. Parece improvável que um papel tão secundário seja crucial para a sobrevivência. Além disso, os dois alelos do ABCC11 também estão envolvidos nas glândulas sudoríparas apócrinas.

Ao contrário das glândulas sudoríparas écrinas mencionadas anteriormente, que são encontradas pelo corpo inteiro e secretam apenas água, as glândulas apócrinas nos humanos ficam restritas após o nascimento às axilas, aos mamilos, às pálpebras e a outros nichos específicos. Elas produzem secreções levemente oleosas, e a especialidade daquelas presentes no ouvido é secretar cera. As secreções da glândula apócrina são inicialmente inodoras mas produzem odor corporal após serem decompostas pelas bactérias onipresentes na pele.

Os asiáticos orientais com o alelo de cera seca do gene produzem menos secreções em suas glândulas apócrinas e por conseguinte têm menos odor corporal. Entre os povos que passam muitos meses em espaços fechados para fugir do frio, a ausência de odor corporal teria sido um traço atraente, talvez favorecido pela seleção sexual.

Outra característica asiática oriental é o tipo de crânio conhecido pelos antropólogos físicos como mongoloide. Os crânios mongoloides têm traços finos, formato largo de cabeça e rostos achatados. Também têm dentição particular. Os africanos e europeus possuem o mesmo tipo de dentes humanos genéricos, o que é evidentemente o padrão ancestral. No Oriente surgiu um novo padrão dental, chamado de sundadontia por causa de Sunda, o continente da Era Glacial que se desintegrou após o aumento do nível do mar na Malásia e nas ilhas da Indonésia. Os asiáticos orientais e as populações deles derivadas na Polinésia são sundadontes. Há cerca de 30 mil anos, surgiu uma variação da sundadontia chamada sinodontia, em que os incisivos superiores têm forma de pá e alguns dos molares têm raízes extras. Os chineses do norte, os japoneses e os americanos nativos, descendentes de populações siberianas, são todos sinodontes.

Os cientistas politicamente orientados muitas vezes afirmam que não existem raças humanas distintas, procurando dar a entender, sem efetivamente dizê-lo, que não existem raças. Uma razão pela qual as raças existem, ainda que não distintamente, é que os traços característicos de uma raça estão muitas vezes distribuídos em gradações. Quase todos os chineses do norte têm os dentes no padrão sinodonte, mas quanto mais se avança na direção do sul da China e do Sudeste Asiático, maior a porcentagem de pessoas que são sundadontes e menor as que são sinodontes. O alelo da cera seca é quase universal no norte da China, mas cede espaço ao alelo úmido quando se vai para o sul. A maior parte dos asiáticos orientais tem o gene da cera seca, mas nem todos. A maioria, mas não todos, possui o alelo EDAR-V370A.

Todas essas diferenças são variações superimpostas ao tema humano comum. Mesmo pequenas diferenças de aparência podem ter grande importância social, considerando-se a forte tendência humana a distinguir entre o endogrupo e o exogrupo. Como as variantes secundárias de um idioma conhecidas como dialetos, as variações na pele ou na cor do cabelo podem formar a base sobre a qual um grupo se distingue dos vizinhos. Se deixa de haver intercasamentos através dessa linha de separação, outras diferenças vão acumular-se, levando as populações humanas a diferenciar-se e a não se refundir em um *pool* genético comum.

AS CINCO RAÇAS CONTINENTAIS

Aqueles que afirmam que as raças humanas não existem gostam de chamar a atenção para os muitos esquemas classificatórios mutuamente incompatíveis que admitiam de três a até mesmo sessenta raças. Contudo, a falta de concordância não significa que as raças não existem, apenas que sua definição é uma questão de julgamento. Como ocorre com qualquer espécie que evolui para raças de base geográfica, costuma haver continuidade entre raças vizinhas por causa dos genes que elas trocam entre si. Como não existe uma linha divisória clara, não existem raças distintas – é essa a natureza da variação dentro de uma espécie. Mesmo assim, é possível fazer distinções úteis.

O primeiro passo para entender a variação humana e a emergência das raças é seguir a sucessão histórica de grandes separações populacionais. Como observado anteriormente, a primeira dessas separações ocorreu quando um pequeno grupo de pessoas deixou o nordeste da África há cerca de 50 mil anos e migrou para o resto do mundo. A primeira grande divisão da população humana é, portanto, entre africanos e não africanos. (Aqui, africanos denotam as pessoas ao sul do Saara, porque aquelas ao norte do Saara são majoritariamente caucasianas.) Entre os não africanos, houve uma divisão primitiva, cuja natureza ainda não é bem compreendida, entre europeus e asiáticos orientais. Isso nos dá uma separação tripla da população humana que corresponde robustamente aos três grupos raciais que qualquer um consegue identificar à primeira vista, o dos africanos, dos asiáticos orientais e dos caucasianos. O fato de que as outras pessoas podem não ser tão fáceis de classificar não altera a validade dessas três categorias básicas.

A primeira migração para fora da África, aquela que deu origem tanto a europeus quanto a asiáticos orientais, acabou chegando a Sahul, o antigo continente da Era Glacial que foi dividido pela elevação do nível do mar em três massas continentais: Austrália, Nova Guiné e Tasmânia. Os aborígenes australianos, surpreendentemente, são uma raça diferente de todas as outras. Eles e seus parentes na Nova Guiné não têm em seu genoma traços de mistura com outras raças até o período histórico. Isso sugere que, assim que o Sahul foi ocupado, há cerca de 46 mil anos, seus habitantes expulsaram todos os migrantes posteriores até a chegada dos europeus no século XVIII. É razoável considerar os aborígenes australianos uma raça, ainda que secundária em termos de tamanho populacional, por causa de sua peculiaridade, de sua antiguidade e do fato de que habitam um continente.

Os índios americanos, os habitantes originais das Américas do Sul e do Norte, também podem ser considerados uma raça. Seus ancestrais eram siberianos que originalmente cruzaram para o Alasca há cerca de 15 mil anos, mas os índios americanos divergiram consideravelmente desde então.

Um modo prático de classificar a variação humana é, portanto, reconhecer cinco raças com base no continente de origem. Existem as três raças principais – africanos, asiáticos orientais e caucasianos – e os dois outros grupos de base continental, os americanos nativos e os aborígenes australianos (incluindo o povo da Nova Guiné, ilha unida à Austrália até o fim da última Era Glacial).

Nas fronteiras terrestres onde as raças se encontram, costuma haver populações que se casam entre si, ou miscigenadas, como são chamadas pelos geneticistas. Os palestinos, os somalis e os etíopes, por exemplo, são misturas de populações africanas e caucasianas. Os turcos uigures do noroeste da China e o povo hazara do Afeganistão são misturas de populações caucasianas e asiáticas orientais. Os afro-americanos são uma mistura de africanos com, na maior parte dos casos, caucasianos.

Em cada raça continental existem grupos menores que, a fim de evitar termos como sub-raça ou subpopulação, que podem ser entendidos como se implicassem inferioridade, podem ser chamados de etnias. Assim, os finlandeses, os islandeses, os judeus e outros grupos com genética reconhecível são etnias dentro da raça caucasiana.

Essa organização da variação humana em cinco raças continentais é em certa medida arbitrária, mas, em termos práticos, ela faz sentido. As três principais raças são fáceis de reconhecer. A divisão em cinco coincide com os acontecimentos conhecidos da história da população humana. E, mais importante de tudo, a divisão por continente tem base na genética.

A genética da raça

> Pessoas egoístas e irascíveis não permanecerão coesas, e sem coesão não é possível fazer nada. Uma tribo rica nas qualidades mencionadas se espalharia e seria vitoriosa contra outras tribos; mas ao longo do tempo, a julgar por toda a história pregressa, seria por sua vez vencida por alguma outra tribo dotada em mais alto grau. Assim, as qualidades sociais e morais tenderiam lentamente a avançar e a disseminar-se pelo mundo.
>
> CHARLES DARWIN[1]

No caso das raças humanas, as diferenças genéticas de uma raça para outra são pequenas e sutis. Seria de esperar que raças diferentes tivessem genes diferentes, mas elas não têm. Todos os seres humanos, até onde se sabe, têm o mesmo conjunto de genes. Cada gene vem sob diversas formas alternativas, chamadas de alelos, de modo que a expectativa seguinte seria que as raças fossem distintas por ter diferentes alelos de genes diversos. Mas também não é assim que o sistema funciona. Existem apenas poucos casos conhecidos em que um alelo específico de um gene ocorre em apenas uma raça.

As diferenças genéticas entre raças humanas são na verdade em grande parte baseadas em frequências de alelos, isto é, nas porcentagens de cada alelo que ocorrem em uma dada raça. Como uma mera diferença de frequências de alelos poderia levar a diferenças em traços físicos é explicado a seguir.

RAÇAS COMO AGLOMERADOS DE VARIAÇÃO

Uma abordagem frutífera para o estudo da variação racial consiste não em procurar diferenças absolutas, mas olhar como os genomas dos indivíduos pelo mundo aglomeram-se em termos de similaridade genética. O resultado é que todo mundo acaba no aglomerado com o qual tem mais variação em comum. Esses aglomerados sempre correspondem às cinco raças continentais no primeiro caso, mas, quando são usados marcadores suplementares de DNA, as pessoas do subcontinente indiano às vezes se separam dos caucasianos como um sexto grande grupo e as pessoas do Oriente Médio como um sétimo.

Uma das primeiras técnicas de aglomeração genética dependia de examinar um elemento do genoma chamado de repetições em *tandem*. Existem muitos pontos do genoma em que o mesmo par de unidades de DNA é repetido diversas vezes em *tandem*. CA refere a unidade de DNA conhecida como citocina seguida de adenina, de modo que a sequência de DNA CACACA seria chamada de repetição CA em *tandem*. O filo de repetições às vezes confunde o aparato de cópia do DNA, que pode, em um intervalo de algumas gerações, acrescentar ou abandonar uma repetição durante o processo de cópia que precisa ocorrer antes que uma célula possa dividir-se. Os pontos em que ocorrem repetições tendem, portanto, a ser bastante variáveis, e essa variabilidade é útil para a comparação de populações.

Em 1994, em uma das primeiras tentativas de estudar a diferenciação humana em termos de variedades de DNA, uma equipe de pesquisa liderada por Anne Bowcock, da Universidade do Texas, e por Luca Cavalli-Sforza, da Universidade Stanford, examinou as repetições CA em trinta pontos do genoma de catorze populações. Ao comparar suas cobaias considerando o número de repetições de CA em cada ponto do genoma, os pesquisadores viram que as pessoas se aglomeravam em grupos que coincidiam com seu continente de origem. Em outras palavras, todos os africanos tinham padrões de repetições de CA que se pareciam uns com os outros, todos os índios americanos tinham um padrão diferente de repetições etc. No total, havia cinco aglomerações principais de repetições de CA, formados por pessoas que viviam nas cinco regiões continentais da África, da Europa, da Ásia oriental, das Américas e da Australásia.[2]

Muitos levantamentos maiores e mais sofisticados foram feitos desde então, e todos chegaram a uma mesma conclusão, a de que "a diferenciação genética é maior quando definida pelo critério continental", nas palavras de Neil Risch, geneticista estatístico da Universidade da Califórnia em São Francisco. "De fato, esses estudos genéticos da população recapitularam a clássica definição das raças baseada na ancestralidade continental – isto é, africana, caucasiana (Europa e Oriente Médio), asiática, das ilhas do Pacífico (por exemplo, da Austrália, da Nova Guiné e da Melanésia) e americana nativa."[3]

Em um desses estudos mais sofisticados, uma equipe liderada por Noah Rosenberg, da Universidade do Sul da Califórnia, e por Marcus Feldman, da Universidade Stanford, examinou o número de repetições de 377 pontos do genoma de mais de 1.000 pessoas ao redor do mundo. Quando tantos pontos de um genoma são examinados, é possível atribuir segmentos do genoma de um indivíduo a diferentes raças caso ele ou ela tenha ancestralidade mista. Isso porque cada raça ou etnia possui um número característico de repetições em cada ponto genômico.

O estudo Rosenberg-Feldman mostrou, como esperado, que os 1.000 indivíduos examinados se aglomeravam naturalmente em cinco grupos, correspondendo às cinco raças continentais. Feldman, autor da velha guarda e tutor de muitos geneticistas populacionais americanos, disse, quando o estudo foi publicado, que ele essencialmente confirmava a concepção popular da raça e a afirmação de Neil Risch de que a genética comprova a definição da raça pela ancestralidade continental. "O artigo de Neil era teórico, e estes são os dados que confirmam o que ele disse", observou Feldman.[4]

O estudo Rosenberg-Feldman também trouxe à tona o fato de que diversas etnias da Ásia Central, como os patanos, os hazaras e os uigures, possuem ancestralidade mista, europeia e asiática oriental. Isso não é surpresa, se se considera o frequente movimento de pessoas indo e vindo pela Ásia Central.

A linguagem é muitas vezes um mecanismo de isolamento que impede o casamento entre grupos vizinhos. Os burushos, um povo do Paquistão que fala um idioma peculiar, não possui semelhanças genéticas com seus vizinhos. Dentro das raças, o estudo Rosenberg-Feldman mostrou que era possível reconhecer diferentes etnias. Entre os africanos, é fácil distinguir por seus genomas os iorubás, da Nigéria, os san (um povo do sul da África cujo idioma tem cliques) e os pigmeus mbutis e biakas.

Muitas populações não são altamente misturadas, e o levantamento Rosenberg-Feldman confirmou que uma maioria expressiva ao longo da história viveu e morreu no lugar em que nasceu.[5]

Na população humana ancestral da África, um grande número de alelos desenvolveu-se para cada gene ao longo de muitas gerações. Aqueles que emigraram da África levaram apenas alguns desses alelos. E toda vez que um novo grupo se dividia, o número de alelos da população original diminuía.

Quanto mais esse processo se afastava da África, menor era a diversidade dos alelos. Esse gradiente descendente aparece em qualquer população que se expanda para longe demais de suas origens para manter o intercruzamento responsável por um *pool* genético suficientemente miscigenado.

Um gradiente genético, ou variação clinal, é aquilo que alguns pesquisadores preferem pensar que existe no lugar das raças. "Não existem raças, existem apenas variações", afirmou o antropólogo biológico Frank Livingstone.[6] Os críticos levantaram a mesma objeção ao resultado do estudo Rosenberg-Feldman, alegando que a aglomeração de indivíduos em raças era um artefato, e que, com uma abordagem geograficamente mais uniforme, os pesquisadores teriam visto apenas variações clinais.[7] A equipe então analisou de novo seus dados e deu mais precisão a seu levantamento, examinando 993 pontos, e não apenas 377, em cada um dos genomas de seu estudo. Eles verificaram que os aglomerados são reais. Ainda que haja gradientes de diversidade genética, também existe a aglomeração nos grupos continentais descrita no primeiro artigo.[8]

Rosenberg e Feldman compararam os genomas das pessoas segundo o critério das repetições de DNA. Outro tipo de marcador de DNA foi disponibilizado desde então para a comparação da população global – o SNP, que é mais útil para estudos médicos. A sigla SNP corresponde, em inglês, a polimorfismo de nucleotídio simples, isto é, um ponto no genoma em que algumas pessoas têm um tipo de unidade de DNA diferente daquele da maioria. Uma vasta preponderância de pontos do genoma é fixa, isto é, todos têm a mesma unidade de DNA, seja A, T, G ou C. Os pontos fixos, justamente por serem fixos, nada dizem sobre a variação humana. São os pontos SNP, variáveis, que têm interesse particular para os geneticistas porque oferecem um modo direto de comparar as populações. Para excluir as muitas mutações aleatórias que ocorrem apenas em indivíduos específicos e não têm maior importância, os SNPs são definidos arbitrariamente como os pontos do genoma onde ao menos 1% da população possui uma unidade de DNA diferente da unidade padrão.

Um grupo de pesquisa liderado por Jun Z. Li e por Richard M. Myers aplicou um programa de aglomeração como aquele usado por Rosenberg e Feldman a quase mil pessoas em 51 populações no planeta. O genoma de cada pessoa foi examinado em 650 mil pontos de SNP. Pelo critério dos SNPs, assim como pelo das repetições de DNA, as pessoas examinadas do mundo inteiro aglomeravam-se em cinco grupos continentais. Mas, além disso, a biblioteca de SNPs trouxe à tona dois outros grandes aglomerados. Estes não tinham aparecido no estudo Rosenberg-Feldman, que tinha usado menos marcadores. Quanto mais marcadores de DNA são usados, sejam repetições em *tandem* ou SNPs, mais subdivisões podem ser estabelecidas na população humana.

Um dos novos aglomerados é formado por pessoas da Ásia central e sul, incluindo a Índia e o Paquistão. O segundo é o Oriente Médio, onde há considerável mistura entre pessoas da Europa e da África.[9] Pode ser razoável elevar os grupos da Índia e do Oriente Médio ao nível de grandes raças, formando sete no total. Mas assim muitas outras subpopulações poderiam ser declaradas raças, de modo que, para simplificar, o esquema de cinco raças pelo critério continental parece o mais prático para a maior parte dos fins.

Alguns leitores podem ficar incomodados porque o número de raças humanas não é fixo, mas depende do modo como se avalia a raça. Porém, isso não deve ser surpresa, considerando que as raças não são entidades distintas, mas aglomerados de indivíduos com variação genética similar. Quantas colinas há em New Hampshire? A resposta depende da altura selecionada para definir uma colina. O número de raças humanas depende do grau de aglomeração a ser reconhecido, e três, cinco ou sete são respostas igualmente razoáveis para a questão de enumerar os principais subconjuntos da variação humana.

Em cada raça continental, a análise SNP poderia separar ainda outros subgrupos. Na Europa ela distinguiu os franceses, os italianos, os russos, os sardenhos e os orcadianos (as pessoas que vivem nas ilhas Orkney, no norte da Escócia). Na China, os han do norte podem ser distinguidos dos han do sul.

Os agrupamentos dentro da África têm interesse particular porque foi ali que os humanos modernos passaram os primeiros 150 mil anos de sua existência. No mais extensivo levantamento da África feito até agora, Sarah Tishkoff e seus colegas pesquisaram pessoas de 121 populações, examinando seus genomas em 1.327 pontos variáveis, a maioria dos quais repetições de DNA. O levantamento trouxe à tona 14 grupos ancestrais distintos dentro da África. Tishkoff viu que, ao contrário do resto do mundo, onde existem raças continentais definíveis, na África a maioria das populações são misturas de diversos grupos ancestrais. Pode-se presumir que houve um número maior de migrações dentro da África, que serviram para misturar populações originalmente separadas. A mais recente migração de larga escala foi a expansão banto, uma explosão populacional motivada por novas tecnologias agrícolas. Nos últimos mil anos, falantes de banto da região da Nigéria e de Camarões, na África ocidental, migraram para a África oriental e desceram ambos os litorais na direção do sul do continente. Apenas alguns grupos mantiveram-se relativamente à parte do caldeirão de populações dentro da África. Estes incluem os falantes de línguas com cliques da Tanzânia e do sul da África, que até recentemente foram caçadores-coletores, e os vários grupos pigmeus, que vivem no meio da floresta.[10]

Os falantes de línguas com cliques e os pigmeus podem ser remanescentes de uma população de caçadores-coletores muito anterior que um dia ocupou grande parte do sul da África e da costa oriental, estendendo-se ao norte talvez até a Somália. Os falantes de línguas com cliques empregam um grupo de idiomas conhecido como coisã, os quais são diferentes de todos os outros e só têm parentescos muito distantes entre si, provavelmente refletindo sua grande antiguidade. Os grupos pigmeus também podem ter um dia falado idiomas coisã, mas é impossível ter certeza, porque eles perderam seus idiomas originais.

A África possui quatro grandes famílias linguísticas, das quais uma é o coisã, e as outras três são o nigero-cordofoniano (também conhecido como nigero-congolês), o nilo-saariano e o afro-asiático. As línguas nigero-cordofonianas, as mais disseminadas, foram levadas da África ocidental para a África oriental, e depois para o sul do continente pela expansão banto, uma grande corrente de migrações da terra natal protobanto na África ocidental que começou em aproximadamente 1000 a.C. e chegou ao sul da África mil anos depois. As línguas afro-asiáticas são faladas em um amplo cinturão que atravessa o norte da África, e os falantes de nilo-saariano estão espremidos entre o afro-asiático ao norte e o nigero-cordofoniano ao sul.

A genética geralmente correlaciona-se com a família linguística, exceto no caso das populações que mudaram de idioma. Os pigmeus hoje falam línguas nigero-cordofonianas, e os luo, do Quênia, cujos genes colocam-nos entre os falantes de nigero-cordofoniano, hoje falam um idioma nilo-saariano.

A equipe de Tishkoff examinou afro-americanos de Chicago, de Baltimore, de Pittsburgh e da Carolina do Norte, verificando que 71% de seus genomas, na média, coincidiam com os genes dos falantes do nigero-cordofoniano, 8%, com os de outras populações africanas, e 13% eram europeus. Essas porcentagens variavam grandemente de um indivíduo a outro.

A origem de uma espécie pode muitas vezes ser localizada levantando-se a diversidade genética de seus membros e verificando-se onde é maior a diversidade. É assim porque a população fundadora terá tido mais tempo para acumular as mutações que geram a diversidade, e os grupos que migram para longe levam consigo apenas uma amostra das mutações originais. (Outras forças, como a seleção natural, reduzem a diversidade ao eliminar mutações prejudiciais e varrer para longe outras, quando uma mutação benéfica é favorecida.) Considerando os novos dados genômicos da África e de outros lugares, a origem da moderna migração humana está no sudoeste da África, perto da fronteira entre Namíbia e Angola, em uma região onde atualmente vivem os san, falantes de línguas com cliques. A descoberta não é definitiva, porque a distribuição de populações ancestrais pode ter sido muito diferente da de hoje em dia. Mesmo assim, o fato de que a genética humana aponta para uma única origem confirma que as raças de hoje são meras variações do mesmo tema.

IMPRESSÕES DIGITAIS DA SELEÇÃO NO GENOMA HUMANO

Tanto as unidades repetidas do DNA quanto os SNPS, os dois tipos de marcadores de DNA usados nos levantamentos descritos antes, permanecem majoritariamente fora dos genes e têm pouco ou nenhum efeito na compleição física de uma pessoa. Eles são aquilo que os geneticistas chamam de variações neutras, querendo dizer que são ignorados pela seleção natural. O que, então, faz com que as populações humanas sejam diferentes umas das outras?

A seleção natural é a grande moldadora das diferenças, especialmente em grandes sociedades. Em pequenas sociedades, a deriva genética – a sorte na loteria dos alelos que chegam à geração seguinte – pode ser uma influência importante. Porém, a seleção natural, muitas vezes operando junto com a deriva, é a longo prazo uma grande força. Com o advento de métodos rápidos de sequenciamento genômico, os geneticistas finalmente começaram a delinear as impressões digitais da seleção natural no remodelamento do genoma humano. Essas impressões digitais são tanto recentes quanto regionais, o que quer dizer que elas diferem de uma raça para outra.

A natureza regional da seleção foi evidenciada pela primeira vez em uma leitura completa do genoma feita por Jonathan Pritchard, geneticista populacional da Universidade de Chicago, em 2006. Ele estava procurando genes sob seleção nas três grandes raças – africanos, asiáticos orientais e europeus (ou, mais exatamente, caucasianos, mas a genética europeia é hoje muito mais bem entendida, por isso as populações europeias são os objetos de estudo mais comuns). Copiosos dados genéticos tinham sido coletados para cada raça como parte do HapMap, projeto realizado pelos National Institutes of Health [Institutos Nacionais de Saúde] para explorar as raízes genéticas de doenças comuns. Em cada raça Pritchard encontrou cerca de duzentas regiões genéticas que mostravam uma assinatura característica de ter estado sob seleção (206 nos africanos, 185 nos asiáticos orientais e 188 nos europeus). Mas, em cada raça, um grupo muito diferente de genes estava sob seleção, com sobreposições realmente pequenas.[11]

O indício de que a seleção natural está agindo sobre um gene é o aumento da porcentagem da população portadora do alelo favorecido. Porém, ainda que os alelos sob seleção fiquem mais comuns, eles raramente expulsam todos os outros alelos do gene em questão, atingindo uma frequência de 100%. Se isso acontecesse com boa regularidade em uma população, as raças poderiam ser distinguidas segundo os alelos que possuem, o que geralmente não é o caso. Na prática, a intensidade da seleção muitas vezes diminui conforme a frequência de um alelo aumenta, porque a obtenção do traço requerido está assegurada.

Os geneticistas possuem diversos testes para saber se um gene foi recentemente alvo da seleção natural. Muitos desses testes, incluindo aquele desenvolvido por Pritchard, baseiam-se no fato de que, à medida que o alelo favorecido de um gene varre* uma população, a quantidade de diversidade genética dentro e em volta do gene é reduzida na população como um todo. É assim porque números cada vez maiores de pessoas possuem a mesma sequência

* Em inglês, *sweeps through*. A literatura científica em português muitas vezes usa termos emprestados diretamente do inglês, sem tradução. No entanto, em inglês os termos podem fazer parte não só do jargão científico, mas também da linguagem corrente. Isso acontece com o conceito de *sweep*, ou *selective sweep*, "varredura seletiva". Lembremos ainda que o inglês se distingue pela facilidade com que um verbo (como *to sweep*) pode virar substantivo e vice-versa. [N.T.]

REGIÕES DO GENOMA ALTAMENTE SELECIONADAS
NAS TRÊS GRANDES RAÇAS

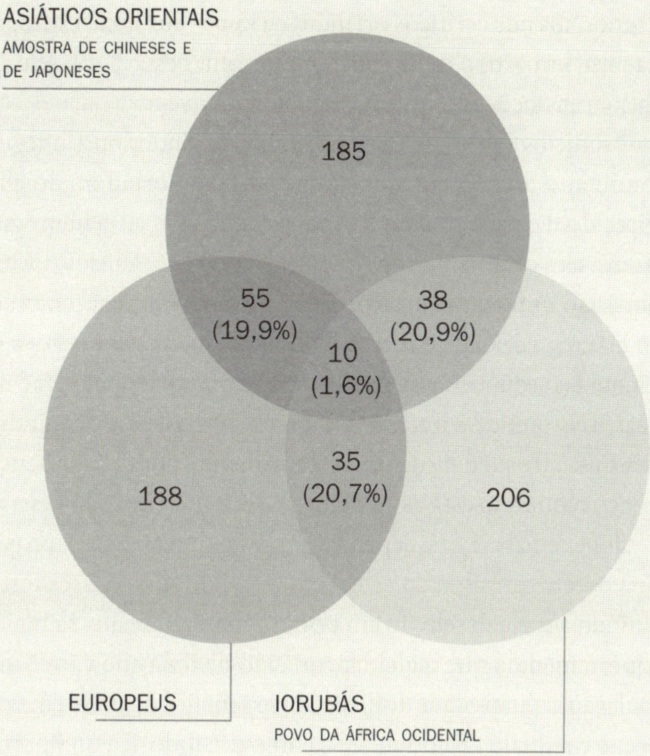

Fonte: Pritchard, Jonathan. *PLoS Biology*, n. 4, 2006, pp. 446-58.

de unidades de DNA, as do alelo favorecido, naquele ponto. Assim, o resultado da varredura é que as diferenças de DNA entre membros de uma população são reduzidas na região do genoma afetada pela varredura. A ideia de usar varreduras como assinaturas da seleção natural é discutida a seguir.

Outros pesquisadores também verificaram que, ao fazer leituras do genoma em busca das impressões digitais da seleção natural, cada grande raça ou população continental tem seu próprio conjunto distintivo de pontos em que a seleção ocorreu.

Esses pontos de seleção muitas vezes são enormes e contêm muitos genes, fazendo com que seja difícil ou impossível decidir qual gene específico foi o alvo da seleção natural. Em uma nova abordagem, que se beneficia dos muitos genomas completos que hoje estão decodificados, Pardis Sabeti, de Harvard, e colegas definiram 412 regiões sob seleção nos africanos, nos europeus e nos asiáticos orientais. As regiões são tão pequenas que a maioria contém um ou nenhum gene. Aquelas sem genes presumivelmente contêm um elemento de controle, isto é, uma extensão de DNA que regula algum gene próximo.[12]

Das 412 regiões do genoma humano que se viu estarem sob seleção, 140 estavam em seleção apenas nos europeus, 140 nos asiáticos orientais e 132 nos africanos.[13] A ausência de qualquer sobreposição, isto é, de genes selecionados em duas ou mais populações, como verificado por Pritchard, deve-se ao método de leitura da equipe de Sabeti, que dependia em parte de procurar pontos em que as três raças diferiam.

Cada gene sob seleção em algum momento contará uma história fascinante sobre alguma pressão histórica a que a população foi exposta e então adaptou-se. Um exemplo é a análise do alelo EDAR-V370A, que, como descrito no capítulo anterior, é a causa do cabelo espesso e de outros traços nos asiáticos orientais. Essas narrativas, porém, estão neste momento inacessíveis. A exploração do genoma humano está tão no começo que a função precisa da maioria dos genes é desconhecida.

Contudo, mesmo que ainda sejam incertas as tarefas exatas da maioria dos genes, os papéis gerais da maioria deles podem ser inferidos pela comparação da sequência de DNA de qualquer gene desconhecido com aquelas dos genes conhecidos registradas em bancos de dados genômicos. Os genes conhecidos são agrupados em categorias funcionais gerais, como genes cerebrais ou genes envolvidos no metabolismo, e, como a função está relacionada à estrutura, os genes em cada categoria possuem uma sequência característica de unidades de DNA. Ao comparar-se a sequência de DNA de qualquer novo gene com as sequências nos bancos de dados, pode-se atribuir o gene a uma categoria funcional geral. Os genes que Pritchard identificou como moldados pela seleção natural incluem genes para a fertilização e para a reprodução, genes para a cor da pele, genes para o desenvolvimento do esqueleto e genes para funções cerebrais. Na categoria das funções cerebrais, quatro genes estavam sob seleção nos africanos e dois nos asiáticos orientais e nos europeus. O que tais genes fazem no cérebro é quase totalmente desconhecido. Mas as descobertas estabelecem a óbvia verdade de que os genes cerebrais não ficam em uma categoria especial isenta da seleção natural. Eles sofrem tanta pressão evolutiva quanto qualquer outra categoria de gene.

Os geneticistas populacionais desenvolveram diversos tipos de testes para verificar se a seleção natural influenciou a sequência de DNA de um gene. Todos esses testes são estatísticos e muitos dependem da perturbação nas frequências genéticas causada quando um gene favorecido varre uma população. A seleção natural não pode escolher genes únicos, ou mesmo mutações únicas no DNA. Em vez disso, ela depende do processo denominado recombinação, em que os genomas da mãe e do pai são embaralhados antes da criação dos óvulos e do esperma.

Nas células que criam óvulos ou que criam esperma, os dois conjuntos de cromossomos herdados por uma pessoa, um da mãe e outro do pai, ficam alinhados lado a lado, e a célula então os força a trocar amplas seções de DNA. Esses novos cromossomos compostos, que consistem de algumas seções do genoma do pai e de algumas do da mãe, são aquilo que é transmitido à geração seguinte.

As seções trocadas, ou blocos, podem ter o comprimento de 500 mil unidades de DNA, o que é suficiente para transportar diversos genes. Assim, um gene com uma mutação benéfica será herdado junto com o bloco inteiro do DNA em que está embutido. É porque os genes benéficos ficam em um bloco tão grande que é possível detectar o efeito da seleção natural no genoma – os blocos favorecidos varrem grandes regiões do genoma ao espalhar-se por uma população.

De geração em geração, o bloco de DNA com a versão favorecida de um gene passa a ser carregado por mais gente. Em algum momento, o novo alelo pode varrer a população inteira, e nesse caso os geneticistas dizem que ele alcançou a fixação. A maioria das varreduras, no entanto, não leva um alelo à fixação porque, como já notamos, a intensidade da seleção em um alelo benéfico decresce à medida que o traço vai sendo moldado até chegar a sua forma mais eficiente.

Em uma varredura, seja ela completa ou parcial, os blocos favorecidos de DNA acabam sendo desbastados ao longo das gerações, porque os cortes que os geram nem sempre são feitos na mesma parte do cromossomo. Após mais ou menos 30 mil anos, segundo uma estimativa, os blocos ficam curtos demais para ser detectáveis. Isso significa que a maioria das leituras completas do genoma em busca de seleção está diante de acontecimentos ocorridos apenas alguns milhares de anos atrás, muito recentemente na evolução humana.

Os biólogos por muito tempo tiveram de depender dos indícios de fósseis para julgar a velocidade da evolução. Porém, os fósseis capturam apenas os ossos de um animal. E, como a estrutura esquelética de uma espécie só muda lentamente, a evolução por muito tempo pareceu um processo glacialmente lento e penoso.

Com a capacidade de decodificar sequências de DNA, os biólogos podem examinar a programação bruta da mudança evolucionária e rastrear cada gene no repertório de uma espécie. Hoje é claro que a evolução não tem nada de preguiçosa. Já existem exemplos claros da mudança evolutiva humana nos últimos milhares de anos, como a evolução continuada da pele, do cabelo e da cor dos olhos dos europeus nos últimos 5 mil anos. Claro que cada gene no genoma humano foi intensamente moldado pela seleção natural em algum momento. Em relação à maioria dos genes, a seleção, no entanto, foi concluída eras antes de os humanos ou mesmo os primatas terem evoluído. As impressões digitais desses acontecimentos ancestrais de seleção há muito se esvaíram. O tipo de seleção captada pela maioria das leituras genômicas é muito recente, isto é, aproximadamente dos últimos 5 mil a 3 mil anos. Felizmente, porém, esse é um período de grande interesse para o entendimento da evolução humana.

Hoje, mais de vinte leituras do genoma foram feitas em busca de seleções. Nem todas marcam as mesmas regiões como sob seleção, mas isso não surpreende, porque os autores usam tipos diferentes de testes e métodos estatísticos, que, em todo caso, são imprecisos. Contudo, se considerarmos apenas as regiões marcadas por quaisquer duas das leituras, então 722 regiões, contendo cerca de 2.465 genes, estiveram sob pressão recente da seleção natural, de acordo com uma estimativa de Joshua M. Akey, da Universidade de Washington. Isso equivale a pelo menos 8% do genoma.[14]

Que tal porção do genoma tenha estado sob uma pressão forte o suficiente da seleção natural para ser detectável mostra o quão intensa deve ter sido a evolução humana nos últimos milhares de anos. Um dos principais motores da mudança evolutiva teria sido a necessidade de adaptar-se a uma ampla gama de novos ambientes. Como prova desse ponto, cerca de 80% das 722 regiões sob seleção são exemplos de adaptação local, o que significa que elas ocorrem em uma das três principais raças, mas não nas outras duas.

Os genes sob seleção afetam um grande número de traços biológicos, entre os quais se destacam a cor da pele, a dieta, a estrutura dos ossos e dos cabelos, a resistência a doenças e as funções cerebrais.

Uma descoberta similar surgiu de uma leitura genômica particularmente abrangente feita por Mark Stoneking e colegas. Stoneking, geneticista populacional no Instituto Max Planck de Antropologia Evolutiva em Leipzig, é conhecido por ter desenvolvido uma maneira engenhosa de estimar quando os seres humanos começaram a usar roupas. O piolho do corpo, que só vive em roupas, evoluiu do piolho da cabeça, que vive no cabelo. Stoneking percebeu que seria possível estimar uma data para as primeiras roupas ajustadas com o uso de métodos genéticos para datar o nascimento da linhagem do piolho do corpo – cerca de 14 mil anos atrás.[15]

Em seu levantamento genômico, Stoneking encontrou muitos genes sob seleção que afetavam a interação das pessoas com seu ambiente, como genes envolvidos na metabolização de certas classes de alimentos e genes que medeiam a resistência a patógenos. Entre os genes sob seleção, ele também encontrou vários que estavam envolvidos em aspectos do sistema nervoso, como a cognição e a percepção sensorial.

Os genes do sistema nervoso têm estado sob seleção pela mesma razão que os outros genes – para ajudar as pessoas a adaptar-se às circunstâncias locais. As mudanças no comportamento social podem perfeitamente ter assumido o primeiro plano, considerando que é em grande parte por meio de sua sociedade que as pessoas interagem com seu ambiente. Os sinais da seleção em genes cerebrais "podem estar relacionados à maneira como diferentes grupos humanos interagem comportamentalmente com seu ambiente e/ou com outros grupos humanos", escreveram Stoneking e colegas.[16]

Outra tendência regional indicada pelas leituras genômicas é que parece haver mais genes sob seleção nos genomas dos asiáticos orientais e dos europeus do que nos dos africanos. Nem todas as leituras genômicas resultaram nessa descoberta – a leitura de

Pritchard descrita anteriormente não resultou – e até o momento são escassas as amostras de populações africanas. Porém, em uma leitura subsequente, Pritchard e outros encontraram indícios de mais varreduras fora da África.

"Uma explicação plausível é que os seres humanos passaram por muitas pressões seletivas inéditas ao ir da África para novos habitat e climas mais frios", escreveram. "Por isso, talvez tenha simplesmente havido pressões seletivas mais sustentadas sobre os não africanos para fenótipos inéditos."[17] Fenótipo indica o traço físico ou organismo produzido pelo DNA, em contraposição ao DNA propriamente dito, conhecido como genótipo. Um óbvio exemplo de um fenótipo inédito necessário fora da África é o da cor da pele. Os africanos mantiveram a pele escura padrão da população humana ancestral, ao passo que os asiáticos orientais e os europeus, descendentes de populações que se adaptaram a latitudes setentrionais extremas, desenvolveram a pele clara.

Tanto na África quanto no restante do mundo, a estrutura social passou por uma transição radical quando as populações começaram a crescer depois do começo da agricultura, cerca de 10 mil anos atrás. De modo independente em todos os três continentes, os comportamentos sociais das pessoas começaram a adaptar-se às exigências da vida em sociedades sedentárias que eram maiores e mais complexas do que as dos bandos de caçadores-coletores. A assinatura dessas mudanças sociais pode estar escrita no genoma, talvez em alguns dos genes cerebrais que já se sabe estarem sob seleção. Sabe-se que o gene MAO-A, que influencia a agressão e o comportamento antissocial, é um gene comportamental que, como mencionado no capítulo anterior, varia entre raças e entre grupos étnicos, e muitos outros sem dúvida virão à tona.

Os livros-texto sobre a evolução discutem alelos favoráveis que varrem uma população e tornam-se universais. Existem muitos alelos antigos que provavelmente foram fixados dessa maneira. Todos os seres humanos, ao menos em comparação com os chimpanzés, trazem a mesma forma do gene FOXP2, que contribui de maneira fundamental para a faculdade da fala. Uma variante chamada alelo nulo de Duffy tornou-se quase universal entre os africanos porque era uma excelente defesa contra uma forma ancestral de malária. Um gene chamado DARC (*Duffy Antigen Receptor for Chemokines*, receptor antígeno de Duffy para quimiocinas) produz uma proteína que fica na superfície das hemácias. Seu papel é transmitir mensagens dos hormônios locais (quimiocinas) para o interior da célula. Uma espécie de parasita da malária conhecido como *Plasmodium vivax*, outrora endêmico em certas partes da África, aprendeu a usar a proteína DARC para conseguir entrar nas hemácias. Uma versão modificada do gene DARC, o alelo nulo de Duffy, então se disseminou, porque ela nega ao parasita acesso às células do sangue em que ele se alimenta e assim oferece uma defesa muito eficiente. Quase todo mundo na África tem o alelo nulo de Duffy do DARC, e quase ninguém fora de lá tem.[18]

Muitas outras mutações surgiram para proteger as pessoas contra as variantes atuais da malária, como aquelas que causam a anemia falciforme e as talassemias. A anemia falciforme ocorre com grande frequência na África, e a beta-talassemia é comum no Mediterrâneo, mas nenhuma delas atingiu a universalidade do alelo nulo de Duffy dentro de uma população. Outro alelo disseminado, mas bastante exclusivo, está associado à cor da pele. Trata-se de um alelo do KITLG (KIT *ligand-gene*, gene ligante KIT), que produz pele mais clara. Cerca de 86% dos europeus e dos asiáticos orientais são portadores do alelo clareador de pele do KITLG. Esse alelo desenvolveu-se por causa de uma mutação na versão ancestral, escurecedora da pele, do KITLG, da qual quase todos os africanos são portadores.[19] Um alelo clareador de pele de outro gene, chamado de SLC24A4, varreu os europeus quase completamente.

Porém, o número desses genes, em que um alelo fixou-se em uma raça e outro alelo em outra, é extremamente pequeno e de modo algum suficiente para explicar as diferenças entre populações. Pritchard não encontrou nenhum caso de um alelo fixando-se entre os iorubás, uma grande tribo africana da Nigéria. Isso fez com que ele e outros geneticistas concluíssem que as varreduras completas foram muito mais raras na história humana do que se supunha.[20]

No entanto, considerando que todos os seres humanos têm o mesmo conjunto de genes e que praticamente não houve varreduras completas que levam alelos diferentes à dominância em raças diferentes, como chegaram as raças a diferir umas das outras? A resposta que ocorreu aos geneticistas nos últimos anos é que não é preciso uma varredura completa para alterar um traço. Muitos traços, como a cor da pele, a altura ou a inteligência, são controlados por um grande número de genes distintos, cada um dos quais possui alelos que individualmente dão pequenas contribuições para o traço. Assim, se apenas alguns desses alelos ficarem um pouco mais comuns em uma população, o traço será significativamente afetado. Esse processo é chamado de varredura branda, a fim de contrastá-lo com a varredura completa ou dura, em que um alelo de um gene toma o lugar de todos os outros em uma população.

Pritchard dá o exemplo da altura, que é afetada por centenas de genes, porque existe um número ilimitado de maneiras de aumentá-la. Suponhamos que existam quinhentos genes que a aumentam e que cada qual vem em duas formas, com um alelo sem nenhum efeito na altura e outro que a aumenta em dois milímetros. A altura de um indivíduo depende de quantos alelos promotores de altura ele herda. E esse número, por sua vez, é determinado pela frequência de cada tipo de alelo, isto é, de quão comum ele é na população.

Assim, se cada um dos alelos promotores de altura ficar apenas 10% mais comum na população, quase todo mundo vai herdar mais deles, e a altura média das pessoas vai aumentar em duzentos milímetros, ou vinte centímetros.[21]

Esse processo de varredura branda – um pequeno aumento na frequência de muitos alelos – é para a seleção natural um modo muito mais fácil de operar do que as varreduras completas – o grande salto de frequência de um único alelo –, que geralmente se supõe serem os principais motores da evolução. A razão é que as varreduras completas dependem de uma mutação que cria um alelo novo de grande vantagem, o que acontece apenas muito raramente em uma população. Em uma população pequena, essa mutação pode demorar muitas gerações para ocorrer. As varreduras brandas, por outro lado, agem sobre alelos que já existem e simplesmente os tornam mais comuns. Assim, as varreduras brandas podem começar sempre que forem necessárias.

Assim, suponhamos que um grupo de pigmeus deixasse seu habitat florestal e começasse a criar gado em um clima quente, onde é vantajoso ser alto e magro, como os nuers e os dinkas do Sudão. Os pigmeus que fossem ligeiramente mais altos teriam mais filhos e os alelos promotores de altura dos genes que a afetam imediatamente começariam a ficar mais comuns na população. A cada geração, um indivíduo teria uma chance um pouco maior de herdar os alelos promotores de altura, e a população rapidamente ficaria significativamente mais alta.

Consideremos, por outro lado, um traço para o qual não existe variação, como a capacidade de digerir leite na vida adulta. Durante a maior parte da existência humana, e ainda na maioria das pessoas hoje, o gene da lactase é desligado pouco depois do desmame. Manter o gene ligado exige uma mutação benéfica na região promotora do DNA que o controla. A região promotora, porém, possui um comprimento de cerca de 6 mil unidades de DNA e ocupa uma fração minúscula dos 3 bilhões de unidades do genoma. Em uma população pequena, poderiam ser necessárias muitas gerações para a mutação correta ocorrer em um alvo tão pequeno.

Assim, parece ter levado cerca de 2 mil anos – cerca de oitenta gerações – depois do começo da criação de gado para que a mutação correta na região promotora de lactase aparecesse entre as pessoas da Cultura do Vaso em Forma de Funil, criadores de gado que ocupavam o norte da Europa há cerca de 6 mil anos. Uma vez estabelecida, a mutação espalhou-se rapidamente e hoje é encontrada em alta frequência no norte da Europa.

Três mutações, que diferem umas das outras e da mutação europeia mas têm o mesmo efeito, surgiram de modo independente entre povos pastoris na África oriental e varreram cerca de 50% da população. Em cada caso, evidentemente, a evolução teve de esperar até que ocorresse a mutação correta, a partir da qual o alelo ficou mais comum por causa da maior vantagem que conferia.

Em suma, as varreduras completas só podem começar após a ocorrência da mutação correta e varrer uma população pode ser um processo de muitas gerações. As varreduras brandas, baseadas na variação constante de muitos genes que controlam um único traço, podem começar imediatamente. Para uma espécie que passa por uma súbita expansão em seu alcance e precisa adaptar-se rapidamente a uma sucessão de diferentes desafios, a varredura branda provavelmente será o mecanismo dominante de mudança evolutiva. Isso explica por que tão poucas varreduras completas são visíveis no genoma humano. Pode-se presumir que as varreduras brandas são muito mais comuns, ainda que, no momento, muito difíceis de detectar. A razão está na dificuldade de distinguir entre as mudanças menores na frequência de um alelo causadas pela deriva genética e as mudanças também menores produzidas pela seleção natural por uma varredura branda.

Hoje é possível compreender a estrutura da variação humana, ao menos em termos gerais. Populações diferentes não possuem genes diferentes – todas têm o mesmo conjunto. Dos traços específicos de uma raça ou de outra, alguns poucos estão codificados em alelos de varredura completa que quase se fixaram, como o alelo nulo de Duffy ou alguns dos alelos relacionados à cor da pele, mas muitos outros estão provavelmente codificados em varreduras brandas e, portanto, em meras diferenças de frequência do grupo de alelos que informam cada traço.

O fato de que os genes com frequência trabalham em combinação para produzir um traço explica como pode haver tanta variação na população humana e ao mesmo tempo tão poucas diferenças fixas entre as populações.

Considerando a importância de frequências de alelos na formação de traços específicos, não surpreende que eles proporcionem um meio para identificar a raça de um indivíduo. A exclusão de sujeitos de uma raça diferente é um procedimento essencial nos levantamentos que detectam os alelos que contribuem para doenças complexas como o diabetes e o câncer. A ideia desses levantamentos, conhecidos como estudos de associação do genoma completo, é ver se as pessoas que são particularmente suscetíveis a uma doença também têm mais chance de serem portadoras de um alelo particular. Se sim, o alelo pode estar associado à doença. Todavia, as estatísticas podem ficar confusas se a população em exame incluir pessoas de mais de uma raça. Uma associação aparente pode surgir entre o estado de adoecimento e um alelo específico ainda que ela se deva na verdade à circunstância de que alguns pacientes pertencem a outra raça, a qual possui naturalmente uma frequência alta do alelo em questão.

Assim, os geneticistas médicos desenvolveram conjuntos de alelos de testes que podem ser usados para distinguir uma raça de outra.

Alguns alelos, particularmente aqueles com grandes diferenças de frequência entre raças, são mais úteis do que outros. Esses pontos do DNA que distinguem raças são conhecidos pela insípida sigla AIM – marcadores informativos de ancestralidade. Usando um conjunto de 326 AIMs, os pesquisadores obtiveram uma correspondência quase perfeita entre a raça a que as cobaias disseram pertencer e a raça que lhes foi atribuída geneticamente.[22] Um conjunto de 128 AIMs basta para atribuir às pessoas sua raça continental de origem, seja ela europeia, asiática oriental, índia americana ou africana.[23] (A quinta raça continental, os aborígenes australianos, poderia sem dúvida ser identificada com a mesma facilidade, mas restrições políticas até o momento bloqueiam o estudo da genética aborígene.)

Com números maiores de marcadores, é possível distinguir grupos mais intimamente relacionados, como as diversas etnias dentro da Europa.

Alguns biólogos insistem que os AIMs não provam a existência da raça e que, em vez disso, apontam para a origem geográfica. A origem geográfica, no entanto, correlaciona-se muito bem com a raça, ao menos em nível continental.

Exceto pelos marcadores genéticos como o alelo nulo de Duffy, encontrado quase exclusivamente em pessoas de ancestralidade africana, a maioria dos AIMs são alelos apenas um pouco mais comuns em uma raça do que em outra. Um único AIM que ocorre em 45% dos asiáticos orientais e em 65% dos europeus diz que o portador tem um pouco mais de chances de ser europeu, mas dificilmente chega a ser definitivo. Quando os resultados de um filo de AIMs são combinados, porém, obtém-se uma resposta com grande probabilidade estatística. Esse é o mesmo método geral usado nas impressões digitais de DNA, excetuando-se o fato de que os catorze pontos em que se faz a amostra do genoma na análise forense do DNA não são SNPs, mas trechos variáveis de repetições de DNA.

A comparação de frequências de alelos pode até ser usada com pessoas de raça mista para atribuir partes componentes do genoma de um indivíduo à origem racial de seus progenitores. Quando pessoas de raças diferentes se casam, seus filhos são misturas perfeitas dos genes dos pais. Porém, em nível genético, os trechos de DNA que vieram das raças da mãe e do pai permanecem separados e distinguíveis por muitas gerações. Os pesquisadores podem rastrear os cromossomos dos afro-americanos, atribuindo cada trecho de DNA a antepassados africanos ou europeus. Em um estudo recente, os pesquisadores analisaram os genomas de quase 2 mil afro-americanos e descobriram que 22% de seu DNA vinha de antepassados europeus e o resto, de antepassados africanos, conclusão alinhada com diversos outros relatórios anteriores.[24]

O mesmo estudo encontrou indícios de que os afro-americanos podem já ter começado a adaptar-se geneticamente ao ambiente americano nas diversas gerações desde que seus ancestrais chegaram aos Estados Unidos. As variantes genéticas protetoras de malária comuns nos africanos, como a variação que provoca anemia falciforme, não são mais uma necessidade de sobrevivência nos Estados Unidos, por isso a pressão da seleção natural para reter essas variantes teria sido reduzida. Os autores encontraram alguns indícios de que essas variantes de fato diminuíram de frequência nos afro-americanos, ao passo que os genes que dão proteção contra a gripe ficaram mais comuns. A descoberta, caso confirmada, seria um exemplo impressionante de mudança evolutiva dentro de poucas centenas de anos. Um levantamento maior e mais recente, porém, não encontrou nenhum indício de seleção natural operando na população afro-americana desde a sua formação.[25]

Ao longo dos últimos 50 mil anos, os humanos modernos foram submetidos a enormes pressões evolutivas, em parte como consequência de sua própria cultura social. Eles exploraram novas regiões e climas e desenvolveram novas estruturas sociais. A adaptação rápida, particularmente a novas estruturas sociais, era necessária, à medida que cada população se dedicava a explorar seu próprio nicho ecológico e evitar ser conquistada pelos vizinhos. O mecanismo genético que possibilitou essa rápida mudança evolutiva foi a varredura branda, o remodelamento de traços existentes por pequenos ajustes rápidos nos conjuntos de alelos que os controlavam.

Aquilo que começou como um único experimento com a população humana ancestral, contudo, tornou-se um conjunto de experimentos paralelos assim que essa população se espalhou pelo mundo. Esses caminhos evolutivos independentes levaram inevitavelmente às diversas populações humanas, ou raças, que habitam cada continente.

ARGUMENTOS CONTRA A EXISTÊNCIA DA RAÇA

Os leitores que a esta altura estão convencidos de que a evolução humana recente resultou na existência das raças podem preferir passar para o próximo capítulo. Porém, para aqueles que permanecem perplexos diante do fato de que tantos cientistas sociais e outros afirmam que raças não existem, aqui vai uma análise de alguns de seus argumentos.

Comecemos com Jared Diamond, geógrafo e autor de *Armas, germes e aço*, que foi citado no capítulo "O experimento humano" por comparar a ideia de raça com a crença de que a Terra é plana. Seu principal argumento para a inexistência da raça é que existem muitos "procedimentos igualmente válidos" para definir as raças humanas, mas, como todos são incompatíveis, todos são igualmente absurdos. Um desses procedimentos, segundo Diamond, equivaleria a colocar os italianos, os gregos e os nigerianos em uma raça, e os suecos e os xhosas (uma tribo do sul da África) em outra.

Sua lógica é que os membros do primeiro grupo são portadores de genes que dão resistência à malária e os do segundo não são. Esse critério vale tanto quanto o da cor da pele, o modo habitual de classificação das raças, diz Diamond. Porém, como os dois métodos levam a resultados contraditórios, toda classificação racial dos seres humanos é impossível.

A primeira falha no argumento é a premissa implícita de que raças são convencionalmente atribuídas a pessoas segundo o simples critério da cor da pele. Na verdade, a cor da pele varia muitíssimo dentro dos continentes. Na Europa, ela vai dos suecos de pele clara até a tez oliva dos italianos do sul. A cor da pele é, portanto, um marcador ambíguo da raça. As pessoas não pertencem às raças em virtude de um único traço, mas por um grupo de critérios que inclui a cor da pele e do cabelo e o formato dos olhos, do nariz e do crânio. Não é necessário que todos esses critérios estejam presentes: alguns asiáticos orientais, como notado anteriormente, carecem do alelo EDAR para cabelo espesso, mas ainda assim são asiáticos orientais.

O único critério que Diamond propõe como alternativa, genes que conferem resistência à malária, não faz sentido evolutivamente. A malária tornou-se uma doença humana importante só muito recentemente, há cerca de 6 mil anos, e em seguida cada raça desenvolveu de maneira independente a resistência a ela. Os italianos e os gregos resistem à malária por causa de mutações que também causam a doença sanguínea conhecida como talassemia, e os africanos, por meio de uma mutação distinta, que causa a anemia falciforme. O traço da resistência à malária é adquirido de modo secundário em relação à raça, assim, obviamente, não é um modo apropriado de classificar as populações. O dever de um estudioso é esclarecer, mas o argumento de Diamond parece montado para distrair e confundir.

Um argumento mais sério e influente, também elaborado para banir a raça do vocabulário político e científico, é aquele apresentado pela primeira vez em 1972 por Richard Lewontin, geneticista populacional. Lewontin mensurou uma propriedade de dezessete proteínas de pessoas de várias raças diferentes e calculou uma medida de variação conhecida como índice de fixação de Wright. O índice é feito para medir quanto da variação dentro de uma população reside na população como um todo e quanto se deve a diferenças entre subpopulações específicas.

A resposta de Lewontin ficou em 6,3%, isto é, dentre todas as variações nos dezessete tipos de proteínas que ele examinou, apenas 6,3% se situavam entre raças, enquanto outros 8,3% se situavam entre grupos étnicos dentro de raças. Essas duas fontes de variação somam cerca de 15%, de modo que o restante é comum à população como um todo. "De toda a variação humana, 85% é entre pessoas individuais dentro de uma nação ou de uma tribo", disse Lewontin. Ele concluiu a partir disso que "as raças humanas e os indivíduos são notavelmente similares entre si, com a maior parte da variação humana, de longe, podendo ser atribuída às diferenças entre indivíduos".

Ele ainda afirmou que "a classificação racial humana não possui valor social, e é positivamente destrutiva para as relações sociais e humanas. Como essa classificação racial é hoje considerada virtualmente desprovida de importância genética ou taxonômica, não é possível oferecer uma justificativa para sua continuidade".[26]

A tese de Lewontin tornou-se imediatamente o principal ponto de apoio genético para aqueles que creem que negar a existência de raças é um modo eficaz de combater o racismo. Ela é citada com destaque em *Man's Most Dangerous Myth: The Fallacy of Race* [O mito mais perigoso do homem: a falácia da raça], influente livro escrito pelo antropólogo Ashley Montagu com o objetivo de eliminar a raça do vocabulário político e científico. A tese de Lewontin é citada no começo da declaração da Associação Americana de Antropologia sobre raça e é um dos princípios basilares da afirmação, por parte dos sociólogos, de que a raça é um construto social, não biológico.

Contudo, apesar de todo o peso que se costuma atribuir a ela, a afirmação de Lewontin é incorreta. Não é a descoberta de base que está errada. Muitos outros estudos confirmaram que 85% da variação humana é entre indivíduos e 15% entre populações. Isso é exatamente o que seria esperado, considerando-se que cada raça herdou seu patrimônio genético da mesma população ancestral que existia no passado comparativamente recente.

O que está errado é a afirmativa de Lewontin de que a quantidade de variação entre as populações é pequena a ponto de ser desprezível. Na verdade, ela é muito significativa. Sewall Wright, eminente geneticista populacional, disse que um índice de fixação entre 5% e 15% indica "diferenciação genética moderada" e que, mesmo com um índice de 5% ou menos, "a diferenciação não é de jeito nenhum desprezível".[27] Se diferenças de 10% a 15% fossem observadas em quaisquer espécies que não a humana, essas espécies seriam chamadas de subespécies, na opinião de Wright.[28]

Por que o juízo de Wright de que um índice de fixação de 15% entre as raças é significativo deveria ser preferível à afirmação de Lewontin de que se trata de algo desprezível? Por três razões: (1) Wright foi um dos três fundadores da genética populacional, a disciplina em questão; (2) Ele inventou o índice de fixação, que leva seu nome; (3) E, ao contrário de Lewontin, não tinha interesse político no tema.

O argumento de Lewontin tem outros problemas, incluindo um erro sutil de raciocínio estatístico chamado de falácia de Lewontin.[29] A falácia consiste em presumir que as diferenças genéticas entre populações não têm correlação umas com as outras; se são correlacionadas, tornam-se muito mais significativas. Como escreveu o geneticista A. W. F. Edwards, "a maior parte da informação que distingue populações está oculta na estrutura correlacional dos dados". A diferença genética de 15% entre as raças, em outras palavras, não é um ruído aleatório, mas contém informações sobre como os indivíduos têm parentesco mais próximo com membros da mesma raça do que com os de outras raças. Essa informação é trazida à luz pelas análises de aglomerados, descritas anteriormente neste capítulo, que agrupam as pessoas em populações que correspondem no nível mais alto às grandes raças.

Apesar do viés politicamente enganoso do argumento de Lewontin, ele se tornou a peça central da visão de que as diferenças raciais eram leves demais para merecer atenção científica. A afirmação levava à feia consequência de que qualquer pessoa que pensasse diferente deveria ser racista. O tema da raça humana logo tornou-se intimidador demais para ser abordado por qualquer pesquisador, à exceção dos mais corajosos e academicamente seguros.

Uma afirmativa frequente daqueles que buscam apagar a raça do quadro da variação humana é que não é viável estabelecer limites distintos entre uma raça e outra, o que implicaria que as raças não podem existir. "A humanidade não pode ser classificada em categorias geográficas discretas com fronteiras absolutas", proclama a American Association of Physical Anthropologists [Associação Americana de Antropólogos Físicos] em sua declaração sobre a raça.[30] É verdade, como já discutimos, que as raças não são entidades discretas e não têm fronteiras absolutas, mas isso não significa que elas não existam. A classificação dos seres humanos em cinco raças de base continental é perfeitamente razoável e apoiada por estudos de grupos genômicos. Além disso, a classificação em três grandes raças – africanos, asiáticos orientais e europeus – tem apoio na antropologia física dos tipos de crânios e de dentições humanos.

Uma variação do argumento de que não existem limites distintos é a objeção de que os traços considerados distintivos de uma raça particular, como a pele escura ou o tipo de cabelo, são muitas vezes herdados de maneira independente e aparecem em diversas combinações. "Esses fatos tornam qualquer tentativa de estabelecer linhas de divisão entre as populações biológicas tanto arbitrária quanto subjetiva", afirma a declaração sobre raça da Associação Americana de Antropologia.[31] Porém, como já observamos, as raças são identificadas por conjuntos de traços e, para pertencer a uma certa raça, não é necessário possuir todos os traços de identificação. Para dar um exemplo prático daquilo de que os antropólogos estão falando, a maior parte dos asiáticos orientais possui a forma de dentição sinodonte, mas não todos. A maioria possui o alelo EDAR-V370A do gene EDAR, mas não todos. Mesmo assim, asiático oriental é uma categoria racial perfeitamente válida, que pode ser atribuída à maior parte da população da Ásia oriental.

Mesmo quando a raça a que uma pessoa pertence não é evidente na aparência corporal, como pode muitas vezes acontecer com pessoas de ancestralidade mista, a raça pode ainda assim ser identificada no nível genômico. Com a ajuda de marcadores informativos de ancestralidade, como observado antes, pode-se atribuir, com grande confiança, o devido continente de origem a um indivíduo. Em caso de raça mista, como muitos afro-americanos, cada bloco do genoma pode ser atribuído a antepassados de origem africana ou europeia. Ao menos no nível das populações continentais, é possível distinguir as raças geneticamente, e isso basta para estabelecer que elas existem.

Sociedades e instituições

> Ainda não é prática comum associar o *habitus* social e nacional corrente de um país a sua "história", como se diz, e especialmente ao processo de formação de Estado por que ele passou. Muitas pessoas parecem ter a opinião tácita de que "o que aconteceu nos séculos XII, XV ou XVIII é coisa do passado – o que isso tem a ver comigo?". Na verdade, porém, os problemas contemporâneos de um grupo são influenciados de maneira crucial por acontecimentos anteriores, por seu desenvolvimento imemorial.
>
> NORBERT ELIAS[1]

A sociedade chinesa difere profundamente da sociedade europeia, e ambas são inteiramente distintas de uma sociedade tribal africana. Como podem três sociedades diferir tanto quando seus membros, por baixo de todas as diferenças de traje e de cor da pele, assemelham-se tanto no que se refere ao conjunto de comportamentos que compõem a natureza humana? A razão é que as três sociedades diferem enormemente em suas instituições, nos padrões organizados de comportamento que estruturam uma sociedade, que a equipam para sobreviver em seu ambiente e que a capacitam para competir com grupos vizinhos.

As instituições das sociedades chinesa, europeia e africana foram profundamente moldadas por suas histórias respectivas segundo a maneira como cada qual respondeu aos desafios específicos de seu ambiente. Os desenvolvimentos históricos que moldaram algumas dessas instituições são descritos a seguir. Porém, primeiro deve-se notar que as instituições de uma sociedade, apesar de seu rico conteúdo cultural, não são autônomas; antes, têm suas raízes em comportamentos sociais humanos básicos. Esses comportamentos sociais, como descrito no capítulo "As origens da natureza social humana", estão na base da existência humana como espécie social. Eles incluem o instinto de cooperar vigorosamente com membros de um endogrupo, de obedecer às regras do endogrupo e de punir aqueles que as transgridem. Há um instinto de equanimidade e de reciprocidade, ao menos entre os membros do grupo. As pessoas têm uma moralidade intuitiva, que é a fonte do conhecimento instintivo de que certas ações são certas ou erradas. As pessoas lutarão até a morte para proteger seu próprio grupo ou atacar o dos outros. Provavelmente todos esses comportamentos sociais, em alguma medida, possuem base genética, ainda que, com as poucas exceções já descritas, os genes de base específicos ainda precisem ser identificados.

As instituições sociais são um misto de genética e de cultura. Toda grande instituição é baseada em comportamentos geneticamente influenciados, cuja expressão é moldada pela cultura. Os instintos humanos de troca e de reciprocidade provavelmente servem de base a grande parte do comportamento econômico, mas obviamente as expressões deles, das feiras agrícolas às CDOs (*Collateralized Debt Obligations*, obrigações de dívida colateralizada) sintéticas, são culturais. "As capacidades mentais inatas dos seres humanos subjazem às trocas pessoais. Esses traços genéticos oferecem o arcabouço para a troca e são o fundamento da estrutura da interação humana que caracteriza as sociedades ao longo da história", escreve o economista Douglass North, uma autoridade em instituições.[2] A proporção exata de predisposições genéticas e de cultura nas instituições ainda está para ser decidida, observa ele.

A guerra, a religião, o comércio e o direito são instituições sociais encontradas no mundo inteiro. A guerra se baseia no instinto profundamente arraigado de proteger a própria família e o próprio grupo, e também em motivos predatórios, como roubar as mulheres ou as propriedades alheias. O instinto do comportamento religioso, encontrado em todas as sociedades, foi essencial para a coesão de grupo entre as primeiras comunidades humanas e continua a desempenhar um papel importante nas sociedades modernas, ainda que outras instituições tenham assumido muitos de seus antigos papéis. O comércio, como observado, baseia-se nos instintos humanos de troca e de reciprocidade. O direito baseia-se em diversos instintos sociais complexos, incluindo aqueles para seguir regras, para punir transgressores de normas sociais, bem como o senso de transgressão pessoal que subjaz à autopunição e à vergonha.

Sem conhecer a natureza dos genes envolvidos no comportamento social, é atualmente impossível deslindar os respectivos papéis da cultura e da genética na formação das instituições sociais. Contudo, a linguagem pode nos dar um exemplo relevante. As regras da gramática são tão complexas que é difícil pensar que cada criança as aprenda do nada. Antes, deve existir um maquinário neuronal que tanto gera regras de gramática quanto predispõe as crianças a aprender qualquer língua que seja falada em torno delas. O papel dos genes é configurar essa máquina de aprendizado neuronal. A cultura, porém, entra com o conteúdo inteiro da linguagem.

É notável que o componente cultural da linguagem se altere de maneira surpreendentemente rápida: o inglês de setecentos anos atrás hoje é quase incompreensível. Porém, o maquinário genético, ao que parece, permaneceu deveras constante, considerando que a natureza fundamental da linguagem parece a mesma no mundo inteiro.

É provável que uma fusão similar de genética e de cultura esteja presente na religião. O fato de que todas as sociedades conhecidas têm alguma religião sugere que cada uma herdou uma propensão para a religião da população humana ancestral. A explicação alternativa, de que cada sociedade inventou e manteve de modo independente esse comportamento peculiar aos seres humanos, parece menos plausível. A propensão para a religião parece instintiva, e não puramente cultural, pois está profundamente entranhada na mente humana, tocando os centros emocionais e aparecendo com grande espontaneidade. Existe, além disso, uma forte razão evolutiva que explica por que a religião pode ter-se entremeado ao circuito neuronal. Uma das principais funções da religião é oferecer coesão social, questão de grande importância entre as sociedades primitivas. Se as sociedades mais coesas preponderassem com regularidade sobre as menos coesas, como provavelmente aconteceria em qualquer disputa militar, o instinto do comportamento religioso teria sido fortemente favorecido pela seleção natural. Isso explicaria por que o instinto religioso é universal. Porém, a forma particular que a religião assume em cada sociedade depende da cultura, assim como no caso da linguagem.

A surpreendente longevidade de muitas instituições sociais costuma ser atribuída apenas à cultura. Apesar da maleabilidade da cultura e de suas mudanças efêmeras sob a influência da moda, algumas formas culturais podem persistir por muitas gerações, e os aspectos materiais da cultura podem ser imensamente estáveis – a lança está entre nós há milênios. No entanto, é igualmente provável que, nas instituições sociais, resultantes da mistura de cultura e de genética, seja o componente genético que dê a estabilidade. O comportamento social de base genética leva muitas gerações para mudar, ao passo que a cultura tende à deriva. Mesmo nos casos em que a estabilidade pareceria conferir grandes benefícios, a cultura pode alterar-se de maneira muito dramática em alguns poucos séculos. Apesar da vantagem da constância na comunicação, as linguagens mudam a cada geração. As religiões também dependem fortemente da aparência de constância e de antiguidade, mas suas formas culturais mudam de maneira muito rápida, como se vê nas formas cambiantes do protestantismo nos Estados Unidos: os puritanos cederam espaço ao congregacionalismo, que foi sucedido pelo metodismo, que teve seu ápice por volta de 1850 e foi superado pelos batistas.

Os comportamentos sociais de base genética que sustentam as instituições podem, como qualquer outro traço hereditário, ser modulados pela seleção natural. A natureza social humana é em grande medida a mesma de uma sociedade para outra, mas ligeiras variações nos comportamentos sociais podem provavelmente gerar diferenças importantes e duradouras nas instituições de uma sociedade. Uma pequena diferença no raio de confiança pode estar por trás de boa parte da diferença entre sociedades tribais e modernas. A base genética desse comportamento é desconhecida e por isso não pode ser medida. Sabe-se, porém, que as raças e as etnias diferem entre si, por exemplo, na estrutura do gene MAO-A, que controla a agressão, como observado no capítulo "As origens da natureza social humana", e as diferenças nesse gene podem ter sido moldadas pela seleção natural.

A continuidade institucional que se estende por muitos séculos, e por milênios no caso da China, pode, portanto, refletir a estabilidade oferecida pelos componentes genéticos das instituições. Uma indicação desse efeito genético é que, se as instituições fossem puramente culturais, seria fácil transferir qualquer uma delas de uma sociedade para outra. Todavia, as instituições americanas não se deixam transplantar com muita facilidade para sociedades tribais como o Iraque ou o Afeganistão. Do mesmo modo, as instituições de uma sociedade tribal não funcionariam nos Estados Unidos – de fato, muitas delas seriam ilegais –, mesmo que os americanos conseguissem descobrir a qual tribo pertencem. Os afegãos, para sobreviver em condições em que o governo central costuma ser fraco, tiveram de depender de sistemas tribais de proteção ao longo dos séculos, e as instituições tribais demandam comportamentos – como a vingança sangrenta e o assassinato de parentes do sexo feminino que teriam desonrado a tribo – que diferem daqueles que têm sucesso, por exemplo, nas democracias escandinavas.

Talvez o exemplo mais dramático de adaptação de uma sociedade humana à mudança institucional seja a transição das sociedades nômades de caçadores-coletores para grupos sedentários, que só começou há 15 mil anos. As novas instituições da sociedade sedentária demandavam uma extensiva reformulação do comportamento social humano. Isso pode explicar em parte por que os humanos modernos demoraram tanto para realizar aquilo que parecia um objetivo obviamente desejável, o de assentar-se em um único lugar em vez de ficar vagando e possuindo apenas aquilo que podia ser carregado.

A grande transição para a vida sedentária não foi um evento pontual. A população humana ancestral já estava dispersa pelo planeta quando a transição começou a ocorrer. Em cada continente, as mudanças comportamentais necessárias ocorreram de modo independente e levaram muitas gerações para se disseminar entre quase todos. Assim como as populações da Europa e da Ásia oriental adquiriram a pele clara por meio de diferentes mecanismos genéticos, desenvolveram de modo igualmente independente os novos comportamentos sociais necessários para adotar um modo sedentário de existência. As sementes da diferença entre as grandes civilizações do mundo estavam presentes talvez desde os primeiros assentamentos.

As instituições das sociedades caçadoras-coletoras diferiam muito daquelas das sociedades sedentárias em que se transformaram. Os bandos de caçadores-coletores, a julgar pelo comportamento daqueles existentes hoje, consistiam em apenas 50 a 150 pessoas; quando ficavam maiores, disputas irrompiam e levavam a divisões, normalmente entre linhagens de parentesco.

Dentro dos grupos caçadores-coletores, não havia líderes nem chefes. O igualitarismo estrito prevalecia e era aplicado. Qualquer pessoa que tentasse mandar nas outras era firmemente desencorajada e, se isso falhasse, era morta ou relegada ao ostracismo. A maior parte dos caçadores-coletores não possui propriedades além dos poucos pertences pessoais que podem ser carregados. Suas economias são, portanto, rudimentares e não desempenham um papel importante em sua sobrevivência.

Geneticamente, os sistemas caçadores-coletores ganham estabilidade a partir do fato de que a variação é suprimida pelo igualitarismo. Os indivíduos com qualidades excepcionais, como grande inteligência ou grande habilidade para a caçada, não podem tirar vantagens diretas desses talentos para ter mais filhos por causa das regras que exigem que toda presa seja dividida com os outros. O comportamento social dos grupos caçadores-coletores, portanto, não contou com nenhuma força motriz particularmente significativa no sentido da mudança.

O que tornou o assentamento desejável, apesar dos riscos, foi a pressão populacional. Os caçadores-coletores precisam de uma grande extensão de terra para obter as plantas e animais que consomem. Depois de algum tempo, mesmo com a alta mortalidade em razão da guerra incessante, a terra disponível começou a escassear. Não havia muita escolha além de fazer um uso mais intensivo dos recursos existentes, por exemplo juntando e plantando sementes de gramíneas e controlando e encurralando animais selvagens. Essas práticas acabaram levando, tanto por acidente quanto intencionalmente, à invenção da agricultura há cerca de 10 mil anos.

Os primeiros assentamentos produziram mudanças profundas no comportamento social humano. Sistemas hierárquicos eram essenciais para organizar as quantidades maiores de pessoas em comunidades sedentárias. O igualitarismo dos caçadores-coletores foi abandonado. As pessoas adquiriram as novas habilidades necessárias para obedecer a um chefe. Seu mundo mental também foi transformado. As comunidades assentadas acumularam excedentes pela primeira vez, os quais podiam ser trocados. O gerenciamento desses excedentes demandava um novo tipo de habilidade, e sua defesa obrigava a novas formas de organização militar.

Nas sociedades caçadoras-coletoras, a única divisão de trabalho era entre os sexos: os homens caçavam e as mulheres coletavam. Nas sociedades sedentárias, havia especialização de trabalho. Na esteira da especialização, vieram as disparidades de riqueza.

A variação social e genética foi muito ampliada por essas mudanças. Uma pessoa com habilidades sociais e com inteligência tinha uma chance razoável de enriquecer, algo que raramente era possível em uma sociedade caçadora-coletora, em que não havia disparidades e nenhuma riqueza propriamente dita. A desigualdade no lugar do igualitarismo pode não parecer uma boa troca, mas a mudança foi essencial para que as novas estruturas sociais necessárias operassem grandes sociedades sedentárias.

As elites que surgiram nas primeiras sociedades sedentárias foram capazes de criar mais filhos que sobreviveram. Elas desenvolveram um forte interesse em passar adiante as vantagens da riqueza e da posição social. Mas, se os ricos têm mais filhos e a população permanece do mesmo tamanho, alguns filhos dos ricos devem descer na escala social. Assim, os comportamentos sociais das elites podem beneficiar o resto da sociedade. A capacidade dos ricos de produzir mais filhos sobreviventes criou pela primeira vez um poderoso mecanismo pelo qual a seleção natural pôde melhorar os comportamentos de sucesso. Nas sociedades em que a agressão compensava, os homens agressivos teriam mais filhos. Naquelas em que a conciliação ou as habilidades comerciais eram vantajosas, as pessoas com esses traços deixariam a maior marca na geração seguinte.

A rápida adoção dos novos comportamentos sociais era necessária por razões tanto internas quanto externas às novas sociedades. Dentro de cada sociedade, as pessoas precisavam de um conjunto de habilidades muito diferente ao adaptar-se a novas instituições, como a especialização do trabalho. E a sociedade mesma tinha de adaptar-se a pressões externas, como extrair recursos de um ambiente em mutação e sobreviver na batalha contra outros grupos. Consideremos o quão radicalmente duas instituições cruciais, a guerra e a religião, mudaram de natureza na transição para o sedentarismo.

A guerra é uma instituição sem dúvida herdada do ancestral comum dos chimpanzés e dos humanos, considerando que as duas espécies praticam agressões segundo um critério territorial. A julgar pelo comportamento das sociedades hoje existentes de caçadores-coletores, duros ritos iniciáticos na puberdade ensinavam os rapazes a suportar a dor sem se abalar. Como os membros de um bando de caçadores-coletores ou de uma tribo costumam ter forte grau de parentesco entre si, o parentesco era um forte elemento de coesão grupal. Porém, em sociedades sedentárias, o parentesco foi abandonado enquanto base essencial da coesão militar assim que a população cresceu além de certo tamanho. Os líderes aproveitaram-se do fato de que os homens que tinham se habituado à hierarquia na vida cotidiana estavam dispostos a aceitar a disciplina militar.

A religião também passou por uma extensiva reformulação nas sociedades sedentárias. Nos grupos caçadores-coletores, a religião costuma estar centrada em danças comunitárias. As danças são longas, intensas e prolongam-se noite adentro. Há algo no movimento rítmico em uníssono que instila um senso de pertencimento a um grupo. Não há sacerdotes entre os caçadores-coletores; todos no grupo são celebrantes iguais. As pessoas comunicam-se diretamente com os deuses, normalmente quando alguns membros do grupo entram em um transe induzido pela própria dança ou por drogas.

Nas sociedades sedentárias, por outro lado, as autoridades religiosas surgiram como intermediários entre o povo e seus deuses. A dança foi reprimida: ela representava uma ameaça à autoridade religiosa, pois permitia às pessoas comunicar-se com seus deuses diretamente, em vez de depender das interpretações dos sacerdotes. O conhecimento dos deuses não residia mais nos cantos e na tradição verbal; estava reunido em doutrinas religiosas expostas pelos sacerdotes.

A religião nas sociedades primitivas assumia um papel estrutural central, com o governante muitas vezes nomeando a si mesmo sumo sacerdote. O faraó do antigo Egito era o sumo sacerdote; os imperadores romanos muitas vezes adotavam o título de *pontifex maximus*. Nas primeiras sociedades sedentárias que não contavam com nenhum sistema formal de justiça ou de aparato policial e tribunais, a religião e o temor de desagradar aos deuses eram meios essenciais de manutenção da ordem.[3]

As pessoas respondiam principalmente de maneiras culturais à natureza cambiante de instituições como a guerra e a religião. Porém, esses dois comportamentos possuem uma base instintiva ou genética que pode ser adaptada ao longo das gerações, como qualquer outra forma de comportamento. Em uma sociedade tribal, como a dos ianomâmis do Brasil e da Venezuela, homens agressivos são valorizados como defensores na guerra incessante entre aldeias, e aqueles que mataram na batalha – os *unokais* – têm em média 2,5 mais filhos do que os homens que não mataram, de acordo com o antropólogo Napoleon Chagnon.[4] Em outros tipos de sociedade, porém, pessoas altamente agressivas têm poucas chances de prosperar e terão comparativamente menos filhos; a predisposição genética para a agressão irá, portanto, cair ao longo das gerações, o que é provavelmente uma razão por que as sociedades modernas são menos violentas do que as das épocas medieval e anteriores.

Os comportamentos sociais humanos, da agressão à empatia, moldam as instituições de cada sociedade, ainda que todos os pormenores sejam dados pela cultura. Como essas instituições precisam mudar à medida que muda a situação ecológica e militar da sociedade, cada aspecto do comportamento social humano está sob constante pressão da seleção natural. A grande transição de caça e coleta para vida sedentária submeteu a natureza social humana a um certo conjunto de pressões. Em seguida teve início outro processo de remodelagem, igualmente extensivo – o de transformar os novos aldeões em súditos de impérios.

DA ALDEIA AO IMPÉRIO

Os antropólogos sociais normalmente tomam o cuidado de não sugerir que as sociedades humanas evoluíram, a fim de que não pareça que aquelas mais adiantadas na evolução são mais avançadas do que outras e, portanto, superiores a elas. Todavia, parece ter havido uma evolução extensiva no comportamento social humano na formação de civilizações como as do antigo Egito, da Mesopotâmia e da China. Todas parecem ter evoluído conforme a mesma sequência de passos, ou ao menos seguindo caminhos paralelos, quando confrontadas com o mesmo desafio.

Uma força motriz em todos esses casos foi a demografia. Após os primeiros assentamentos, as populações começaram a crescer. Os primeiros colonos viveram em aldeias de talvez 150 pessoas. As aldeias então começaram a cooperar, tanto em grandes projetos agrícolas quanto em defesa. Os números maiores de pessoas vivendo nesses grupos locais então precisaram ser organizados de algum modo, o que levou a sociedades hierárquicas lideradas por um chefe. A guerra exerceu uma pressão seletiva, sob a qual as sociedades mais coesas destruíram ou absorveram aquelas que eram não tão bem organizadas. Houve uma mudança dramática na natureza social humana que sustentou uma vasta mudança no tamanho máximo das sociedades humanas. Os grupos caçadores-coletores tendem a separar-se em dois quando possuem mais de cerca de 150 membros; na época das primeiras civilizações urbanas que começaram a surgir cerca de 5 mil anos atrás, as pessoas estavam vivendo em cidades com 10 mil a 100 mil habitantes.

Os primeiros chefes asseguravam seu poder político mantendo também o cargo religioso. Eles geriam suas chefaturas como negócios de família, com seus parentes formando uma elite hereditária. Porém, um grupo de chefaturas não era uma situação estável, especialmente se elas ocupassem uma região cujos recursos agrícolas estivessem circunscritos por montanhas ou por desertos. Por causa desses limites geográficos, as chefaturas entrariam em choque umas com as outras caso alguma delas tentasse se expandir. Essas condições tornavam a guerra quase inevitável.

Em cada região do mundo, foi a guerra entre chefaturas que levou à emergência dos primeiros estados arcaicos. Escreve o antropólogo Robert Carneiro:

> Indícios históricos ou arqueológicos da guerra podem ser encontrados nos estágios primitivos de formações estatais na Mesopotâmia, no Egito, na Índia, na China, no Japão, na Grécia, em Roma, na Europa setentrional, na África central, na Polinésia, na América Central, no Peru e na Colômbia, para citar apenas os exemplos mais destacados.[5]

As chefaturas geralmente lutavam entre si por território, matando ou expulsando aqueles cujas terras tomavam. No entanto, a partir de certa escala de operações, quando a população se tornou densa o bastante e suficientemente produtiva para sustentar uma classe governante, as chefaturas maiores desenvolveram-se e tornaram-se Estados. Os Estados lutavam não apenas por terra, mas também por população; em vez de expulsar os povos conquistados de seu território, um império os subjugaria como parte da força humana do Estado.

Ao se tornarem amplos e complexos demais para ser geridos pela família do governante, os Estados desenvolveram seu próprio quadro de oficiais. A guerra entre chefaturas rivais em uma região podia ser um negócio sanguinário. Contudo, uma vez que um único regente tivesse unificado uma região, havia um grau muito maior de estabilidade e de ordem.

Um padrão geral na história mundial é que os Estados primeiro desenvolveram-se em regiões de alta densidade populacional, particularmente ao longo das margens dos grandes rios, onde era fácil a agricultura irrigada. O antigo Estado egípcio começou em cerca de 3100 a.C. quando Narmer, governante da chefatura sul do Nilo, derrotou a chefatura norte e criou um sistema unificado.

A civilização suméria desenvolveu-se por volta da mesma época ao longo do rio Eufrates na região que hoje é o Iraque. Na Índia, a civilização harappiana surgiu no vale do rio Indo. O Estado chinês foi construído pela consolidação dos assentamentos que surgiram ao longo dos vales do rio Amarelo e do rio Yangtzé.

Todos esses Estados de primeira geração começaram a surgir há cerca de 5 mil anos no Velho Mundo. O processo foi muito retardado no Novo Mundo porque a pressão populacional necessária para o desenvolvimento do Estado só começou muito depois de 15 mil anos atrás, quando os primeiros habitantes cruzaram da Sibéria para o Alasca pela Beríngia, a região hoje submersa que conectava os dois continentes. Na Mesoamérica, o Estado olmeca começou a florescer em cerca de 1500 a.C. Na América do Sul, o Estado moche começou por volta do ano 100 da nossa era, e o Império Inca, o Estado mais avançado da América do Sul, só surgiu no século XII.

A estreita relação histórica entre a formação do Estado e o tamanho da população é evidente quando se olham as regiões do mundo de habitação mais difícil. Não há Estados nas regiões árticas, esparsamente habitadas por povos esquimós. Na Polinésia, só existem chefaturas, provavelmente porque a capacidade da maioria das ilhas só permitia pequenas populações. Uma grande exceção é o Havaí, mas foi só em 1811 que o rei Kamehameha uniu as ilhas.

Uma grande região de crescimento populacional lento foi a África subsaariana. O continente sofre de falta de rios navegáveis e a doença faz com que muitas regiões sejam difíceis de habitar. Algumas das chefaturas da África tinham se transformado em grandes impérios, como o Império Ashanti em Gana, o Império Etíope e o reino shona no Zimbábue, na época em que os europeus chegaram e interromperam seu desenvolvimento. Em 1879, um exército zulu armado de lanças e de escudos de couro derrotou uma força britânica e suas armas modernas na batalha de Isandlwana. Contudo, em boa parte da África, a falta de populações densas e de guerras de grande escala, dois ingredientes essenciais na formação dos Estados modernos, impediram o surgimento dessas estruturas. A África ao sul do Saara permaneceu em boa parte tribal ao longo do período histórico, assim como a Austrália, a Polinésia e as regiões do círculo polar.

A evolução do comportamento social humano foi, portanto, diferente e ampla ou inteiramente independente em cada continente. Estados desenvolveram-se no Oriente Médio, na Índia e na China cerca de 5 mil anos atrás, e na América Central e do Sul cerca de 1 mil anos atrás. Por falta de bons solos, de clima favorável, de rios navegáveis e de pressão populacional, a África permaneceu um continente de chefaturas e de impérios incipientes. Na Austrália, as pessoas chegaram ao nível tribal, mas sem desenvolver a agricultura; sua tecnologia permaneceu a da Idade da Pedra até a época moderna.

O COMPORTAMENTO HUMANO NA HISTÓRIA

Ainda que os historiadores normalmente se concentrem em Estados e em como os atores dentro deles tomam as alavancas do poder, a longo prazo as instituições são mais importantes para o destino de uma sociedade. Construídas com base no comportamento social arraigado, as instituições podem durar gerações e resistir até aos eventos mais catastróficos. Os russos ainda eram russos depois de Stálin, os chineses permaneceram chineses sob Mao Tsé-tung; mesmo Hitler foi sobretudo uma aberração na história alemã.

A história tem pouca coerência quando analisada em termos de indivíduos ou mesmo de nações. Porém, quando vista em termos de instituições desenvolvidas por diferentes civilizações e raças, surge o contorno de um desenvolvimento lógico. Mesmo que ainda exista um grande elemento de aleatoriedade, o grande tema geral da história humana é que cada raça desenvolveu as instituições adequadas para assegurar a sobrevivência em seu ambiente particular. Esta, então, é a característica mais significativa das raças humanas: a distinção, não entre seus membros pela aparência física, mas entre as instituições das várias sociedades por ligeiras diferenças no comportamento social.

Uma análise decisiva da história humana em termos de instituições sociais foi escrita recentemente pelo cientista político Francis Fukuyama. Sua tese, que descreve como cada uma das grandes civilizações adaptou suas instituições à geografia local e às circunstâncias históricas, oferece um mapa da adaptação social humana e dos diferentes caminhos tomados por cada civilização.

A premissa de Fukuyama, como a de North, citada anteriormente, é que as instituições têm suas raízes no comportamento social humano. "A recuperação da natureza humana pela biologia moderna [...] é extremamente importante como fundação de qualquer teoria do desenvolvimento político, por oferecer-nos os tijolos básicos com que entender a evolução posterior das instituições humanas", escreve.[6]

Um pilar da natureza social humana é a tendência a favorecer a família imediata e os parentes próximos, e essa é a raiz do tribalismo. Sociedades tribais foram a primeira forma de organização política humana, considerando que os bandos de caçadores-

-coletores em que os seres humanos passaram a maior parte de sua existência foram provavelmente organizados como tribos desde antiga data. Uma tribo consistia em bandos que trocavam mulheres para com elas se casar. A organização tribal é altamente flexível, e as tribos podem ser enormes, capazes de empreitadas consideráveis: os mongóis, cujo império se estendia do oceano Pacífico aos limites da Europa, tinham organização tribal. O ponto fraco do sistema tribal é a sucessão: quando um líder forte morre, os chefes das linhagens componentes tendem a lutar entre si para sucedê-lo, e a coalizão inteira pode romper-se em entidades menores, em disputa, como aconteceu com o Império Mongol.

As tribos organizam-se a partir de linhagens traçadas pela descendência masculina. Em uma tribo, duas linhagens podem lutar uma com a outra ou juntar-se para enfrentar uma terceira. Como todas as linhagens descendem de um patriarca fundador, quaisquer duas linhagens podem encontrar um ancestral comum para provar seu parentesco e sua afinidade como aliados. Os antropólogos chamam as tribos de sociedades segmentárias por causa da maneira como as diferentes linhagens ou segmentos podem encaixar-se para propósitos sociais específicos.

O sistema tribal é tão forte, na visão de Fukuyama, que mesmo na maioria dos Estados modernos ele nunca desaparece por completo. Antes, o aparato estatal é como uma camada suplementar em tensão permanente com ele. Na China, as autoridades usam seus cargos para promover os interesses dos parentes, não importando quais sejam os interesses do Estado. O problema é tão pertinente na China de hoje quanto em qualquer momento do passado. Mesmo na Europa e nos Estados Unidos, onde os laços familiares são menos intricados e as tribos não existem mais, o nepotismo está longe de ser desconhecido.

O tribalismo é o estado padrão das sociedades humanas primitivas, assim como a autocracia é o estado padrão das sociedades modernas. As sociedades tribais existiram provavelmente desde o começo da espécie humana, e muitas ainda existem atualmente. Os habitantes da Espanha, da França, da Alemanha e da Inglaterra foram povos tribais antes e depois de sua conquista pelo Estado romano. Na China, as chefaturas tribais só começaram a desaparecer no século IV a.C.; em boa parte da África e no Oriente Médio, a organização tribal ainda é uma grande força.

Considerando-se a ubiquidade do tribalismo, como os Estados modernos puderam ter início? Para responder a essa pergunta, Fukuyama considera as diferenças entre os Estados modernos, a fim de entender quais de seus traços são os mais importantes. Ao examinar os Estados modernos que surgiram na China, na Europa, na Índia e no mundo muçulmano, ele observa que todos tiveram de enfrentar o mesmo desafio principal, o de suprimir o tribalismo para que a autoridade do Estado pudesse prevalecer, mas que cada qual atingiu esse objetivo de maneiras muito diferentes.

A China chegou a um Estado moderno um milênio antes da Europa. Seu progresso precoce pode estar fortemente relacionado à planície entre os rios Yangtzé e Amarelo. O território é bastante adequado tanto para a agricultura, que conduz ao crescimento populacional, quanto para a guerra, os dois principais motores da formação de Estados. Um processo incansável de consolidação forçou os sistemas tribais a ceder o lugar aos Estados.

Em 2000 a.C., um grande número de entidades políticas – estimadas tradicionalmente em 10 mil – existia no vale do rio Amarelo. Na época da dinastia Shang, em 1500 a.C., elas tinham diminuído para cerca de 3 mil chefaturas tribais. A dinastia Zhou oriental começou em 771 a.C. com 1.800 chefaturas e terminou com 14 entidades que estavam muito mais próximas de Estados. Durante o período que se seguiu, conhecido como dos Reinos Combatentes, que durou de 475 a.C. até 221 a.C., os sete reinos restantes foram reduzidos a um.

A China unificou-se em 221 a.C. quando o Estado de Qin conseguiu derrotar seus seis rivais. Essa foi a culminação de praticamente 1.800 anos de luta quase incessante, durante a qual as exigências da guerra moldaram as feições distintivas do Estado chinês.

O sistema tribal durou enquanto o vale do rio Amarelo era relativamente desabitado. Uma tribo mais fraca poderia simplesmente ir para outro lugar. À medida que a densidade populacional aumentava, a escolha passou a ser lutar ou ser extinto.

A pressão sobre as tribos aumentou por causa de seu modo de combate. Baseado em linhagens masculinas, o combate era feito por nobres em carruagens, com cada uma delas exigindo um comboio logístico de cerca de setenta soldados. Com guerras incessantes, o número de nobres disponíveis se viu reduzidíssimo. Desesperadas, algumas chefaturas durante o período Zhou desenvolveram um modo alternativo de guerra, que consistia em forçar os camponeses a compor as fileiras dos exércitos de infantaria.

Essa não foi uma transformação fácil, considerando que não era bem-vista nem pelos nobres, nem pelos camponeses. Além disso, ela demandou um conjunto complexo e imaginativo de mudanças institucionais. Exércitos maiores exigiam mais tributos para sustentá-los. A extração de tributos da população tornou necessária uma classe de funcionários leal ao Estado, não a tribos particulares.

Essas mudanças começaram em diversos Estados, mas foi em Qin, o mais ocidental dos sete reinos combatentes, que as reformas foram levadas mais longe. "As bases do primeiro Estado verdadeiramente moderno foram lançadas no regime ocidental de Qin no governo do duque Xiao e de seu ministro Shang Yang", escreve Fukuyama.[7]

Os líderes Qin construíram um Estado moderno porque reconheciam explicitamente que as linhagens nobres do sistema tribal eram um impedimento ao poder estatal. Shang Yang aboliu os cargos hereditários mantidos por nobres em favor de um sistema de vinte posições baseado no mérito militar. Essa mudança significou que todos os detentores de cargos deviam então sua posição e sua lealdade ao Estado, não a sua tribo ou linhagem.

A burocracia não só era nomeada com base no mérito, como também era recompensada por desempenho. Itens importantes como terras, servos, concubinas e roupas eram distribuídos àqueles que serviam bem o Estado.

Em um segundo lance ousado de engenharia social, Shang Yang permitiu que os camponeses possuíssem terras diretamente, em vez de ter de cultivar os campos de propriedade da nobreza. Os laços dos camponeses agora eram com o Estado e era a este que pagavam tributos, não à nobreza.

Contudo, essa não chegou a ser uma reforma agrária destinada a beneficiar os camponeses. Anteriormente, eles trabalhavam sob a supervisão dos nobres. Shang Yang os reorganizou em grupos de cinco ou dez famílias, que deviam supervisionar-se entre si e reportar crimes ao Estado. Quem não os reportasse poderia ser punido com a morte.

"Se o povo é mais forte do que o governo, o Estado é fraco; se o governo é mais forte do que o povo, o exército é forte", afirma o tratado atribuído a Shang Yang.[8] Era esse o objetivo de todo o empenho. O campesinato era controlado e taxado. Os burocratas administravam o Estado e cobravam impostos para financiar um gigantesco exército camponês.

O Estado ocidental de Qin, por muito tempo visto como algo instalado em um fim de mundo, agora tinha a organização política necessária para pagar um exército considerável. Com essa força, o rei Qin pôde, em 221 a.C., derrotar seus seis rivais e unificar a China. A unificação pôs fim ao jogo mortal dos 254 anos do período dos Reinos Combatentes, durante o qual aconteceram 468 guerras entre os rivais.

Os chineses inventaram o Estado moderno mais de mil anos antes da Europa. Um toque final foi acrescentado quando o sistema de Exames Imperiais foi instituído em 124 a.C., no governo do imperador Wu. Além de um exército, de sistemas de cobrança de impostos, de registro da população e punições draconianas, a China tinha outra instituição, que o sociólogo Max Weber considerava a marca distintiva de um Estado moderno: uma burocracia impessoal escolhida pelo mérito, por meio do sistema de Exames Imperiais.

O Estado chinês surgiu porque a organização tribal não era capaz de enfrentar as demandas do estilo chinês de combate. Tendo a China como modelo, podem-se fazer comparações com a maneira como outras civilizações desenvolveram Estados modernos. A Europa, por exemplo, após a desintegração do Império Romano, passou por um período análogo ao da dinastia oriental Zhou, no qual as tribos evoluíram para Estados, simbolizado pelo processo no qual o rei dos francos passou a ser o rei da França. Durante esse período, o número de regimes europeus reduziu-se de cerca de 500 para 25. Porém, nesse momento a Europa desviou-se do padrão chinês, porque esse processo de redução não foi seguido por uma unificação final, por um período como o de Reinos Combatentes, do qual um Estado saiu vencedor.

Por que não houve uma contrapartida do Estado de Qin que conquistasse toda a Europa? Uma razão pode ser que a construção do Estado chegou à Europa mil anos mais tarde, em uma época em que o feudalismo tinha fincado raízes mais firmes do que na China. Os chefes locais não podiam ser depostos ao estilo de Shang Yang. Os reis precisavam negociar com eles. Assim, nenhum Estado europeu ficou forte o bastante para dominar os demais de maneira continuada; depois dos romanos, as tentativas imperiais na Europa foram sempre parciais e pouco duradouras.

Outra razão é que as barreiras geográficas e culturais eram mais poderosas na Europa do que no vale do rio Amarelo. A Europa é dividida em cordilheiras e em rios, e dentro desses compartimentos naturais surgiram diferenças de religião e de língua. Esses impedimentos fizeram com que fosse muito mais difícil construir um Estado europeu unificado.

As instituições próprias de um Estado autocrático desenvolvidas na China eram tão eficientes que, durante a maior parte de sua história moderna, o país permaneceu unificado, mesmo que tenha havido aqui e ali períodos de desunião e perturbações. Apesar de sua natureza autocrática, o Estado foi diversas vezes conquistado por alguma das várias tribos pastoris, como os mongóis ou os manchus, que vagavam pelas estepes além da fronteira setentrional da China. Contudo, esses conquistadores verificaram que, para governar a China, teriam de abandonar seus costumes tribais e adotar as instituições chinesas.

Um contraponto notável ao padrão de desenvolvimento chinês é dado pela Índia. Por volta do século VI a.C., assim como na China, os primeiros Estados tinham-se desenvolvido na Índia. Porém, se na China o que se seguiu foram quinhentos anos de guerras incessantes, na Índia não ocorreu nenhum processo semelhante, talvez porque a população fosse menos densa. O principal modelador da sociedade indiana não foi a guerra, mas a religião. O bramanismo dividiu a sociedade em quatro classes: sacerdotes, guerreiros, mercadores e o restante. As quatro classes foram subdivididas em centenas de castas ocupacionais endogâmicas. Esse sistema, sobreposto ao das divisões tribais, mostrou-se tão forte que governo nenhum foi capaz de sobrepujá-lo. A Índia, assim, criou uma sociedade forte e um Estado fraco, o contrário da situação chinesa, na qual, hoje, assim como antes, as pessoas raramente desafiam as instituições controladas pelo Estado.

O Estado era tão fraco, na verdade, que raramente esteve unificado. O Império Máuria governou toda a Índia, exceto o sul, por um século depois de 321 a.C., mas, ao contrário dos Qin, na China, não tentou impor suas próprias instituições pelo território inteiro. Quando ele se desintegrou, foram apenas os invasores estrangeiros que demonstraram algum interesse em integrar o subcontinente, como os mogóis e depois os britânicos.

Não existe base nas instituições políticas indianas para um Estado tirânico, ao passo que na China, desde os Qin, o Estado sempre se reservou o direito de dizer a seus cidadãos o que fazer. A China, contudo, apesar de toda a sua modernidade precoce, nunca desenvolveu o Estado de direito, o conceito de que o governante deveria estar submetido a um conjunto independente de regras. Na Índia, escreve Fukuyama, a lei "não vinha da autoridade política, como na China; vinha de uma fonte independente do governante político e superior a ele".

A Índia não desenvolveu os mecanismos formais arquitetados pelos Estados europeus para tornar o governante responsável perante a lei. Contudo, desde os tempos mais antigos, a lei religiosa era uma autoridade central que circunscrevia o poder do Estado. As respectivas instituições desenvolvidas na Índia e na China desempenharam um papel importante na formação de suas diferentes histórias até o dia de hoje. Da Grande Muralha à Hidrelétrica das Três Gargantas, o Estado chinês nunca hesitou em forçar os cidadãos, que não têm como objetar ou resistir, a pagar por dispendiosas obras públicas.

Na China, o tribalismo foi suprimido por ações diretas do Estado; na Índia, pela religião. A maneira mais inventiva de minar o tribalismo foi desenvolvida no mundo islâmico pela dinastia abássida e aperfeiçoada pelos otomanos. Consistia na instituição da escravidão militar, em que as elites burocrática e militar do império eram compostas de escravos. O sultão podia ordenar a execução de qualquer burocrata escravo, daqueles nas posições mais baixas até o grão-vizir, o que causaria inveja em qualquer diretor que já tentou impor suas vontades a uma burocracia recalcitrante.

Os escravos, ao menos em princípio, eram proibidos de ter família, ou, caso obtivessem permissão para casar-se, seus filhos não podiam se tornar soldados ou suceder os pais no cargo.

O forte instinto humano de favorecer a própria família ou os próprios parentes foi, portanto, frustrado. Os escravos detentores dos cargos de elite eram a aristocracia do império por apenas uma geração; seus filhos se juntavam ao restante da população. Quanto ao problema de onde adquirir escravos (o Islã proíbe a escravização de muçulmanos), os otomanos o enfrentaram por meio do *devshirme*, sistema no qual caçadores de talentos visitavam províncias cristãs, principalmente a Sérvia, e exigiam que os sacerdotes da região lhes passassem um registro de todos os meninos batizados. Os mais promissores eram raptados dos pais, que eles nunca veriam de novo. Eram então convertidos ao Islã e instruídos ou para tornar-se administradores em altas posições ou para juntar-se aos janízaros, grupo militar de elite.

Por mais estranha e desumana que possa parecer a instituição da escravidão militar, ela mostra até onde um Estado está disposto a ir para impedir o tribalismo e assegurar para si uma casta de administradores que responda às ordens do governante. A instituição foi inventada pelos abássidas, a dinastia islâmica que dominou o Oriente Próximo entre 750 e 1258 e logo percebeu que era impossível governar um vasto império com a organização tribal árabe. Ela foi aperfeiçoada pelos sultões aiúbidas do Egito, que criaram um exército, os mamelucos, com escravos capturados de tribos turcomanas e do Cáucaso. Nos exércitos de escravos, sem nobreza nem sistema de parentesco, as pessoas podiam ser promovidas puramente segundo o mérito. Tanto isso como a lealdade exclusiva dos comandantes ao sultão foram a chave do sucesso dos exércitos mameluco e janízaro.

Os mamelucos do Egito salvaram o mundo islâmico derrotando um exército invasor mongol em 1260 na batalha de Ain Jalut.

Porém, o comandante do exército mameluco, Baibars, derrubou seu senhor e tornou-se sultão do Egito. Os mamelucos continuaram sendo uma força militar formidável por várias décadas, derrotando mais três invasões mongóis. Mamelucos ricos, contudo, encontraram maneiras de acabar com a proibição de transferir riqueza a seus descendentes, e o sistema foi pouco a pouco se retribalizando. "O princípio de nobreza por uma geração trabalhava contra os imperativos básicos da biologia humana, exatamente como o sistema impessoal chinês de Exames Imperiais", observa Fukuyama. "Todo mameluco buscava proteger a posição social de sua família e de seus descendentes."

O sistema mameluco começou a entrar em decadência. Assolados por facções e prejudicados por seu desdém pelas novas armas de fogo que então dominavam os campos de batalha, os mamelucos foram derrotados pelos otomanos da Turquia em 1517.

A escravidão militar serviu bem aos otomanos e por algum tempo possibilitou as contínuas conquistas das quais dependia a economia do Estado. Porém, quando a expansão otomana cessou, os sultões primeiro permitiram que os janízaros se casassem e tivessem filhos, depois autorizaram seus filhos a entrar no serviço militar. Isso tornou o *devshirme* desnecessário e também destruiu o propósito fundamental do sistema, que era impedir o surgimento de uma elite hereditária. A instituição começou a decair e a lenta desintegração do Estado otomano seguiu seu curso.

A quarta grande civilização do continente eurasiano, a da Europa, desenvolveu um complexo conjunto de instituições que é mais fácil de compreender em comparação com os casos um tanto mais simples da China, da Índia e do mundo islâmico. Um traço distintivo dos Estados europeus é que, após escapar do tribalismo, eles desenvolveram uma instituição que nenhuma das outras três civilizações criou – aquela que permite à sociedade controlar um líder forte.

Surgiu na Europa o conceito de Estado de direito, um consenso entre a sociedade e a elite de que a lei, não o governante, era soberana. Em segundo lugar, a Europa e particularmente a Inglaterra desenvolveram maneiras de fazer com que o rei respondesse perante a lei. Essa estrutura tinha a virtude de permitir que o governante fosse forte, mas permanecesse submetido a restrições institucionais.

O Estado chinês, desde a época de Qin, era uma autocracia eficiente e burocratizada. Porém, até hoje, a China nunca desenvolveu um Estado de direito. Seus imperadores, e hoje o Politburo chinês, determinam a lei, mas não respondem perante ela e não precisam obedecer a ela. A China ainda pode forçar seu povo a construir uma Grande Muralha ou algo equivalente. Porém, sua grande desvantagem, como Estado forte, é ficar indefesa diante de maus imperadores, dentre os quais o mais recente foi Mao Tsé-tung.

A religião desempenhou um papel central no desenvolvimento das instituições europeias. A religião, segundo Fukuyama, foi fundamental primeiro para a destribalização, e mais tarde para a instituição do Estado de direito. A essência da linhagem tribal era a transmissão da propriedade pela linha masculina. Porém, produzir um herdeiro masculino nas condições medievais de baixa expectativa de vida e de alta mortalidade infantil estava longe de ser algo garantido. Assim, as tribos tinham várias estratégias para manter a riqueza dentro da linhagem. Estas incluíam o casamento entre primos, o divórcio se a mulher não gerasse herdeiros, a adoção e o levirato (o casamento da viúva com o irmão do marido). Além disso, as mulheres não podiam ter propriedades.

A Igreja opunha-se a todas essas estratégias de herança, não por causa de algo que ferisse a doutrina cristã, mas por ter uma ideia melhor: as pessoas deveriam deixar suas propriedades para a Igreja em vez de deixá-las aos herdeiros. Ao final do século VII, um terço das terras produtivas da França pertencia à Igreja. As tribos da Europa, fossem francas, anglo-saxônicas, eslavas, nórdicas ou magiares, verificaram que a conversão ao cristianismo logo as separou de suas propriedades, roubou-lhes sua influência e preparou o caminho para o feudalismo.

Nas condições de fragmentação política da Europa medieval, a Igreja tornou-se rica e poderosa, mas começou a desenvolver seus próprios problemas de nepotismo e tribalismo. Os padres ficaram deveras interessados em transmitir suas propriedades e seus cargos a parentes. O papa Gregório VII forçou os padres a tornarem-se celibatários, a fim de que fossem leais à Igreja e não à família.

Gregório também esteve no centro do histórico confronto entre o papa e o sacro imperador romano em torno das investiduras, ou seja, quem tinha o direito de nomear bispos. Gregório excomungou Henrique IV, que por sua vez tentou depor Gregório. Contudo, a Igreja venceu, forçando Henrique a ir à residência do papa em Canossa em 1077 e esperar descalço na neve por três dias para receber a absolvição de Gregório.

A Igreja usou seu poder para defender a ideia de lei, primeiro do Código Justiniano, uma codificação bizantina do direito romano que foi redescoberta por volta do ano 1070, e depois do direito canônico, a síntese feita por Graciano das leis eclesiásticas ao longo dos séculos. Como a lei tinha o aval da Igreja, sancionada por um poder superior, surgiu na Europa a ideia nova de que o governante não poderia governar contra a lei, e que na verdade devia a posição que ocupava a seu papel de mantenedor da lei.

A Europa feudal era uma coleção de barões locais instalados em castelos quase totalmente inexpugnáveis. Os reis tendiam a ser os primeiros entre iguais e tinham de negociar com outros para exercer poder. Eram obrigados a levar em conta o conceito de que o que era soberano era a lei, não o rei. Não podiam tributar nem recrutar os camponeses porque esses direitos pertenciam aos senhores feudais. Também não podiam tomar terras por causa dos direitos de propriedade conferidos pelo sistema feudal.

Os Estados nacionais surgiram na Europa como parte de uma luta entre as elites e outras fontes de poder. Os reis raramente eram governantes absolutos. A limitação de seus poderes foi levada ao máximo na Inglaterra, onde o Parlamento convocou seu próprio exército, executou Carlos I e forçou James II a abdicar. O Estado inglês construiu assim um sistema, posteriormente seguido por outros países europeus, em que o governante estava submetido à lei e um corpo representativo obrigava-o a responder perante ela.

"Na primeira vez em que esse pacote foi preparado", escreve Fukuyama, "ele produziu um Estado tão poderoso, tão legítimo e tão favorável ao crescimento econômico que se tornou um modelo a ser aplicado no mundo inteiro".[9]

EFEITOS NO COMPORTAMENTO SOCIAL E INDIVIDUAL

Do amplo escopo da análise de Fukuyama surge um padrão claro. Cada uma das grandes civilizações desenvolveu um conjunto característico de instituições em resposta a circunstâncias locais e a sua história. Considerando que as instituições baseiam-se no comportamento social humano e que a cultura retroalimenta o genoma, é plausível supor que os chineses, os indianos, os otomanos e os europeus tenham todos se adaptado ao longo das gerações a suas condições sociais particulares. Por causa desse processo evolutivo, as quatro civilizações hoje permanecem distintas.

As instituições sociais das quatro civilizações possuíam uma inércia considerável, isto é, elas mudavam muito lentamente ao longo do tempo. As instituições que perduram por muitas gerações são fortes candidatas a ter raízes em um comportamento social de arcabouço genético que mantém sua estabilidade. As sociedades da Ásia oriental possuem um caráter distintivo, tendendo a ser autocracias eficientes. Cingapura, por exemplo, dotada na época de sua independência de uma herança cultural de instituições políticas inglesas, tornou-se, no entanto, uma versão menos rígida do Estado autocrático chinês, apesar de reter as formas exteriores de um Estado europeu.

Uma continuidade similar no comportamento social é evidente na África, que consistia em grande parte em sociedades organizadas tribalmente tanto antes quanto depois do episódio do domínio colonial. As potências europeias prepararam suas colônias para a independência impondo suas próprias instituições políticas. Estas, porém, desenvolveram-se ao longo de muitos séculos em resposta ao ambiente europeu. Considerando o longo processo histórico durante o qual os europeus livraram-se do tribalismo, mal chega a surpreender que os Estados africanos não se tenham destribalizado de um dia para o outro. Eles regressaram ao tipo de sistema social a que os africanos tinham-se adaptado nos séculos anteriores.

Nos sistemas tribais, as pessoas muito racionalmente buscam apoio em seus parentes e em seus grupos tribais, não no governo central, cuja função habitual tem sido cobrar impostos e serviço militar, dando muito pouco em troca. As instituições europeias ou americanas não podem ser facilmente exportadas para sociedades tribais como as do Iraque ou do Afeganistão porque elas pressupõem uma grande medida de confiança em relação a não parentes e foram projetadas para funcionar em nome do interesse público, não para fortalecer o detentor de um cargo e sua tribo.

As variações no comportamento social humano e nas instituições que o encarnam têm consequências de longo alcance. Os especialistas em economia do desenvolvimento há muito descobriram que não é só a falta de capital ou de recursos que mantém os países pobres. Bilhões de dólares em assistência foram derramados na África nos últimos cinquenta anos com pouco impacto no padrão de vida. Países como o Iraque têm muito petróleo, mas seus cidadãos são pobres. Já países sem recursos, como Cingapura, são ricos.

O que torna as sociedades ricas ou pobres é em grande medida seu capital humano – incluindo a natureza do povo, seus níveis de formação, a coesão de suas sociedades e as instituições com que se organizam. Como observa Fukuyama, "os países pobres são pobres não por carecer de recursos, mas por carecer de instituições políticas eficientes".[10]

O economista Daron Acemoğlu e o cientista político James Robinson chegam à mesma conclusão no recente livro *Por que as nações fracassam*. "As nações fracassam economicamente por causa de instituições extrativistas", escrevem, referindo-se a instituições que permitem que uma elite corrupta exclua os demais da participação na economia.[11] Em contrapartida, dizem eles, "as nações ricas são ricas em grande parte por terem conseguido desenvolver instituições inclusivas em algum momento dos últimos trezentos anos".[12]

A teoria de Acemoğlu e Robinson será discutida mais longamente no próximo capítulo. Por ora, é relevante notar que eles e Fukuyama tenham chegado de maneira independente à conclusão de que as instituições são centrais para o sucesso ou o fracasso das sociedades humanas. O que não é tão claro é por que as instituições diferem de uma sociedade para outra. Essas diferenças ficaram mais evidentes durante a profunda mudança na estrutura das sociedades humanas que culminou na Revolução Industrial.

Houve dois grandes passos na evolução das sociedades humanas, ambos acompanhados de mudanças no seu comportamento social. O primeiro foi a transição da existência caçadora-coletora para as sociedades sedentárias. As sociedades sedentárias desenvolveram a agricultura, mas depois estagnaram por centenas de gerações naquilo que se conhece como a armadilha malthusiana: cada aumento de produtividade era seguido de um crescimento populacional, que esgotava o excedente e outra vez lançava a população à beira da fome. Só foi possível escapar da armadilha quando a natureza social humana passou por uma segunda grande transição. A seguir apresentaremos o argumento que leva a crer que uma profunda mudança genética no comportamento social subjaz à fuga da armadilha malthusiana e à transição de uma sociedade agrária para uma sociedade moderna.

O remodelamento da natureza humana

> Precisamos confrontar o mais flagrante fato a persistir ao longo de séculos de história social: as vastas diferenças de produtividade entre povos e as consequências, não só econômicas, de tais diferenças.
>
> THOMAS SOWELL[1]

Cada uma das grandes civilizações desenvolveu as instituições apropriadas para suas circunstâncias e para sua sobrevivência. Porém, essas instituições, ainda que fortemente impregnadas de tradições culturais, repousam sobre um leito de comportamento humano moldado geneticamente. E, quando uma civilização produz um conjunto particular de instituições que perdura por muitas gerações, ele é o sinal de uma gama de base de variações nos genes que influenciam o comportamento social humano.

Os historiadores às vezes falam em caráter nacional, mas, ainda que muitos possam concordar que o caráter alemão e o japonês, digamos, são diferentes em aspectos que afetaram profundamente suas respectivas histórias, há menos concordância sobre como definir os elementos significativos do caráter nacional. E, sem alguma medida objetiva, as tentativas de descrever o caráter nacional facilmente resvalam na caricatura.

Como seria possível encontrar medidas objetivas de como a natureza humana muda ao longo do tempo? Talvez nos surpreendamos ao verificar que essas medidas existem, ainda que sejam indiretas. Elas vêm do trabalho de historiadores econômicos, como Maristella Botticini e Zvi Eckstein, que documentaram o papel da educação na história judaica, e de Gregory Clark, que reconstruiu o comportamento econômico e social inglês nos seiscentos anos que precederam a Revolução Industrial.

A mudança provocada pela Revolução Industrial não foi uma alteração visível do estilo de vida de um povo, como morar em casas em vez de viver no mato, mas um salto quântico na produtividade da sociedade. Após uma estagnação que durou pelo menos os cinco séculos e meio que podem ser documentados, os salários ingleses começaram a disparar em meados do século XVIII, refletindo um aumento impressionante no nível de trabalho produtivo.

Aumentos de produtividade podem parecer algo que só empolgaria um economista, mas eles fazem toda a diferença na vida das pessoas. Antes da Revolução Industrial, quase todo mundo, exceto a nobreza, vivia a um ou dois passos de passar fome. Essa existência em nível de subsistência era uma característica das economias agrárias, provavelmente da época em que a agricultura foi inventada.

A razão não era a falta de inventividade: a Inglaterra de 1800 possuía navios a vela, armas de fogo, prensas móveis e inúmeras tecnologias com que os caçadores-coletores sequer sonharam. Porém, essas tecnologias não se traduziam em um padrão de vida melhor para o indivíduo médio. A razão era um paradoxo das economias agrárias que provavelmente remonta ao começo da agricultura.

O paradoxo é chamado de armadilha malthusiana porque foi descrito pelo reverendo Thomas Malthus em 1798 em seu *Ensaio sobre o princípio da população*. A cada vez que a produtividade aumentava e os alimentos ficavam mais abundantes, mais crianças sobreviviam até a maturidade e as bocas a mais consumiam o excedente. Em uma geração, todos voltavam a viver um pouco acima do nível da fome.

Essa falta de progresso foi documentada por Gregory Clark, historiador econômico da Universidade da Califórnia em Davis. Como havia copiosas informações históricas na Inglaterra, país

RENDA REAL PER CAPITA NA INGLATERRA
POR ANO, DE 1200 A 2000

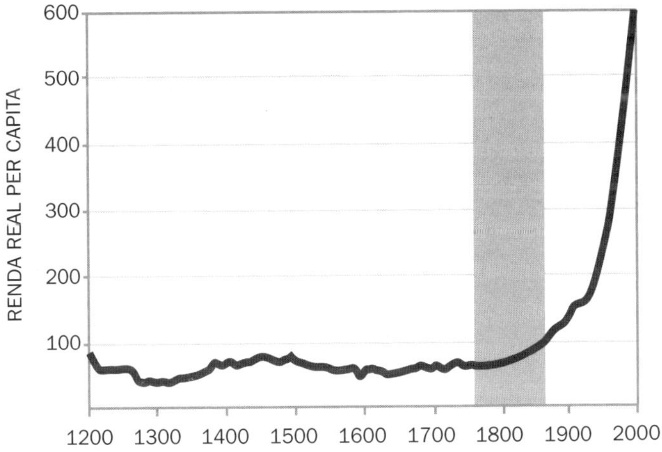

Período da Revolução Industrial

Fonte: Clark, Gregory. *A Farewell to Alms*, p. 195.

intocado por invasões hostis desde 1066 (a invasão de Guilherme de Orange em 1688 foi um convite), Clark pôde reconstruir muitas séries de dados econômicos, como os salários diários reais dos trabalhadores agrícolas ingleses de 1200 a 1800. Os salários eram ao final do período quase exatamente os mesmos que tinham sido seiscentos anos antes. Bastavam para comprar uma dieta pobre.

Porém, os salários não foram constantes durante o período. Entre 1350 e 1450 eles mais do que dobraram. A causa não foi um aumento miraculoso na produtividade – foi a Peste Negra, que ceifou cerca de 50% da população da Europa. Em um mundo preso na armadilha malthusiana, as pestes são uma bênção, ao menos para

SALÁRIOS REAIS DOS TRABALHADORES INGLESES

POR ANO, DE 1200 A 1800

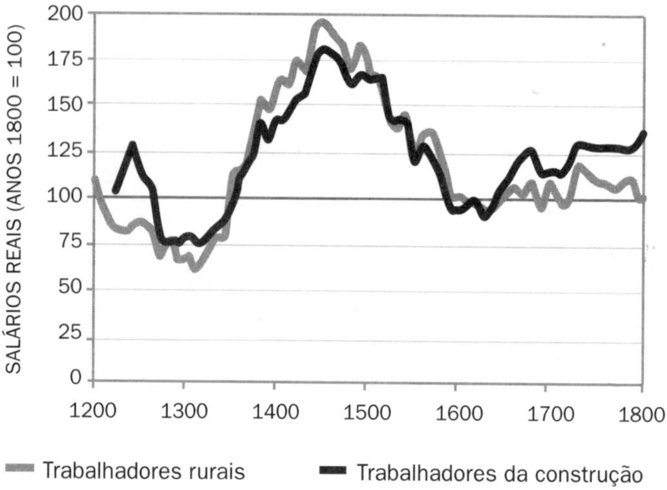

Fonte: Clark, Gregory. *A Farewell to Alms*, p. 41.

os sobreviventes. Com menos bocas para alimentar, todos comiam melhor e, com uma nova escassez de mão de obra, os trabalhadores podiam desfrutar de salários melhores. Esse período de abundância durou um século, até que o aumento nos números populacionais fechou as mandíbulas da armadilha malthusiana outra vez.

Em quase todas as sociedades desde a invenção da agricultura, a maioria das pessoas, à parte a elite governante, viveu nessas duras condições. A Inglaterra provavelmente não diferia de outras sociedades agrárias na Europa e na Ásia oriental entre 1200 e 1800, exceto pelo fato de que as condições econômicas de sua armadilha malthusiana são bem documentadas.

Malthus, talvez surpreendentemente, escreveu seu ensaio no exato momento em que a Inglaterra estava prestes a escapar da armadilha malthusiana, sendo logo seguida por outros países europeus. A fuga consistiu em um aumento tão significativo da eficiência da produção que os trabalhadores a mais aumentavam as rendas em vez de forçar sua estabilização.

Esse desenvolvimento, conhecido como Revolução Industrial, é o principal evento da história econômica, e no entanto os historiadores econômicos dizem não ter chegado a um acordo sobre como explicá-lo. "Boa parte da moderna ciência social originou-se de esforços de europeus de fins do século XIX e do século XX para entender o que tornava único o desenvolvimento econômico da Europa ocidental; contudo, esses esforços não levaram a nenhum consenso", escreve o historiador Kenneth Pomeranz.[2] Alguns especialistas afirmam que a demografia foi o verdadeiro motor: os europeus escaparam da armadilha malthusiana contendo a fertilidade por meio de métodos como o casamento tardio. Outros citam mudanças institucionais, como os princípios da democracia inglesa, direitos garantidos de propriedade, o desenvolvimento de mercados competitivos ou patentes que estimulavam a invenção. Outros ainda apontam para o avanço do conhecimento a partir do Iluminismo dos séculos XVII e XVIII ou a grande disponibilidade de capital.

Essa pletora de explicações e o fato de que nenhuma delas é satisfatória para todos os especialistas sugerem fortemente a necessidade de uma categoria de explicações inteiramente nova. Clark forneceu uma ao ousar contemplar uma possibilidade plausível, mas ainda não examinada – a possibilidade de que a produtividade aumentou porque a natureza das pessoas mudou.

A proposta de Clark é um desafio ao pensamento convencional porque os economistas tendem a tratar as pessoas por toda parte como idênticas. Nenhum deles sugeriria que as economias da Idade da Pedra em que as sociedades da Nova Guiné estavam vivendo quando foram descobertas pelos europeus tinham qualquer coisa a ver com a natureza dos habitantes da Nova Guiné. Desde que tivessem os mesmos incentivos, os mesmos recursos e a mesma base de conhecimentos, desenvolveriam economias similares às dos europeus, diria a maioria dos economistas.

Alguns economistas reconhecem que essa posição é implausível e começam a se perguntar se a natureza das humildes unidades humanas que produzem e consomem todos os bens e serviços de uma economia poderia ter alguma influência em sua performance. Eles discutem a qualidade humana, mas normalmente se referem apenas a formação e treinamentos. Outros sugerem que a cultura poderia explicar por que algumas economias têm um desempenho muito diferente do de outras, mas sem especificar de quais aspectos da cultura estão falando. Ninguém ousou dizer que a cultura pode incluir uma mudança evolutiva de comportamento, mas ninguém também exclui essa possibilidade explicitamente.

Para entender bem o fundamento da ideia de Clark, é preciso voltar a Malthus. O ensaio de Malthus causou um profundo efeito em Charles Darwin. Foi dele que Darwin extraiu o princípio da seleção natural, o mecanismo central da teoria da evolução. Se as pessoas estavam em dificuldades, à beira da fome, competindo pela sobrevivência, então a menor vantagem seria decisiva, percebeu Darwin, e o portador dessa vantagem iria transmiti-la a seus filhos. Esses filhos e sua descendência prosperariam, enquanto os demais pereceriam.

Darwin escreveu em sua autobiografia:

> Em outubro de 1838, isto é, quinze meses depois de eu ter iniciado minha investigação sistemática, por acaso li, para distrair-me, o ensaio de Malthus sobre a população, e, estando bem preparado para avaliar a luta pela existência, que continua por toda parte, por ter longa e continuamente observado os hábitos dos animais e das

TAXAS DE HOMICÍDIOS DE HOMENS NA INGLATERRA

POR ANO, DE 1190 A 2000, POR CADA 1.000 HABITANTES

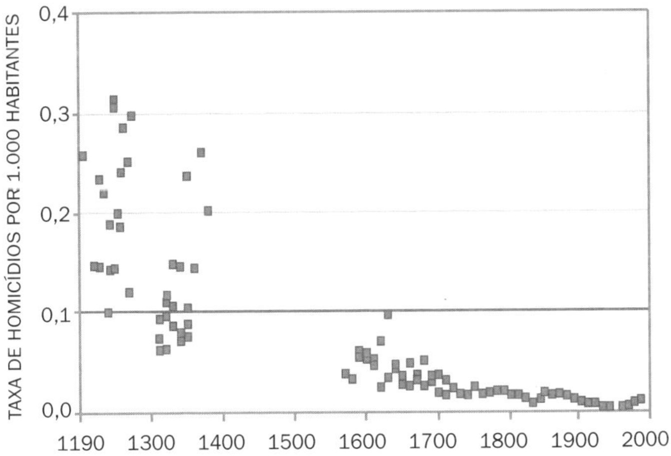

Fonte: Clark, Gregory. *A Farewell to Alms*, p. 127.

plantas, imediatamente chamou-me a atenção que, nessas circunstâncias, variações favoráveis tenderiam a ser preservadas, e as desfavoráveis tenderiam a ser destruídas. Disso resultaria a formação de uma nova espécie. E assim eu finalmente tinha obtido uma teoria com a qual trabalhar.

Considerando que a teoria de Darwin estava correta, não há motivo para duvidar de que a seleção natural estava operando naquela mesma população inglesa que oferecera os indícios para a sua confirmação. A questão crucial, portanto, é saber quais traços exatamente estavam sendo selecionados.

TAXA DE ALFABETIZAÇÃO DE HOMENS E MULHERES NA INGLATERRA
EM %, DE 1580 A 1920

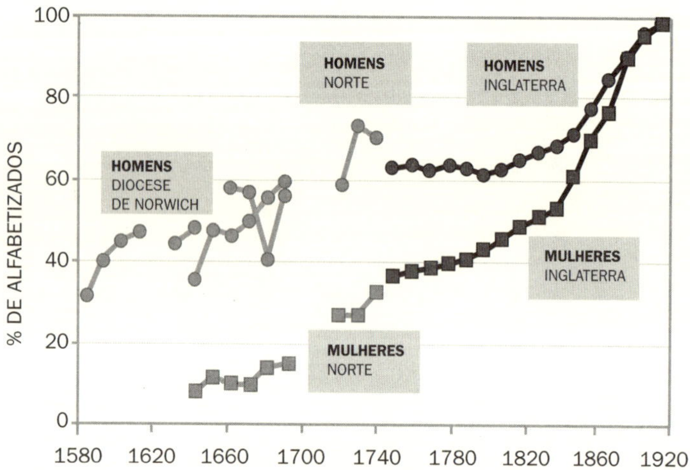

Fonte: Clark, Gregory. *A Farewell to Alms*, p. 179.

O fato é que Clark documentou quatro comportamentos que foram mudando de maneira constante na população inglesa entre 1200 e 1800, e também um mecanismo plausível de mudança. Os quatro comportamentos são a violência interpessoal, a alfabetização, a propensão a economizar e a propensão a trabalhar.

As taxas de homicídios de homens, por exemplo, caíram de 0,3 por 1.000 em 1200 para 0,1 por 1.000 em 1600 e para cerca de um décimo disso em 1800.[3] Mesmo a partir do começo desse período, o nível de violência pessoal estava bem abaixo do das modernas sociedades caçadoras-coletoras. Taxas de 15 homicídios por 1.000 homens foram registradas entre os índios aché do Paraguai.

As taxas de alfabetização podem ser estimadas a partir da proporção de pessoas que escrevem seus nomes em documentos, como certidões de casamento e documentos judiciais, em vez de assinar com um X. A taxa de alfabetização entre os homens ingleses aumentou constantemente de cerca de 30% em 1580 para mais de 60% em 1800. A taxa de alfabetização entre as mulheres inglesas começou de uma base menor – cerca de 10% em 1650 –, mas em 1875 já era igual à dos homens.[4]

As horas de trabalho aumentaram ao longo do período e as taxas de juros caíram. Quando se subtrai a inflação e o risco, uma taxa de juros reflete a compensação que uma pessoa pedirá para adiar a gratificação imediata ao postergar de agora para uma data futura o consumo de um bem. Economistas chamam essa atitude de preferência temporal e os psicólogos, de gratificação adiada. Dizemos que as crianças, que em geral não são muito boas em retardar a gratificação, possuem uma preferência temporal alta. No famoso teste do *marshmallow*, o psicólogo Walter Mischel testou a preferência de crianças pequenas quanto a receber um *marshmallow* imediatamente ou dois em quinze minutos. Essa decisão simples acabou mostrando ter consequências de longo alcance: as crianças capazes de esperar a recompensa maior tiveram pontuações maiores no SAT e maior competência social na vida adulta. As crianças possuem uma preferência temporal alta, que diminui à medida que elas crescem e desenvolvem mais autocontrole. As crianças americanas de seis anos, por exemplo, possuem uma preferência temporal de cerca de 3% por dia, ou de 150% por mês; é essa a recompensa a mais que precisa ser oferecida para retardar a gratificação imediata. As preferências temporais também são altas entre os caçadores-coletores.

As taxas de juros, que refletem as preferências temporais de uma sociedade, foram muito altas – cerca de 10% – desde as épocas históricas mais antigas e em todas as sociedades antes de 1400 para as quais há dados. As taxas de juros então entraram em um período de declínio constante, chegando a cerca de 3% em 1850. Como a inflação e outras pressões nas taxas de juros estavam quase totalmente ausentes, afirma Clark, sua queda sugere que as pessoas estavam ficando menos impulsivas, mais pacientes e mais dispostas a poupar.

Essas mudanças comportamentais na população inglesa entre 1200 e 1800 foram essenciais em termos econômicos. Elas pouco a pouco transformaram uma população camponesa violenta e indisciplinada em uma força de trabalho eficiente e produtiva. Aparecer pontualmente para trabalhar todos os dias e suportar oito horas ou mais de trabalho repetitivo está longe de ser um comportamento natural humano. Os caçadores-coletores não abraçam voluntariamente essas ocupações, mas as sociedades agrárias desde o início exigiram disciplina para a lavoura e a colheita. Provavelmente, comportamentos disciplinados estavam em evolução em meio à população agrária inglesa muitos séculos antes de 1200, o momento em que eles podem ser documentados.

O crescimento na eficiência produtiva faz toda a diferença para o rendimento econômico, do qual dependem a prosperidade e a sobrevivência de uma população. Em 1760, bem quando a Revolução Industrial estava prestes a eclodir, eram necessárias dezoito horas de trabalho para transformar uma libra de algodão em pano. Um século depois, apenas uma hora e meia era necessária.[5]

Tecnologias melhores desempenharam um grande papel no aumento da eficiência. Não foram tanto as grandes invenções amadas pelos historiadores, como a *water frame** de Richard Arkwright ou a *spinning jenny*** de James Hargreaves, que fizeram a diferença, mas um fluxo constante de melhorias graduais à medida que os trabalhadores usufruíam de um crescente fundo de conhecimento técnico comum e o superavam.

* Máquina de fiar movida por uma corrente de água. [N.T.]

** Máquina de fiar hidráulica, capaz de produzir mais de um fio ao mesmo tempo. [N.T.]

NÚMERO DE FILHOS SOBREVIVENTES
EM RELAÇÃO AO VALOR DOS BENS DA PESSOA QUE DEIXOU TESTAMENTO, EM LIBRAS

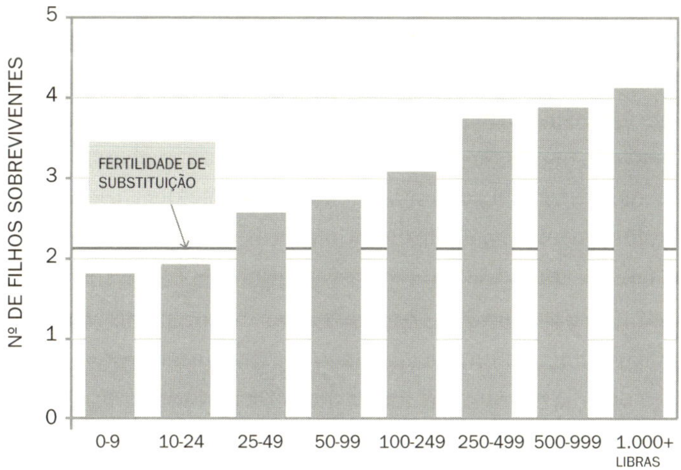

Fonte: Clark, Gregory. *A Farewell to Alms*, p. 116.

Clark descobriu o mecanismo genético simples por meio do qual a economia malthusiana produziu essas mudanças na população inglesa: os filhos dos ricos sobreviviam mais do que os dos pobres. A partir de um estudo de testamentos feitos entre 1585 e 1638, ele verifica que aqueles que deixam em testamento 9 libras ou menos tinham, em média, apenas dois filhos. O número de herdeiros aumentava junto com os bens, de modo que os homens com mais de 1.000 libras em seu testamento, que formavam a classe mais rica em bens, deixavam em média pouco mais de quatro filhos.

O tamanho da população inglesa permaneceu bastante estável entre 1200 e 1760. Nesse contexto, o fato de que os ricos estavam tendo mais filhos do que os pobres levou ao interessante fenômeno da ininterrupta descensão social. A maior parte dos filhos dos ricos tinha de cair na escala social, considerando que eles eram numerosos demais para permanecer na classe superior.

Sua descensão social teve a profunda consequência genética de que eles levavam consigo a herança dos mesmos comportamentos que tinham enriquecido seus pais. Os valores da classe média alta – não violência, alfabetização, poupança e paciência – foram assim infundidos em classes econômicas inferiores e espalharam-se pela sociedade. Geração após geração, eles pouco a pouco tornaram-se os valores da sociedade como um todo. Isso explica a diminuição constante da violência e o aumento na alfabetização que Clark documentou na população inglesa. Além disso, os comportamentos surgiram gradualmente ao longo de vários séculos, curso de tempo mais típico de uma mudança evolutiva do que de uma mudança cultural.

Que uma mudança profunda no comportamento social humano tenha evoluído em apenas poucos séculos pode parecer surpreendente, mas é perfeitamente possível à luz dos experimentos realizados por Dmitry Belyaev na área da domesticação (seus experimentos de criação de ratos mais mansos e mais ferozes foram mencionados no capítulo "As origens da natureza social humana"). Belyaev era um cientista soviético que acreditava na evolução apesar das perspectivas antigenéticas de Trofim Lysenko, que à época eram doutrina oficial na União Soviética. Em uma instituição remota em Novosibirsk, ele começou a testar sua teoria de que os pecuaristas antigos tinham domesticado os animais selvagens a partir de um único critério: a mansidão. Todos os diversos outros traços que distinguem animais domésticos de seus antepassados selvagens – crânios mais finos, faixas de cabelo branco, orelhas dobráveis – vieram na esteira da seleção pela mansidão, supunha Belyaev.

Ele começou selecionando raposas prateadas segundo a mansidão, fazendo a aposta formidável de que ainda em sua vida veria uma mudança que os antigos fazendeiros poderiam ter levado centenas de anos para realizar. Porém, em oito gerações, Belyaev tinha criado raposas prateadas que toleravam a presença humana. Apenas quarenta anos depois do começo do experimento, com 30 a 35 gerações de criação, as raposas eram mansas e obedientes como cães. E, assim como Belyaev previra, as raposas mais mansas tinham faixas brancas no pelo e orelhas caídas, ainda que a seleção não tivesse buscado esses traços.[6]

O trabalho de Belyaev, que só ficou conhecido fora da União Soviética depois de 1999, demonstrou a rapidez com que uma profunda mudança evolutiva pode ocorrer. Presumindo 25 anos por geração, teria havido 24 gerações entre 1200 e 1800, tempo bastante para uma mudança significativa no comportamento social se a pressão da seleção natural tiver sido suficientemente intensa.

Em um sentido mais amplo, essas mudanças de comportamento foram apenas algumas das muitas que ocorreram à medida que a população inglesa se adaptava a uma economia de mercado. Os mercados exigiam preços e símbolos e recompensavam a alfabetização, a compreensão matemática e aqueles que conseguiam pensar de maneira simbólica. "As características da população estavam mudando por meio da seleção darwiniana", escreve Clark. "A Inglaterra achou-se na vanguarda por causa de sua história longa e pacífica, que remontava pelo menos a 1200 e provavelmente a muito antes. A cultura da classe média espalhou-se pela sociedade por mecanismos biológicos."[7]

Os historiadores econômicos tendem a ver a Revolução Industrial como um evento relativamente súbito e a considerar que seu trabalho consiste em revelar as condições históricas que precipitaram essa imensa transformação na vida econômica. Porém, eventos profundos costumam ter causas profundas, sugerindo que a Revolução Industrial tenha sido causada provavelmente não por acontecimentos do século anterior, mas por mudanças no comportamento econômico humano que foram se processando lentamente nas sociedades agrárias ao longo dos últimos 10 mil anos.

Isso explicaria, é claro, por que as práticas da Revolução Industrial foram adotadas com tanta facilidade por outros países europeus, pelos Estados Unidos e pela Ásia oriental, cujas populações viviam em economias agrárias e tinham evoluído sob as mesmas duras restrições do regime malthusiano. É improvável que, isoladamente, algum recurso ou mudança institucional – os suspeitos de sempre na maioria das teorias sobre a Revolução Industrial – tenha se manifestado nesses países por volta de 1760, e, de fato, nenhum se manifestou.

Isso nos deixa com a pergunta de por que a Revolução Industrial foi percebida como algo súbito e por que ela surgiu primeiro na Inglaterra e não nos muitos outros países em que as condições estavam maduras. A resposta de Clark a essas duas questões está no súbito surto de crescimento da população inglesa, que triplicou entre 1770 e 1860. Foi esse surto alarmante que levou Malthus a escrever seu ensaio premonitório sobre a população.

Porém, ao contrário da funesta previsão de Malthus de que haveria uma enorme queda populacional induzida pelo vício e pela fome, o que teria sido verdadeiro em qualquer estágio anterior da história, nessa ocasião as rendas aumentaram, anunciando a primeira fuga de uma economia da armadilha malthusiana. As rendas cresceram porque desde 1600 a eficiência da produção da economia inglesa tinha se elevado constantemente. Ela tinha chegado a um nível tal que, junto com o súbito crescimento populacional, aumentou visivelmente o rendimento da economia inglesa. Os trabalhadores ingleses contribuíram para esse fenômeno, observa secamente Clark, por sua labuta tanto em seu quarto como no chão da fábrica.

O aumento populacional que fez com que a Inglaterra saísse da armadilha malthusiana foi, na visão de Clark, um acontecimento não relacionado. Ele não contribuiu para causar a fuga, mas apenas ampliou um processo que já estava em curso. Clark o atribui à percepção das mulheres de que os riscos um dia consideráveis de morte no parto tinham diminuído bastante desde o século XVII. Em 1650, uma mulher com o número médio de filhos tinha uma chance de 10% de morrer no parto. Em 1650, 20% das mulheres não se casavam, e a percepção do risco que havia em fazê-lo teria sido um fator dissuasivo racional. No começo do século XVIII, da proporção de solteironas tinha caído para 10%. Isso e a tendência a casamentos mais jovens levaram a um aumento de 40% da fertilidade inglesa entre 1650 e 1800.[8]

A tese de Clark distancia-se consideravelmente das visões mais comuns entre historiadores econômicos e economistas políticos, os quais, em sua maioria, procuram nas instituições a explicação de grandes questões como a pobreza mundial e a Revolução Industrial, ainda que cada qual tenha uma resposta favorita diferente, sejam os direitos de propriedade intelectual, o Estado de direito ou a democracia parlamentar. Clark descarta toda essa categoria de explicações, considerando-a insuficiente. Muitas sociedades antigas, diz ele, tinham todas as precondições do crescimento econômico que qualquer economista do Banco Mundial teria desejado – mas nenhuma dessas sociedades cresceu. "Os historiadores econômicos", escreve, "habitam portanto um estranho mundo da fantasia. Seus dias são dedicados a provar uma visão de progresso que todos os estudos empíricos sérios da área contradizem". Estão, portanto, "presos nessa espiral da morte, que vai se comprimindo cada vez mais".

O livro de Clark teve grande repercussão e previsivelmente, considerando sua heterodoxia, muitas resenhas foram desfavoráveis. Alguns resenhistas descartaram a tese de Clark tão peremptoriamente quanto ele tinha descartado as deles. Muitos discordavam de sua afirmação de que a Inglaterra, antes da Revolução Industrial, vivia em um verdadeiro regime malthusiano, uma questão controversa entre os historiadores econômicos. Outros questionavam as contas de Clark para a riqueza humana antes da agricultura, que precisa ser inferida a partir dos caçadores-coletores existentes hoje. Independentemente de como as questões estritamente econômicas possam ser resolvidas, houve relativamente poucos ataques ao mecanismo de mudança evolutiva proposto por Clark, a capacidade dos ricos de deixar mais filhos vivos, que então espalhariam seus genes e seu comportamento pela população, à medida que alguns deles desciam de posição social.

Clark desde então corroborou esse mecanismo arquitetando um modo independente de verificá-lo, baseado na prevalência de sobrenomes. Os sobrenomes, passados de pai a filho, propagam-se efetivamente como o cromossomo Y. Eles rastreiam genes masculinos, pressupondo-se que as esposas sejam fiéis e que ninguém seja adotado, mas os casos de não paternidade e de adoção eram raros na Inglaterra medieval. Clark escolheu, dos registros ingleses de 1560 a 1640, dois conjuntos de sobrenomes raros, como Banbricke, Cheveney, Reddyforde, Spatchet e Tokelove. Um conjunto pertencia a homens ricos o bastante para deixar testamento, o outro a pessoas acusadas nos tribunais de Essex de arrombamentos de casas, de caça e pesca ilegal e de crimes violentos, pessoas, portanto, que supostamente estavam entre os mais pobres.

No caso de sobrenomes raros, uma grande fração dos detentores normalmente será aparentada. Clark viu que suas famílias ricas sobreviviam ao longo das gerações muito melhor do que as pobres. Em 1851, apenas 8% dos sobrenomes mais ricos do período 1560-1640 tinham desaparecido, mas 21% dos sobrenomes de acusados não existiam mais. Os pobres têm um risco maior de ser apagados do *pool* genético.

Todavia, verificou Clark, uma elite rica permanente não necessariamente sobrevive para sempre. Antes, houve considerável mobilidade social na sociedade inglesa. Muitos dos sobrenomes raros que entre 1560 e 1640 pertenciam a famílias ricas em 1851 pertenciam a pessoas de ocupações de renda média ou inferior, ao passo que alguns dos sobrenomes de acusados do período anterior tinham se aristocratizado.

“Os indícios dos sobrenomes confirmam uma seleção permanente na Inglaterra pré-industrial dos genes daqueles economicamente bem-sucedidos e contra os genes dos pobres e dos criminosos”, conclui Clark. “Seu maior sucesso reprodutivo teve um impacto permanente na composição genética da população posterior.”[9]

Os dados de Clark apresentam evidências significativas de que a população inglesa respondia geneticamente às fortes pressões de um regime malthusiano e que as mudanças em seu comportamento social de 1200 a 1800 foram moldadas pela seleção natural. O ônus da prova certamente se transfere para aqueles que talvez queiram afirmar que a população inglesa estava miraculosamente isenta das mesmas forças de seleção natural cuja existência ela tinha sugerido a Darwin.

MUDANÇAS EVOLUTIVAS NA CHINA

Na China, não existem dados equivalentes para rastrear as mudanças no comportamento social ao longo das gerações. Porém, a população passou claramente a sofrer uma intensa pressão malthusiana à medida que a densidade populacional aumentava. Entre 1350 e 1850, a população expandiu-se de 65 milhões para 430 milhões. Os únicos freios ao crescimento eram as restrições malthusianas da alta mortalidade infantil e da má nutrição, que reduzia a fertilidade. O infanticídio feminino era um dos principais meios de controle de natalidade, com o resultado de menos homens conseguirem encontrar esposas.

A dureza da lida não era abrandada pelos costumes chineses ligados à herança, segundo os quais os bens seriam divididos igualmente entre os filhos homens do proprietário. Uma família camponesa ligeiramente rica poderia voltar à pobreza porque cada filho tinha de começar com uma faixa de terra muito menor. “A cada geração, alguns poucos que tivessem sorte ou que fossem capazes poderiam subir, mas uma vasta multidão sempre caía, e aquelas famílias próximas da base simplesmente desapareciam do mundo", escreve o ensaísta Ron Unz.[10]

Uma família de sucesso poderia manter sua posição econômica ao longo do tempo, observa Unz, "somente se a cada geração grandes quantidades de riqueza adicional fossem extraídas de suas terras e das de seus vizinhos com grande inteligência, agudo faro para os negócios, trabalho duro e forte diligência".

Ainda que muitas famílias pobres perecessem, também havia movimento na outra direção. Dentro de sua estrutura autoritária, a sociedade chinesa era razoavelmente meritocrática. Os concursos para o mandarinato eram em princípio abertos a qualquer homem adulto. Os registros disponíveis das dinastias Ming (1368-1644) e Qing (1644-1912) mostram que mais de 30% daqueles que detinham o mais alto grau mandarim vinham de famílias plebeias.

Que efeito tiveram essas forças na moldagem da genética e do comportamento social da população chinesa? Houve evidentemente uma forte pressão seletiva por habilidades de sobrevivência, considerando que os indivíduos mais pobres de cada geração eram eliminados. Aqueles que trabalhavam duro, que tinham as devidas habilidades e faziam escolhas inteligentes conseguiam ir da base da sociedade até o topo em muitas gerações. Com a riqueza de um alto oficial, eles podiam criar mais filhos, ampliando seus genes bem-sucedidos antes que seus descendentes diminuíssem de status.

Apesar de a classe mandarim poder à primeira vista ser considerada pequena demais para ter exercido qualquer impacto genético em uma população numerosa, o sistema de concursos funcionou por muitas gerações e em uma população inicialmente bem menor do que a de hoje. O sistema, ainda que em forma rudimentar, foi instituído em 124 a.C. pelo imperador Wu. Ao longo de muitas gerações, ele teria disseminado pela sociedade os valores da classe superior, à medida que os filhos mais numerosos dos mais ricos desciam para as camadas sociais mais baixas.

Os concursandos, porém, não ganhavam pontos por originalidade. As provas se baseavam na memorização pura e simples de clássicos chineses e em comentários formalizados sobre o texto. "É óbvio que esse sistema de exames universais, baseado em questões criadas por um conselho de veteranos da burocracia, estabeleceu uma extraordinária uniformidade de atitude e de opiniões", escreve o sociólogo da ciência Toby Huff.[11] O efeito provável do sistema foi a seleção de memória excelente, grande inteligência e conformidade inabalável.

A cada ciclo, a população chinesa ficava mais rica em capacidades de sobrevivência. Ao mesmo tempo, regimes autoritários reprimiam impiedosamente a dissensão, exatamente como fazem hoje. Tal conjunto de pressões pesou sobre a população por 2 mil anos, ou cerca de oitenta gerações, com o resultado evolutivo que fez dos chineses uma população característica. Grande inteligência pode ser um dos comportamentos moldados pelo regime malthusiano chinês – os chineses pontuam acima dos europeus em testes de QI (mas também os coreanos e os japoneses). Outro traço pode ser a conformidade.

O LONGO ARCO DA DOMESTICAÇÃO

O aburguesamento da população inglesa entre 1200 e 1800 é uma fatia minúscula, por acaso documentável, de um longo processo evolutivo que começou nas brumas da última Era Glacial. Esse processo foi a civilização dos nossos ancestrais remotos, com bandos nômades de ariscos coletores transformando-se em pessoas pacíficas o bastante para viver juntas sedentariamente.

O processo pode ser chamado de domesticação porque, a julgar pelos indícios dos vestígios fósseis humanos, parece ter ocorrido em paralelo à domesticação das espécies animais pelos primeiros agricultores. Como já dissemos, os crânios e os esqueletos humanos de cerca de 40 mil anos atrás ficaram mais leves e menos robustos, como se seus proprietários não estivessem mais brigando o tempo todo entre si e pudessem dar-se ao luxo de ter estruturas ósseas mais leves.

Esse aligeiramento do osso, um processo de base genética, pode ser verificado nos restos fósseis de espécies como os porcos e o gado à medida que iam sendo domesticadas a partir de seus antepassados selvagens. Nas pessoas, esse processo, chamado de gracilização, ocorreu de maneira independente em cada uma das populações mundiais, de acordo com a antropóloga física Marta Mirazón Lahr.[12] Todas as populações seguiram essa tendência, exceto duas nas extremidades da diáspora humana, os fueguinos na extremidade inferior da América do Sul e os aborígenes da Austrália. A gracilização do crânio é mais pronunciada nos africanos subsaarianos e nos asiáticos orientais, com os europeus retendo uma robustez considerável.[13]

Nos animais domésticos, a gracilização é um dos efeitos colaterais do processo de amansamento. O processo geral é conhecido como evolução pedomórfica, isto é, a tendência para a forma juvenil. Assim, o crânio e os dentes de um cachorro são menores do que os de um lobo, e o formato do crânio se assemelha ao de um lobo ainda em sua infância.

A gracilização dos crânios humanos, observa o primatologista Richard Wrangham, é em tudo semelhante à gracilização vista nos animais domésticos. Se esse é um efeito colateral da domesticação também nas pessoas, então quem exatamente as estava amansando? A resposta óbvia, sugere Wrangham, é que as pessoas deviam estar amansando a si mesmas, matando ou relegando ao ostracismo os indivíduos que eram imoderadamente violentos. Além disso, esse processo ancestral, na opinião dele, ainda está em andamento. "Acho que os indícios atuais são de que estamos no meio de um acontecimento evolutivo, no qual o tamanho dos dentes está diminuindo, o tamanho das mandíbulas está diminuindo, e é muito razoável imaginar que estamos continuando a nos amansar a nós mesmos", diz Wrangham.[14] Um sinal provável do fato de que as pessoas hoje são muito mais mansas do que seus antepassados é que as mandíbulas, cada vez menores, hoje não têm espaço para todos os dentes que foram programados para elas, por isso os sisos muitas vezes precisam ser removidos.

Outra intuição do processo de amansamento humano, de uma perspectiva muito diferente, foi desenvolvida pelo sociólogo Norbert Elias. Apesar de ter trabalhado à sombra da iminente Segunda Guerra Mundial, Elias tinha fascínio pelo declínio da violência na Europa desde a Idade Média. Ele estava preocupado não com guerras entre Estados, mas com a violência na vida cotidiana. Atribuía o declínio na violência pessoal a uma mudança psicológica de longo termo na população, a do crescimento do autocontrole.

Um ponto de partida para a análise de Elias foram os tratados medievais sobre a polidez, como o livro *Sobre a civilidade das crianças*, do erudito renascentista Erasmo. No século XVI, o comportamento social cotidiano dos europeus superava a grosseria. Era um mundo social em que os livros sobre etiqueta tinham de aconselhar as pessoas a não assoar o nariz na toalha da mesa, a não fungar nem lamber os beiços enquanto comiam. As pessoas comiam com as mãos, e o garfo era um estranho luxo. Elas assoavam o nariz sem usar guardanapo ou lenços. Faziam muitas necessidades corporais em público. Sua sensibilidade à dor alheia era mínima. Execuções públicas eram comuns, muitas vezes precedidas de tortura ou de desmembramento. Com os animais, as pessoas agiam com crueldade irrefletida.

Uma famosa festividade do dia de São João na Paris do século XVI consistia em queimar vivos doze gatos. O rei e a rainha costumavam estar presentes, cabendo ao rei ou ao delfim acender a pira. Os gatos eram então jogados de uma cesta suspensa diretamente nas chamas e a multidão se deliciava com seus gritos.

Escreve Elias:

> Certamente esse espetáculo não é pior do que a queima de hereges ou do que as torturas e as execuções públicas de todo tipo. Só parece

> pior porque o gozo em torturar criaturas vivas mostra-se em sua nudez e em sua falta de propósito, sem qualquer desculpa perante a razão. A repulsa que nos provoca a mera notícia dessa instituição, uma reação que deve ser considerada "normal" para o padrão atual de controle de afetos, demonstra outra vez a mudança de longo prazo na estrutura da personalidade.[15]

Elias afirmava que, entre as épocas medieval e moderna, a sociedade como um todo havia adquirido maior sensibilidade e modos mais delicados. Por trás desse processo civilizatório, acreditava ele, havia uma mudança psicológica, a aquisição de uma maior consciência de si e maior autocontrole. Ele atribuía essa mudança na estrutura da personalidade em parte à monopolização da força pelo Estado, isto é, os indivíduos tinham menos necessidade de recorrer à violência para a autodefesa, e em parte à maior interconexão entre as sociedades urbanas, que exigia que os indivíduos cada vez mais afinassem sua conduta com as dos outros, e assim moderassem seu comportamento.

Elias não conseguiu integrar números a seu raciocínio, mas estes foram oferecidos em profusão por um enorme levantamento sobre a violência ao longo das eras feito pelo psicólogo Steven Pinker. Ao contrário da crença amplamente disseminada de que o século XX foi mais violento do que qualquer outro, Pinker estabelece que, até onde vão os registros, tanto a violência pessoal quanto as mortes na guerra estão em queda constante.

Em termos de violência entre Estados, a porcentagem das pessoas que morreram em guerras é muito maior nas sociedades pré-estatais, a julgar pelas evidências da arqueologia e da antropologia, do que nos Estados que as sucederam. A taxa de mortalidade média nas sociedades pré-estatais é de 15%, mas tinha caído a meros 3% na primeira metade do século XX, período que inclui duas guerras mundiais.[16]

A violência pessoal também está em declínio constante. Entre 1200 e 2000, as taxas de homicídio por 100 mil habitantes caíram de cerca de 90 para pouco mais de 1 em cinco países europeus.[17] Paralelamente à queda na violência, temos indícios de um aumento geral na empatia com a dor alheia. As pessoas pararam de queimar mulheres suspeitas de bruxaria; na Inglaterra, a última bruxa foi queimada em 1716. A tortura judicial foi gradualmente abolida na Europa a partir de 1625.[18] Por fim, a empatia levou ao fim da escravidão.

Pinker acompanha Elias na ideia de que os principais motores do processo civilizatório foram o monopólio cada vez maior da força pelo Estado, que reduziu a necessidade de violência interpessoal, e os níveis maiores de interação propiciados pela urbanização e pelo comércio.

A segunda questão interessante é se a longa mudança em direção a um comportamento mais contido teve base genética. A gracilização dos crânios humanos antes de 15 mil anos atrás quase certamente teve, e Clark defende bem o argumento de que a transformação da população inglesa de rudes camponeses em industriosos cidadãos entre 1200 e 1800 foi uma continuação do processo evolutivo. A vasta compilação de indícios feita por Pinker sugere que a seleção natural agiu incessantemente para abrandar o temperamento humano, desde os primeiros tempos até a data mais recente para a qual existem dados significativos.

É essa a conclusão que Pinker assinala enfaticamente a seus leitores. Ele observa que é possível criar ratos mais agressivos em apenas cinco gerações, uma evidência de que o processo inverso pode acontecer com a mesma velocidade. Descreve os genes humanos, como a mutação MAO-A, promotora da violência, mencionada no capítulo "As origens da natureza social humana", que pode facilmente ser modulada para reduzir a agressão. Menciona que a violência é bastante herdável, como verificado em estudos de gêmeos, e que, portanto, deve ter base genética. Afirma que "nada exclui a possibilidade de que as populações humanas tenham passado por algum grau de evolução biológica nos últimos milênios, ou mesmo nos últimos séculos, muito depois de as raças, grupos étnicos e nações terem divergido".[19]

No entanto, no último instante, Pinker se desvia da conclusão, para a qual tinha apontado com tanta veemência, de que as populações humanas ficaram menos violentas nos últimos milhares de anos por causa da continuação da longa tendência evolutiva para menos violência. Ele observa que os psicólogos evolutivos, entre os quais ele se inclui, sempre sustentaram que a mente humana está adaptada às condições de 10 mil anos atrás e desde então não mudou.

Porém, como muitos outros traços evoluíram mais recentemente ainda, por que o comportamento humano seria uma exceção? Bem, diz Pinker, se fosse assim, seria de uma terrível inconveniência política. "Haveria a incendiária implicação de que as populações aborígenes e imigrantes são menos biologicamente adaptadas às exigências da vida moderna do que as populações que viveram por milênios em sociedades letradas com Estado."[20]

Se uma tese será ou não será politicamente incendiária não deveria ter qualquer impacto para a estimativa de sua validade científica. Que Pinker levante essa questão em uma manobra diversionista de última hora é um reconhecimento explícito para o leitor dos riscos políticos que os pesquisadores, mesmo aqueles com sua estatura e independência, enfrentariam ao buscar a verdade longe demais.

Mudando de direção, Pinker então afirma que não existem indícios de que o declínio na violência ao longo dos últimos 10 mil anos seja uma mudança evolutiva. Para chegar a essa conclusão oficial, ele é obrigado a questionar as evidências reunidas por Clark de que essa mudança realmente aconteceu. Porém, ele as questiona com um conjunto de argumentos que não parecem tão decisivos. O mecanismo proposto por Clark para a disseminação dos valores da classe média baseia-se no fato de que os ricos, até recentemente, tinham mais filhos que sobreviviam do que os pobres. Pinker objeta que isso era verdade em todas as sociedades, não só naquela que depois zarpou para a Revolução Industrial. Mas é exatamente isso que a tese de Clark demanda que aconteça para que a Revolução Industrial se espalhe para outros países. O mecanismo era uma precondição para a Revolução Industrial em todos os lugares onde ela ocorreu. O gatilho específico da Inglaterra, que explica por que ela começou ali e não em nenhum dos outros lugares possíveis na Europa e na Ásia oriental, foi um súbito *boom* populacional.

Pinker observa que os países sem uma história recente de seleção de valores de classe média, como a China e o Japão, podem atingir taxas espetaculares de crescimento econômico. Porém, esses dois países tinham sido por muito tempo economias agrárias operando, como a Inglaterra, sob restrições malthusianas que favoreciam a sobrevivência daqueles que trabalhavam muito e poupavam muito. Eram apenas as barreiras institucionais que retardavam a transição desses países para economias modernas, e, assim que essas barreiras foram removidas, as duas economias cresceram enormemente. Por fim, Pinker nota que Clark não prova que os ingleses sejam inatamente menos violentos do que os habitantes dos países que não contaram com uma revolução industrial. Essa crítica parece injusta, se se leva em conta que os genes subjacentes à violência são em sua maioria desconhecidos. Mesmo assim, a taxa de homicídios nos Estados Unidos, na Europa, na China e no Japão é de menos de 2 por 100 mil pessoas, ao passo que na maioria dos países africanos ao sul do Saara ela excede 10 por 100 mil, diferença que não prova, mas que certamente abre espaço para uma contribuição genética para a violência maior no mundo menos desenvolvido.[21]

A prova definitiva da tese de Clark seria a descoberta dos novos alelos que mediaram o comportamento social necessário para que europeus e asiáticos orientais fizessem a transição para economias modernas. Porém, os genes relacionados são provavelmente muitos, cada qual com um efeito pequeno e quase indetectável, por isso talvez décadas sejam necessárias antes que algum venha à tona.

Por enquanto, sua tese de uma mudança evolutiva oferece um vigoroso esquema explicativo para a compreensão das sociedades modernas, especialmente quando combinada com a compreensão das instituições políticas desenvolvida por Fukuyama. Os países que não concluíram a transição para Estados modernos retêm a condição-padrão dos sistemas políticos humanos, isto é, o tribalismo.

SOCIEDADES TRIBAIS

A África e boa parte do Oriente Médio permanecem sociedades principalmente tribais. O tribalismo tem má fama porque a organização tribal é incompatível com a organização de um Estado moderno. Não obstante, trata-se de um modo impressionantemente engenhoso de garantir um certo grau de ordem social sem governo, sem tribunais, sem polícia e sem legislação escrita.

No Oriente Médio árabe, o tribalismo se baseia na ideia de proteção do grupo. Quando o governo não oferece o sistema jurídico em que o cidadão pode procurar a justiça e tê-la assegurada, as pessoas acabam dependendo dos parentes. Uma pessoa que sofra um dano vai procurar o apoio dos familiares contra o indivíduo que causou o dano. O grupo de aparentados pode ser apenas a família, a família estendida ou a tribo inteira, dependendo da dimensão da disputa. Um grupo de tamanho similar forma-se em torno do homem acusado. Pode haver hostilidades, mas os dois grupos opostos têm muitas motivações para chegar a um acordo, pois de modo geral são em mesmo número, cada qual tendo muitos membros com parentes no outro grupo. Os direitos do indivíduo ficam assim protegidos, mas pela ameaça da força, não pelo apelo à lei ou a algum processo judicial formal.

O que faz o sistema funcionar é o dever que cada indivíduo sente de apoiar seu grupo contra os outros, não importando qual seja o custo pessoal. Se um membro não apoiar sua família ou sua tribo em um impasse, sofrerá com a desonra e poderá perder o futuro apoio do grupo à sua própria causa.

O sistema tribal é igualitário, individualista e assegura a reparação de prejuízos com um mínimo de burocracia. Apesar desses méritos extraordinários, ele tem graves falhas. Depende da força e da lealdade ao grupo, não da lei. As crianças aprendem desde pequenas que seu grupo está sempre certo e deve ser apoiado em qualquer circunstância. Os adultos seguem a regra ancestral: apoiar o grupo mais próximo de parentes contra os grupos mais distantes. Em termos de política nacional, o espírito de tribalismo leva a "monopólio de poder, opressão impiedosa dos oponentes e acúmulo de benefícios", escreve Philip Salzman, antropólogo da Universidade McGill que estuda tribos nômades. "Trata-se, em suma, de uma receita de despotismo, de tirania."[22]

O Oriente Médio, claro, não é inteiramente tribal. Nele existem grandes populações urbanizadas. Porém, os governos do Oriente Médio, na visão de Salzman, seguem o padrão otomano tradicional de ser em grande parte predatórios. Cobram impostos mas oferecem poucos serviços, exceto proteger os cidadãos extorquidos de outros predadores. Muitas pessoas ainda dependem do sistema tribal para obter justiça, porque o governo não oferece nenhuma.

A ausência de instituições modernas levou à estagnação econômica. Não houve crescimento econômico na região no quarto de século posterior a 1980.[23] Os países árabes podem ter desenvolvido a forma das instituições ocidentais, mas a prática ainda lhes escapa. "Todos os países árabes precisam ampliar e aprofundar os processos democráticos para capacitar os cidadãos a participar da elaboração das políticas públicas em pé de igualdade", escrevem os autores árabes de um relatório da ONU sobre o desenvolvimento árabe. "Um sistema político controlado pelas elites, por mais ornado que esteja de aparatos democráticos, não produzirá resultados que levem à segurança humana para todos os cidadãos", preveem.[24]

A questão de por que o tribalismo persistiu no Oriente Médio mas não na Europa tem muito a ver com a natureza dos impérios Bizantino, Árabe e Otomano que governaram a região nos últimos dois milênios. Nenhum deles estava muito preocupado com o bem-estar de seus cidadãos. O Império Bizantino cobrava altos impostos e era vastamente impopular, o que explica o sucesso do Império Árabe quando o Império Bizantino cambaleou. O interesse prioritário das dinastias omíada e abássida, que se seguiram aos bizantinos no governo do Oriente Próximo, era a expansão constante das possessões islâmicas. O Império Otomano, que acabou por tomar o lugar dos árabes, era uma pura máquina de pilhagem. Ele precisava continuamente fazer novas conquistas e depredações para pagar os soldados dos quais seu domínio dependia. Em tais circunstâncias, a segurança das pessoas e da propriedade foi constantemente baixa por muitos séculos. Não havia nada equivalente à firme engrenagem que na Inglaterra permitiu que os menos violentos e mais letrados prosperassem e deixassem mais filhos que eram como eles próprios. Como sempre foi mais racional para seus habitantes confiar mais na tribo do que no Estado, no Oriente Médio o tribalismo nunca desapareceu.

Na África, também, o tribalismo persistiu, interagindo mal com o mundo moderno. Em grande parte do continente, a forma padrão de governo é a cleptocracia; quem quer que obtenha poder usa-o para enriquecer sua família e sua tribo, e essa é a maneira como o poder sempre foi usado em sistemas tribais. As instituições extrativistas, como definidas por Acemoğlu e Robinson, são predominantes na África, particularmente em países ricos em recursos naturais.

Apesar de quantidades substanciais de assistência ocidental, muitos países africanos estão só um pouco melhores do que estavam sob o domínio colonial. A corrupção está por toda parte. Muitas ajudas para os pobres são sugadas por elites que deixam apenas migalhas para os destinatários originais. Alguns países africanos hoje possuem uma renda per capita menor do que a que tinham em 1980, ou, em alguns casos, em 1960. "Metade dos 800 milhões de habitantes da África vive com menos de um dólar por dia", escreve o jornalista e historiador Martin Meredith. "É a única região em que a matrícula nas escolas diminui e em que o analfabetismo ainda é comum. [...] Também é a única região em que a expectativa de vida está caindo."

A raiz do problema, segundo Meredith, é que os líderes africanos não ofereceram governos eficientes. "A África sofreu terrivelmente nas mãos de seus *Big Men** e de suas elites governantes", escreve. "Sua preocupação é, acima de tudo, manter o poder com o propósito de enriquecer. [...] Boa parte da riqueza que eles adquiriram foi esbanjada em uma vida faustosa ou guardada em bancos no exterior e em investimentos estrangeiros. O Banco Mundial estima que 40% da riqueza privada africana está no exterior. A competição deles por riqueza gerou uma cultura de corrupção que permeia todos os níveis da sociedade."[25]

Tão séria quanto a fuga de capitais é a fuga de pessoas capazes e bem formadas. "O pedido mais comum a um visitante branco à África hoje em dia, feito especialmente pelos jovens, é por ajuda para obter um visto para a Europa ou para os Estados Unidos. Há notícias de que 70 mil pessoas capacitadas fogem do continente a cada ano", escreve o jornalista Richard Dowden.[26]

A África ao sul do Saara é assolada frequentemente por violência, com cerca de um terço de seus países envolvidos atualmente em conflitos. O Sudão, desde sua independência em 1956, é refém de uma série de guerras civis. O Congo é uma região de miséria sem fim. A Nigéria, amaldiçoada com petróleo, é um mar de corrupção marcado por disputas religiosas e regionais.

* *Big Man* (plural *Big Men*), ou "Homem Grande", é uma expressão da antropologia que designa um indivíduo influente dentro de uma tribo. [N.T.]

Apesar de todos esses graves problemas, o PNB da região recentemente começou a crescer, expandindo-se a uma taxa média de 4,7% ao ano entre 2000 e 2011. Ainda que o aumento do PNB mascare a extrema desigualdade que ainda persiste, há diversas tendências de longo prazo que sugerem um crescimento sustentável. A superpopulação não costuma ser vista como uma bênção, mas a pressão demográfica desempenhou um papel fundamental na urbanização da Europa e da Ásia oriental, ainda que, até agora, não da África. Isso, porém, pode estar prestes a mudar. "Nenhum país ou região", dizem dois economistas do Banco Mundial, Shantayanan Devarajan e Wolfgang Fengler, "jamais chegou àquilo que o Banco Mundial considera um status de alta renda com níveis baixos de urbanização. As populações africanas tradicionalmente são em sua maioria rurais, mas as cidades da África subsaariana estão crescendo a uma velocidade impressionante". A projeção deles é que daqui a vinte anos a maior parte da população da região seja urbana, como no resto do mundo.[27]

A urbanização e a construção de impérios geraram as primeiras civilizações no Egito, na Mesopotâmia, na China e nas Américas. Se a África precisa tomar o mesmo rumo para criar Estados modernos é algo que não está claro, longe disso. Porém, fortíssimas pressões estão visivelmente operando no continente, e as pessoas vão adaptar-se a elas. Essas adaptações podem incluir uma redução do tribalismo.

Se gerir uma economia produtiva, ao estilo ocidental, fosse apenas uma questão de cultura, deveria ser possível para os países da África e do Oriente Médio importar as instituições e os métodos empresariais do Ocidente, como fizeram os países da Ásia oriental. Porém, a tarefa claramente não é tão simples. Antes era justificável culpar os males do colonialismo, porém duas gerações ou mais já passaram desde que a maioria das potências estrangeiras retirou-se da África e do Oriente Médio, de modo que a força dessa explicação em certa medida esvaiu-se.

O comportamento tribal é mais entranhado do que meras prescrições culturais. Sua longevidade e sua estabilidade apontam fortemente para uma base genética. Isso mal chega a surpreender, considerando que as tribos são a instituição social humana padrão. A natureza inata do tribalismo explica por que os asiáticos orientais e depois os europeus demoraram tantos milhares de anos para libertar-se de seu abraço fatal. Essa fuga é inesperada, não o fato de que as populações da África e do Oriente Médio até agora careceram da oportunidade de se desembaraçar da herança ancestral do comportamento político tribal.

A FUGA DO TRIBALISMO E DA POBREZA

São duas as principais exigências para a entrada no mundo industrial moderno. A primeira é desenvolver instituições que permitem que uma sociedade se liberte, ao menos em uma medida considerável, da instituição humana padrão, o tribalismo. O tribalismo, construído em torno de laços de parentesco, é incompatível com as instituições de um Estado moderno. A libertação do tribalismo provavelmente exige que uma população desenvolva comportamentos como níveis maiores de confiança em relação aos de fora da família ou da tribo. A segunda mudança evolutiva exigida é a transformação dos traços sociais de comportamento violento, imediatista e impulsivo, típico de muitas sociedades caçadoras-coletoras e tribais, em comportamento mais disciplinado e orientado para o futuro, tal como observado nas sociedades da Ásia oriental e, como registrou Clark, entre trabalhadores ingleses no começo da Revolução Industrial.

Ao olhar as três principais raças, é possível enxergar que cada qual seguiu um caminho evolutivo diferente ao adaptar-se a suas circunstâncias locais. Desde uma perspectiva evolutiva, nenhum caminho é melhor do que qualquer outro – o único critério de sucesso da natureza é o quão bem cada raça se adapta a seu ambiente local.

Consideremos primeiro os caucasianos, o agrupamento de populações que inclui os europeus, os habitantes do Oriente Médio e os povos do subcontinente indiano (os indianos e os paquistaneses). A maior parte dos países europeus seguiu a Inglaterra quase imediatamente em sua transição para a economia moderna. Suas populações, como a da Inglaterra, tinham abandonado o tribalismo no começo da Idade Média. Os europeus viveram por muito tempo nas mesmas economias malthusianas que Clark observou na Inglaterra. Em poucas décadas, todas tinham sido capazes de importar os métodos de produção ingleses e de desenvolver economias modernas. Assim, a Revolução Industrial não foi particularmente inglesa, considerando que a mudança evolutiva que a precedeu tinha ocorrido por toda a Europa e pela Ásia oriental. Por uma razão não relacionada – o surto populacional descrito anteriormente – a Revolução Industrial simplesmente manifestou-se primeiro na economia inglesa.

Por que a Revolução Industrial não se espalhou com a mesma velocidade para a China ou para o Japão, que pouco diferiam da Inglaterra em seus mercados de trabalho, de terras e de capitais? Clark diz que suas classes superiores eram menos fecundas do que suas contrapartidas inglesas, de modo que o motor que impulsionou a disseminação de valores burgueses pela população operava de maneira um pouco mais lenta na Ásia.[28] O historiador econômico Kenneth Pomeranz, por outro lado, afirma que havia poucas diferenças significativas entre a Europa e a China até que a Inglaterra, dispondo dos vastos recursos de suas colônias caribenhas e americanas, conseguiu escapar das limitações que cerceavam a China. Ele conclui:

> Forças de fora do mercado e conjunturas além da Europa merecem uma posição central na explicação de por que o núcleo europeu, que nada tinha de extraordinário, obteve avanços únicos e acabou sendo o centro privilegiado da nova economia mundial do século XIX, capaz de oferecer a uma população cada vez maior um padrão de vida sem precedentes.[29]

De um ponto de vista evolutivo, as populações tanto da Europa quanto da Ásia oriental foram preparadas pelas pressões seletivas de suas economias agrárias para escapar da armadilha malthusiana, e não faz muita diferença qual fator ou evento particular foi o gatilho para o início da transição. Parece mais provável que as instituições, e não a natureza humana, tenham sido o impedimento para o progresso da Ásia oriental. Os povos da China, do Japão e da Coreia estavam completamente prontos para abraçar a Revolução Industrial e as economias de mercado assim que as instituições necessárias se estabeleceram. No Japão, isso aconteceu depois da Restauração Meiji de 1868; na China, depois das reformas iniciadas por Deng Xiaoping após 1979.

Nas populações da Ásia oriental, a história realizou um instrutivo experimento de controle no caso da Coreia. Os coreanos do Norte e do Sul são provavelmente muito parecidos uns com os outros geneticamente, mas os norte-coreanos são pobres, ao passo que a Coreia do Sul se transformou em um tigre econômico pós-malthusiano, moderno e próspero. A diferença, claro, está não nos genes dos dois países, nem na geografia, mas no fato de que o mesmo conjunto de comportamentos sociais pode servir de base a instituições boas ou más. Antes de 1945, a Coreia era um único país. Depois da divisão, a Coreia do Norte instituiu um sistema coletivista e uma economia planejada gerida por uma elite hereditária. A Coreia do Norte carece de direitos de propriedade e de um sistema judicial confiável, o que desestimula as pessoas a investir no futuro, já que o Estado pode confiscar propriedades ao seu bel-prazer. Sua população não recebe educação, mas apenas propaganda estatal. A Coreia do Sul, em contrapartida, foi dirigida para uma economia de mercado por seus dois primeiros líderes autoritários.

Em 2011, os sul-coreanos tinham ficado quase dezoito vezes mais ricos do que seus antigos compatriotas da Coreia do Norte, com um PIB per capita estimado em 32.100 dólares, contra 1.800 dólares. "Nem a cultura, nem a geografia, nem a ignorância podem explicar os caminhos divergentes das Coreias do Norte e do Sul. A resposta deve ser procurada nas instituições", dizem Acemoğlu e Robinson em *Por que as nações fracassam.*[30]

O fato de que a China, o Japão e a Coreia do Sul desenvolveram economias modernas com tanta facilidade, uma vez que as instituições necessárias se estabeleceram, é uma evidência de que suas populações, como as da Europa, tinham passado por mudanças comportamentais equivalentes àquelas documentadas na Inglaterra.

Outro grande impacto na população chinesa teria sido a urbanização. As cidades são ambientes que recompensam a alfabetização, a manipulação de símbolos e redes profissionais de alta confiança. Com a urbanização prolongada, aqueles que dominaram as habilidades da vida nas cidades teriam tido mais filhos, e a população teria passado pelas mudanças genéticas que levam à adaptação à vida urbana. Nos países ocidentais, os ricos hoje tendem a ter menos filhos, e a China teve sua política do filho único. Ambas as circunstâncias preparam forças evolutivas distintas. Porém, até a época moderna, as populações tanto na Europa quanto na Ásia oriental foram parcialmente moldadas pela capacidade de os ricos criarem mais filhos que sobreviviam, outro exemplo do mecanismo irreversível da riqueza.

Passando à terceira das grandes raças, a população da África ao sul do Saara, a transição desses países para economias modernas mostrou-se consideravelmente mais lenta. A África é fortemente assolada pela pobreza, pela doença, pela guerra e pela corrupção. Apesar de copiosas quantidades de assistência estrangeira, seus padrões de vida não demonstraram aumentos substanciais em relação àqueles atingidos durante o domínio colonial. Um surto recente na atividade econômica em diversos países ainda não fechou o abismo cada vez maior entre eles e a Ásia oriental e a Europa.

Contudo, cinquenta anos atrás, os africanos eram tão pobres quanto muitos asiáticos orientais. Por que tem sido fácil para os asiáticos orientais fazerem a transição para economias modernas, mas dificílimo para os africanos?

Como discutido, uma razão é o tribalismo. Os países africanos não desenvolveram as instituições para substituir o tribalismo, um desenvolvimento essencial para um Estado moderno. As populações africanas não passaram pela mesma provação malthusiana que moldou o comportamento das populações europeia e asiática oriental. Na África, a pressão populacional há muito tempo é menor do que na Europa e na Ásia, provavelmente por causa dos solos pobres e dos climas adversos que restringiram a produção de alimentos. A formação do Estado, como mencionado, depende da guerra entre entidades políticas de tamanho considerável que são forçadas a competir por causa de limitações geográficas, como viver ao longo do vale fértil de um rio. Porém, até que as densidades populacionais tenham ficado tão altas que as pessoas se vejam sem muitas escolhas, uma guerra intensa, de larga escala, tem poucas chances de acontecer.

Até a época moderna, as populações na África permaneceram muito baixas, contidas pela doença e pela má vontade do solo em muitas regiões tropicais. Por falta de pressão demográfica, elas portanto escaparam da urbanização e da arregimentação a que as populações da Europa e da Ásia oriental estiveram sujeitas por muitas gerações.

Desde uma perspectiva evolutiva, as populações africanas estavam tão bem adaptadas a seu ambiente quanto aquelas da Europa e da Ásia aos delas. Populações pequenas, de organização frouxa, eram a resposta apropriada às condições difíceis do continente africano. Porém, elas não eram necessariamente adequadas para as economias de alta eficiência a que as populações europeia e asiática oriental tinham se adaptado. Dessa perspectiva, é compreensível que os países africanos demorem mais para fazer a transição para economias modernas.

Passando ao Oriente Próximo, essas populações fazem parte, junto com os europeus, do grupo caucasiano. No entanto, ao contrário dos europeus e dos asiáticos orientais, elas não tiveram a experiência formadora de viver em economias agrárias relativamente estáveis. Os impérios Bizantino, Árabe e Otomano, que dominaram a região nos últimos 1.500 anos, eram regimes predatórios, cujo propósito não era servir suas populações, e sim extrair riqueza delas para fortalecer a elite governante. Gerações desse regime habituaram as pessoas, muito racionalmente, a procurar apoio na família e na tribo, não no governo. E, sob essas condições, é difícil que o comportamento tribal ceda espaço aos comportamentos de maior confiança encontrados nas economias modernas. Os países do Oriente Próximo, particularmente os Estados árabes, ainda não desenvolveram instituições que permitam transcender o tribalismo e por isso enfrentam sérios obstáculos para realizar a transição para economias modernas.

Tais obstáculos, ao que tudo indica, estão mais no nível das sociedades e menos no das capacidades de seus membros individuais. Uma diáspora mundial de libaneses ricos e bem-sucedidos, por exemplo, prova o quanto eles podem ter sucesso fora do Líbano, situação similar à das comunidades chinesas no exterior durante os dois últimos séculos. A China, porém, desde então, conseguiu melhorar suas instituições mais facilmente do que o Líbano.

O PROBLEMA DO DESENVOLVIMENTO ECONÔMICO

A visão que os economistas geralmente sustentam do desenvolvimento econômico é que as pessoas têm pouco ou nada a ver com ele. Como todos os humanos são unidades idênticas que respondem da mesma maneira a incentivos, ao menos na teoria econômica, se um país é pobre e outro rico, a diferença não teria nenhuma ligação com as pessoas, devendo residir nas instituições ou no acesso a recursos. Basta uma oferta suficiente de capital e a imposição de instituições favoráveis aos negócios, e um robusto crescimento econômico certamente se seguirá. Fortes evidências desse efeito parecem ter sido apresentadas pelo Plano Marshall, que ajudou a reviver as economias europeias após a Segunda Guerra Mundial.

Com base nessa teoria, o Ocidente gastou cerca de 2,3 trilhões de dólares em assistência ao longo dos últimos cinquenta anos, sem conseguir melhorar os padrões de vida da África. Será que alguma coisa está errada na teoria? E se as unidades humanas das economias mundiais não forem tão completamente fungíveis quanto supõe a teoria econômica, com a consequência de que variações em sua natureza, como sua preferência temporal, sua ética de trabalho e sua propensão à violência, têm algum peso nas decisões econômicas que elas tomam?

Para explicar a discrepância entre teoria e prática, alguns estudiosos interessados em desenvolvimento começaram a sugerir que talvez, no fim das contas, as pessoas façam diferença. A sugestão deles é que a cultura desempenha um papel importante no comportamento econômico das pessoas.

No começo dos anos 1960, Gana e a Coreia do Sul tinham economias e níveis de PNB per capita similares. Cerca de trinta anos depois, a Coreia do Sul tornou-se a 14ª maior economia do mundo, exportando manufaturas sofisticadas. Gana estagnou, e o PNB per capita é quinze vezes menor do que o da Coreia do Sul. "Pareceu-me que a cultura tinha de ser uma parte importante da explicação", observou o cientista político Samuel Huntington ao considerar essa divergência de destinos econômicos. "Os sul-coreanos valorizavam a poupança, o investimento, o trabalho duro, o estudo, a organização e a disciplina. Os ganenses tinham valores diferentes."[31]

Até o economista Jeffrey Sachs, proponente incansável do aumento da assistência, admitiu a possibilidade de que a cultura possa desempenhar algum pequeno papel nas diferenças de desenvolvimento econômico. Ainda que "as grandes divisões entre países ricos e países pobres tenham a ver com geografia e com política", escreve, "há, de fato, sugestões de fenômenos mediados culturalmente. Dois são evidentíssimos: o desempenho abaixo do esperado dos países islâmicos do norte da África e do Oriente Médio e o grande desempenho de países tropicais na Ásia oriental que possuem uma importante comunidade da diáspora chinesa".[32]

Porém, se a cultura consegue explicar o desempenho econômico em alguns poucos grupos, ela poderia ter um papel importante em todas as economias. Os estudiosos temem estudar mais o assunto porque não estão realmente usando a cultura apenas em seu sentido aceito de comportamento aprendido. Antes, trata-se de um termo abrangente que inclui referências possíveis a um conceito que eles não ousam discutir, a possibilidade de que o comportamento humano tenha uma base genética que varia de uma raça para outra.

O sociólogo Nathan Glazer, por exemplo, quase admite que a cultura e a raça são variáveis explicativas válidas, que, no entanto, não podem ser usadas. Escreve ele:

> A cultura é uma das categorias explicativas menos favorecidas no pensamento atual. A menos favorecida, claro, é a raça. [...] Preferimos não mencioná-la nem usá-la hoje em dia, embora pareça haver uma ligação entre raça e cultura, talvez apenas acidental.

As grandes raças, no todo, são marcadas por culturas diferentes, e essa conexão entre cultura e raça é um motivo do nosso desconforto com explicações culturais.[33]

Diversos comportamentos sociais que os economistas identificaram como obstáculos ao progresso poderiam perfeitamente ter base genética. Um deles é o raio de confiança, que pode estender-se a estranhos nas economias modernas, mas que, nas pré-modernas, fica limitado à família ou à tribo. Escreve Daniel Etounga-Manguelle, economista camaronês:

> Vistas por dentro, as sociedades africanas são como um time de futebol no qual, como resultado de rivalidades pessoais e da ausência de espírito de equipe, um jogador não passa a bola para outro por medo de que este faça um gol. Como podemos ter esperança de vitória? Nas nossas repúblicas, as pessoas de fora do "cimento" étnico [...] têm tão pouca identificação umas com as outras que a simples existência do Estado é um milagre.[34]

A disposição de poupar e de retardar a gratificação é um comportamento social que Clark vê aumentar gradualmente na população inglesa nos seiscentos anos que antecedem a Revolução Industrial. Por outro lado, a propensão para poupar parece consideravelmente menor em sociedades tribais. Isso pode ocorrer, em grande medida, porque essas sociedades são mais pobres; cada qual vai poupando mais à medida que enriquece. Porém, a aversão a poupar em sociedades tribais está associada a uma forte propensão ao consumo imediato. Citando outra vez Etounga-Manguelle:

> Por causa da relação que os africanos têm com o tempo, poupar para o futuro têm prioridade menor do que o consumo imediato. A menos que haja alguma tentação de acumular riqueza, aqueles

que recebem um salário regular precisam financiar os estudos de irmãos, de primos, de sobrinhos e de sobrinhas, alojar os recém-chegados e financiar a série de cerimônias que preenchem a vida social.

Há indícios razoáveis de que a confiança tem base genética, embora ainda esteja por ser verificado se ela varia significativamente entre grupos étnicos e raças. Os aspectos da cultura que alguns economistas começaram a considerar relevantes para a performance econômica poderiam perfeitamente ter base genética, mesmo que isso ainda precise ser provado ou mesmo investigado com seriedade. O comportamento social, qualquer que seja seu nível de fundamentação cultural ou genética, pode ser modulado pela formação e pelos incentivos; por isso, um entendimento melhor de seu papel na performance econômica pode ter consequências práticas. Aqueles que ignoram a cultura também ignoram "uma parte importante da explicação de por que algumas sociedades ou grupos étnico-religiosos têm melhor desempenho do que outros no que diz respeito a governo democrático, justiça social e prosperidade", escreve o especialista em desenvolvimento Lawrence Harrison.[35]

O elo entre raça e cultura fica evidente no famoso experimento natural iniciado pelas migrações humanas. Membros de várias raças migraram para diversos ambientes, mas mantiveram seus comportamentos peculiares em muitos países ao longo de muitas gerações. O economista Thomas Sowell documentou muitos desses episódios em sua trilogia sobre raça e cultura.

Consideremos o caso dos imigrantes japoneses nos Estados Unidos. Eles chegaram como trabalhadores agrícolas no Havaí ao final do século XIX para trabalhar na lavoura de cana e depois mudaram-se para o continente. A primeira geração era de agricultores e de trabalhadores domésticos e conquistou fama por seu esforço. A segunda geração, com a vantagem da formação universitária americana, buscou aprender profissões. Em 1959, a renda familiar dos japoneses americanos era igual à dos europeus americanos, e em 1990 era 45% maior.[36]

No Peru, os trabalhadores japoneses conquistaram fama por seu esforço, por sua confiabilidade e por sua honestidade, tornando-se bem-sucedidos no setor agropecuário e na indústria. No Brasil, os japoneses foram considerados eficientes, industriosos e ordeiros. À medida que prosperavam, entraram no setor bancário e na indústria e chegaram a possuir terras, no Brasil, em quantidade equivalente a 75% do território do Japão. Nessas três culturas diferentes, os japoneses tiveram sucesso graças a hábitos diligentes de trabalho, com a primeira geração composta de agricultores prodigiosos e a segunda passando ao mundo profissional.

A diáspora chinesa compunha-se de imigrantes igualmente produtivos, em especial no Sudeste Asiático, onde a maioria trabalhou infatigavelmente e ergueu empresas. A maioria dos imigrantes chineses começou como colonos em fazendas, com uma capacidade enorme para trabalhar duro. Na Malásia, os chineses que realizavam trabalho não qualificado junto com os malaios nas plantações de borracha produziam duas vezes mais. Já em 1794, um relatório britânico sobre o assentamento malaio de Penang dizia que os chineses eram "a parte mais valiosa dos nossos habitantes".[37]

As empresas chinesas eram tipicamente familiares, tanto no capital quanto no gerenciamento, mesmo quando se tornavam corporações de tamanho considerável. Elas se aferravam a seus próprios valores e à sua ética de trabalho entre populações que muitas vezes tinham uma visão mais relaxada de como se deveria passar o tempo. No Caribe, escreve Sowell, os chineses "permaneceram à parte do sistema de valores da sociedade das Índias Ocidentais – não foram afetados pelos padrões *creoles* de consumo ostensivo, de distribuição dadivosa, de perdão de dívidas e outros traços que operam contra o sucesso empresarial".[38]

Pequenas populações chinesas na Tailândia, no Vietnã, no Laos e no Camboja vieram a ter um peso desproporcional nas economias desses países. Elas dominaram a próspera economia de Cingapura e foram tão produtivas na Indonésia que seu sucesso provocou inveja e repetidos massacres. Em 1994, os 36 milhões de chineses que trabalhavam no exterior produziam tanta riqueza quanto o bilhão de chineses na China.[39]

A imigração significativa de chineses para os Estados Unidos começou em 1850, com a corrida do ouro na Califórnia. Com frequência, os chineses só tinham permissão para garimpar aquelas áreas que os demais consideravam não valer a pena, mas mesmo assim eles persistiram e floresceram onde outros não conseguiram. Os trabalhadores chineses construíram boa parte da estrada de ferro Central Pacific e chegaram a compor 80% de todos os trabalhadores agrícolas da Califórnia.

Seu sucesso provocou uma série de leis discriminatórias defendidas por aqueles que não conseguiam competir com eles. Excluídos de uma indústria após a outra, em 1920 mais da metade de todos os chineses nos Estados Unidos trabalhavam em lavanderias e em restaurantes. Assim que as leis adversas foram revogadas, uma geração mais jovem de sino-americanos começou a frequentar a faculdade e a obter trabalhos profissionais. Em 1959, a renda familiar chinesa estava no mesmo nível da média americana, e em 1990 a sua renda familiar média era 60% mais alta do que a dos americanos não asiáticos.[40]

Entre os imigrantes não asiáticos, os judeus, um caso especial, serão discutidos no próximo capítulo. Os alemães imigraram para a Rússia, os Estados Unidos e a Austrália, conquistando nos três países a fama de ordeiros e disciplinados. Na Rússia, dominavam tantos ofícios importantes que, na década de 1880, ocupavam 40% do alto-comando das forças armadas e 57% dos cargos do Ministério das Relações Exteriores. Houve um momento em que todos os membros da Academia de Ciências de São Petersburgo eram alemães.[41]

Nos Estados Unidos, muitos imigrantes alemães dedicaram-se à agropecuária e foram mais produtivos do que muitos outros grupos. "Eles eram muito conhecidos por sua industriosidade, sua poupança, seu asseio, sua pontualidade e por serem confiáveis quanto ao cumprimento de suas obrigações financeiras", relata Sowell. Na Austrália, tornaram-se agricultores de sucesso, reconhecidos por seu esforço, por serem minuciosos e por respeitarem as leis.

O grande tema da trilogia de Sowell é que as raças têm suas próprias culturas fortes, que moldam seu comportamento, ao contrário da visão comum de que a sociedade determina os destinos de seus grupos minoritários. Seu propósito é demonstrar a persistência de culturas raciais, étnicas e nacionais, mas sem explorar a razão de esses traços culturais perdurarem. Ele nada tem a dizer sobre a genética. Porém, os traços que perduram, como ele demonstrou, em uma gama de ambientes diferentes e de uma geração para outra provavelmente ancoram-se em uma adaptação genética; do contrário, rapidamente desapareceriam, à medida que os grupos imigrantes se adaptassem à cultura dominante de seus anfitriões.

É particularmente provável que traços comportamentais como a industriosidade sejam retidos, mas o instinto universal para conformar-se com regras sociais parece garantir que os comportamentos políticos do país anfitrião suplantem os dos imigrantes. Os sino-americanos não se organizam em estruturas autoritárias, nem os árabes e afro-americanos em estruturas tribais.

Existe na verdade uma explicação direta para os comportamentos de todos os grupos migrantes descritos por Sowell, a partir do mecanismo de riqueza apresentado anteriormente para a Revolução Industrial. Populações como os europeus e os asiáticos orientais, que se adaptaram, ao longo de séculos vivendo em sistemas agrários, às exigências do funcionamento de economias eficientes, têm uma vantagem considerável quando migram para outros países. Trabalho duro, eficiência e coesão grupal caracterizam o comportamento dos grupos migrantes asiáticos orientais e europeus. É particularmente notável que os japoneses e os chineses obtenham nos Estados Unidos padrões de vida superiores à média, competindo com uma população predominantemente europeia. A história da urbanização da Ásia oriental, mais longa, pode estar por trás de parte dessa vantagem competitiva.

As populações que se adaptaram historicamente a economias de mercado podem mesmo assim não ter sucesso durante os períodos em que adotam instituições ineficientes, como a China durante o governo de Mao Tsé-tung ou a Coreia do Norte sob a ditadura da família Kim. Quando a Coreia do Norte adotar instituições favoráveis ao mercado, pode-se prever com segurança que, dado tempo suficiente, ela será tão próspera quanto a Coreia do Sul. Pode-se prever com muito menos segurança que a Guiné Equatorial ou o Haiti só precisam de instituições melhores para tornar-se economias modernas; seus povos talvez ainda não tenham tido a oportunidade de desenvolver os comportamentos arraigados da confiança, da não violência e da poupança, exigidos por uma economia produtiva.

A HIPÓTESE DO QI E DA RIQUEZA

Em forte contraste com o pressuposto operativo dos economistas de que as pessoas no mundo inteiro são unidades intercambiáveis, está a ideia de que disparidades nacionais de riqueza nascem de diferenças de inteligência. A possibilidade não deve ser descartada de antemão: no que diz respeito a indivíduos, a pontuação de QI correlaciona-se, em média, ao sucesso econômico, por isso não é despropositado investigar se o mesmo vale para países.

A tese de QI global/riqueza está relacionada ao debate interminável sobre as diferenças entre o QI dos brancos e dos negros nos Estados Unidos, mas ela envolve questões um tanto diferentes e tem mais a ver com aquela parte das evidências com que os dois lados concordam.

Os dois campos no debate do QI são conhecidos como hereditarianistas e ambientalistas. Ambos geralmente concordam que, quando se aplicam testes de QI nos Estados Unidos, os euro-americanos pontuam 100 (por definição – suas pontuações são normalizadas em 100), os asiático-americanos pontuam 105 e os afro-americanos pontuam entre 85 e 90. A pontuação afro-americana é notavelmente mais baixa do que a europeia (15 pontos, ou um desvio padrão, dizem os hereditarianistas; 10 pontos, dizem os ambientalistas). Até aí há concordância. A controvérsia surge na interpretação da diferença entre as pontuações euro-americana e afro-americana. Os hereditarianistas dizem que a diferença nas pontuações se deve 50% a razões ambientais e 50% à genética, ainda que às vezes mudem a proporção para 20% ambiente e 80% hereditariedade. Os ambientalistas afirmam que toda a diferença se deve a impedimentos ambientais e que, se estes fossem removidos, a diferença acabaria desaparecendo por completo.

A herdabilidade da inteligência, medida que os dois lados interpretam de maneira tão diferente, não se refere, como seria fácil supor, à dimensão da inteligência que é governada pelos genes. Ela se refere à variação na inteligência dentro de uma população, especificamente, à dimensão da variação por razões genéticas. Um traço pode estar sob total controle genético, mas, se não houvesse variabilidade na população, sua herdabilidade seria zero. A inteligência está quase certamente sob influência genética, mas nenhum dos alelos responsáveis foi até agora identificado com qualquer grau de certeza, provavelmente porque cada qual dá uma contribuição mínima demais para ser detectada pelos métodos atualmente existentes.[42]

Os dois lados no debate do QI não estão tão distantes quanto aos fatos, uma vez que ambos concordam que há fatores ambientais em jogo. Os hereditarianistas admitem que, se for feito um ajuste em função do status socioeconômico, com o qual a pontuação do QI está correlacionada, então as pontuações dos afro-americanos subiriam cinco pontos, para 90. Não é uma diferença muito maior do que aquela que separa os asiático-americanos dos euro-americanos, com a qual ninguém parece estar incomodado.

Por que, então, esse debate é tão acalorado? O azedume surge porque as duas posições levam a escolhas distintas de políticas públicas. Os hereditarianistas dizem que, como a diferença de QI é substancialmente inata, o programa de educação fundamental Head Start fracassou, como previsto por Arthur Jensen em 1969, e intervenções similares estarão fadadas ao mesmo fracasso. Os ambientalistas negam isso, dizendo que a diferença no êxito escolar está se reduzindo e que é a natureza racista da sociedade que impede o progresso afro-americano.

Essa questão não precisa ser resolvida aqui. A questão dos QIs globais é um assunto bem menos delicado e tem interesse evolutivo considerável, porque a inteligência reflete mudanças evolutivas no cérebro e no comportamento.

Os principais proponentes da tese do QI global/riqueza são Richard Lynn, psicólogo na Universidade de Ulster, e Tatu Vanhanen, cientista político na Universidade de Tampere, na Finlândia. Eles reuniram dados do mundo inteiro e calcularam a correlação entre inteligência, tal como medida por testes de QI, e diversos critérios de sucesso econômico, como o PNB per capita. Suas descobertas foram publicadas em dois livros, *IQ and the Wealth of Nations* [O QI e a riqueza das nações], de 2002, e *IQ and Global Inequality* [O QI e a desigualdade global], de 2006.

O QI médio do mundo, segundo os autores, é 90. Dividido por raça, o QI dos países da Ásia oriental é 105, a pontuação europeia é 99 e a da África subsaariana é 67.[43] Os autores observam que a pontuação da África subsaariana seria consideravelmente maior, não fossem a subnutrição e as doenças.

Lynn e Vanhanen afirmam que as pontuações de QI devem medir algo significativo porque o QI tem uma boa correlação com índices de êxito escolar. As pontuações de fato são fortemente associadas, dizem, àquilo que os economistas chamam de capital humano, que inclui qualificação e formação.

Passando a indicadores econômicos, eles verificam que as pontuações nacionais de QI possuem uma correlação extremamente alta (83%) com o crescimento econômico per capita e também têm forte associação com a taxa de crescimento econômico entre 1950 e 1960 (uma correlação de 64%).[44]

"Nosso argumento é que as diferenças nas capacidades mentais médias das populações, medidas pelo QI nacional, oferecem a explicação teórica e empírica mais convincente, ainda que incompleta, de muitos tipos de desigualdades nas condições humanas", concluem Lynn e Vanhanen.[45] Segue-se dessa conclusão que não há muito que se possa fazer para reduzir injustiças na riqueza nacional. "Pode-se esperar que a diferença entre os países ricos e os países pobres vá persistir enquanto corresponder a diferenças em QIs nacionais", dizem.[46]

Pode parecer intuitivamente plausível que uma população mais inteligente vá juntar mais riqueza do que uma população menos inteligente. Porém, a inteligência é uma qualidade dos indivíduos, não das sociedades. Uma sociedade de homens fortes pode ser facilmente derrotada por homens mais fracos se estes forem mais coesos e lutarem mais duramente. Como a força, a propriedade da inteligência individual não necessariamente se transfere dos indivíduos para a sociedade da qual eles fazem parte.

E, de fato, com as correlações de Lynn e de Vanhanen, é difícil saber para qual lado pode estar apontando a flecha da causalidade:

será o QI mais alto que enriquece um país, ou será que um país mais rico capacita seus cidadãos a se sair melhor em testes de QI? Ron Unz observou, a partir dos próprios exemplos de dados de Lynn e de Vanhanen, que as pontuações de QI aumentam 10 pontos ou mais em uma geração quando a população enriquece, mostrando claramente que a riqueza pode aumentar significativamente as pontuações de QI. As crianças da Alemanha oriental tinham um QI médio de 90 pontos em 1967, mas a média aumentou para 99 em 1984. Na Alemanha ocidental, que tem essencialmente a mesma população, as médias variam entre 99 e 107. Essa faixa de 17 pontos na população alemã, de 90 a 107, foi evidentemente causada pela redução da pobreza, não pela genética.

Há uma diferença de 10 a 15 pontos de QI entre os países mais ricos e os mais pobres da Europa, mas essas diferenças desaparecem quando os habitantes migram para os Estados Unidos, de modo que elas são evidentemente um efeito ambiental, não genético. Se as pontuações de QI europeias podem variar tanto através de décadas e locais diferentes, é difícil ter certeza de que outras diferenças étnicas são inatas, e não ambientais. O livro de Lynn e Vanhanen "constituiu um decisivo gol contra do lado do determinismo do QI", concluiu Unz, mas nenhum dos times ideológicos que estavam disputando a partida chegou a perceber.

Lynn e Vanhanen de fato reconhecem o papel da riqueza na melhoria das pontuações de QI. Porém, a dificuldade de quantificar o efeito potencializador do QI da riqueza enfraquece muito a capacidade das pontuações de QI para explicar a riqueza. Em termos mais gerais, pode ser arriscado comparar pontuações de QI de raças diferentes se não forem incluídas diferenças de riqueza, de nutrição e outros fatores que influenciam o quociente de inteligência.

A Ásia oriental é um vasto contraexemplo da tese Lynn/Vanhanen. As populações da China, do Japão e da Coreia possuem QIs sempre mais altos do que os da Europa e dos Estados Unidos, mas suas sociedades, apesar de suas muitas virtudes, não são obviamente mais bem-sucedidas do que as da Europa e seus entrepostos. A inteligência não faz mal, mas não parece um árbitro claro do sucesso econômico de uma população. O que, então, determina a riqueza ou a pobreza das nações?

INSTITUIÇÕES E FRACASSO NACIONAL

Uma investigação muito elogiada da natureza da pobreza nacional é *Por que as nações fracassam*, do economista Daron Acemoğlu e do cientista político James Robinson. Como notado anteriormente neste capítulo, os dois, como Fukuyama, consideram as instituições cruciais para entender como funcionam as sociedades humanas. E chegam a essa conclusão por uma via independente. Fukuyama identifica o papel das instituições em grande parte por meio de padrões históricos; Acemoğlu e Robinson enfatizam a análise política e econômica.

A maior parte da desigualdade entre os países do mundo surgiu desde a Revolução Industrial, observam Acemoğlu e Robinson. Antes dela, os padrões de vida eram quase uniformemente baixos para praticamente todo mundo, exceto para um punhado de pessoas na classe governante de cada país. Uma lista das trinta nações mais ricas do mundo incluiria a Grã-Bretanha e os países onde a Revolução Industrial espalhou-se rapidamente – os da Europa ocidental e os Estados Unidos, o Canadá e a Austrália, inicialmente assentamentos britânicos –, além de Japão, Cingapura e Coreia do Sul. Os trinta países mais pobres ficariam principalmente na África subsaariana, tendo a companhia de Afeganistão, Haiti e Nepal. Voltando um século, o topo e a base da lista de trinta países seriam praticamente iguais, exceto pelo fato de que Cingapura e Coreia do Sul ainda não haviam entrado nas fileiras dos mais ricos.

Certamente os economistas, os historiadores e outros cientistas sociais devem ter elaborado alguma explicação convincente para essa desigualdade substancial e duradoura, não? "Não", dizem Acemoğlu e Robinson: "A maior parte das hipóteses que os cientistas sociais propuseram para as origens da pobreza e da prosperidade simplesmente não funciona e não consegue explicar de modo convincente por que as coisas são assim".[47]

A tese deles é que existem instituições boas e más, ou, em suas palavras, instituições extrativistas e inclusivas. As instituições más, extrativistas, são aquelas em que uma pequena elite extorque o máximo que pode dos recursos produtivos de uma sociedade e fica com quase tudo para si. A elite se opõe à mudança tecnológica porque ela perturba a ordem política e econômica necessária para manter sua posição. Por causa de sua própria ganância, a elite empobrece todos os outros e impede o progresso. Um círculo vicioso permanente entre as instituições políticas extrativistas e as instituições econômicas mantém uma estagnação contínua.

As instituições boas, inclusivas, por outro lado, são aquelas em que o poder econômico e político é em grande parte compartilhado. O Estado de direito e os direitos de propriedade recompensam o esforço. Nenhum setor da sociedade é poderoso o suficiente para bloquear a mudança econômica. Um círculo virtuoso entre a política e a economia mantém uma prosperidade cada vez maior.

O arquétipo das instituições inclusivas, na visão de Acemoğlu e Robinson, foi a Revolução Gloriosa de 1688, na qual a Inglaterra trocou James II, seu rei de inclinações francesas, pelo genro dele, Guilherme de Orange, mudança que consolidou o controle do Parlamento sobre o rei. Tanto as instituições políticas quanto as econômicas ficaram mais inclusivas, criando incentivos para empreendedores e lançando as bases da Revolução Industrial.

Essa mudança para instituições inclusivas foi tão decisiva, na visão de Acemoğlu e Robinson, que é na verdade a única condição que distingue os países ricos dos pobres. Comparando a Inglaterra, um dos países mais ricos do mundo, e a Etiópia, um dos mais pobres, eles afirmam que "a razão por que a Etiópia está onde está hoje é que, ao contrário da Inglaterra, lá o absolutismo persistiu até o passado recente".[48]

Eles admitem que regimes absolutistas podem gerar prosperidade por algum tempo, transferindo, por exemplo, a força de trabalho da agricultura para a indústria. Porém, esses expedientes isolados foram temporários no caso da União Soviética; e, também na China, a repressão política, predizem eles, fará com que a economia cambaleie, a menos que as instituições políticas fiquem mais inclusivas.

Se instituições inclusivas são a única coisa que importa para obter a prosperidade, segue-se que a assistência internacional é inútil, a menos que comece com uma reforma institucional. Porém, isso quase nunca acontece, porque essas condições encontram resistência nas elites governantes, cujos interesses seriam colocados em risco pelas reformas. Como explicam Acemoğlu e Robinson, "os países necessitam de instituições econômicas e políticas inclusivas para romper o ciclo da pobreza. A ajuda internacional normalmente pode fazer pouco quanto a isso, e certamente não da maneira como está organizada atualmente".[49]

Como descrição do estado atual de coisas, a tese de Acemoğlu e Robinson parece razoavelmente satisfatória. Porém, os autores têm grande dificuldade para explicar como surgem as boas instituições ou como elas podem ser estabelecidas em um país que não as possui. "A resposta sincera, claro, é que não existe receita para construir essas instituições", admitem.

Eles não têm uma receita para oferecer porque acreditam que as boas instituições surgiram por acaso, como ondulações aleatórias nas marés inexplicáveis da história. Eles afirmam que as instituições mudam por causa da "deriva institucional", fenômeno que explicitamente comparam ao processo aleatório da deriva genética. Eles acham que as instituições são moldadas pela história, mas que a história move-se em um "caminho contingente", ou seja, é uma sucessão de acidentes. Nem a Revolução Gloriosa teria sido inevitável, pois sua emergência "foi em parte uma consequência do caminho contingente da história".[50]

Acemoğlu e Robinson afirmam que as instituições ruins são substituídas pelas boas, como no caso da Revolução Gloriosa inglesa ou da Restauração Meiji no Japão, por causa de "conjunturas críticas" na história, combinadas a "instituições propícias existentes". Como dizem, "além disso, alguma sorte é essencial, porque a história sempre se desenrola de maneira contingente".[51]

A sorte como explicação? Não a providência divina, ou algum signo do zodíaco? Os autores são motivados a buscar essas explicações insatisfatórias porque descartaram a óbvia possibilidade de que variações no comportamento humano são a causa de instituições boas ou ruins. Assim, são forçados a voltar a não explicações como a sorte e o caminho contingente da história.

A riqueza das sociedades humanas não seguiu nenhum caminho aleatório ao longo do último milênio; o que ocorreu, como observam Acemoğlu e Robinson, foi que uma parte do mundo enriqueceu vasta e constantemente ao longo dos últimos trezentos anos. Isso não acontece por acidente nem sorte. Podemos encontrar uma explicação razoável se falarmos na evolução humana.

A ERA MESOINDUSTRIAL

A explicação é que houve uma mudança evolutiva no comportamento social humano que facilitou a nova estrutura social, pós-tribal, em que se baseiam as sociedades modernas. Os países ricos têm economias não tribais, baseadas em confiança, e instituições favoráveis. Os países pobres são aqueles que não escaparam completamente do tribalismo e padecem sob instituições extrativistas que refletem seu raio limitado de confiança.

A situação mundial atual é análoga às estruturas sociais mistas que prevaleceram durante a Era Mesolítica, que durou de cerca de 10 mil a 5 mil anos atrás na Europa. Os povos caçadores-coletores que ocupavam a Europa à época ou foram mortos ou adotados nas novas comunidades agrícolas. Os caçadores-coletores usavam um conjunto antigo de ferramentas de pedra, que os arqueólogos chamam de paleolítico, para diferenciá-lo do novo conjunto usado pelos agricultores, conhecido como neolítico. O período de transição do paleolítico para o neolítico, durante o qual o comportamento sedentário tornou-se cada vez mais dominante na Europa, é portanto conhecido como a Era Mesolítica ou intermediária.

O mundo está neste momento em um período similar de transição, no qual algumas populações surgiram das forças moldadoras da agricultura malthusiana e outras ainda estão no meio do processo. A Era Mesoindustrial, se podemos chamá-la assim, é o período durante o qual o resto do mundo, principalmente os países da África subsaariana e do Oriente Médio, faz a transição evolutiva para os comportamentos sociais necessários para sustentar uma economia moderna. Sem dúvida o processo exige alguma adaptação e uma mudança nas instituições. Porém, considerando a velocidade da evolução e a rapidez da mudança cultural no mundo de hoje, a Era Mesoindustrial pode acabar em muito menos gerações do que se esperaria.

É hora, portanto, de considerar uma população especial que, por muitos séculos, não teve sua própria pátria. A cultura judaica é tão característica quanto as de outros grupos, mas, por causa de sua natureza peculiar, há fortes razões para argumentar que, sob aspectos importantes, essa cultura tem bases genéticas.

Adaptações judaicas

> Certamente [...] o judaísmo é mais do que a história do antissemitismo. Certamente os judeus merecem ser definidos – e de fato são definidos pelos outros tanto quanto por si mesmos – pelas qualidades da fé, da linhagem, dos textos sacros e dos ensinamentos morais que lhes permitiram resistir ao longo de séculos de perseguição.
>
> GERTRUDE HIMMELFARB[1]

Em muitas esferas da vida, os judeus fizeram contribuições maiores do que aquilo que se esperaria do número de sua população. Os judeus consistem em 0,2% da população mundial, mas ganharam 14% dos prêmios Nobel na primeira metade do século XX, apesar da discriminação social e do Holocausto, e 20% na segunda. Até 2007, os judeus tinham recebido a impressionante proporção de 32% dos prêmios Nobel concedidos no século XXI.[2]

Os judeus destacaram-se não apenas na ciência, mas também na música (Mendelssohn, Mahler, Schoenberg), na pintura (Pissarro, Modigliani, Rothko) e na filosofia (Maimônides, Bergson, Wittgenstein). Escritores judeus receberam o Prêmio Nobel de literatura por textos em inglês, francês, alemão, russo, polonês, húngaro, ídiche e hebraico.[3]

Proezas como essas demandam uma explicação, e uma interessante possibilidade é que os judeus tenham se adaptado geneticamente a um modo de vida que demanda uma capacidade cognitiva acima do comum. As pessoas são altamente imitativas, e, se a vantagem judaica fosse puramente cultural, como mães intimidadoras ou uma dedicação particular aos estudos, dificilmente se poderia impedir que outros a copiassem. Antes, considerando o novo reconhecimento da evolução humana no passado recente, é possível que as realizações intelectuais judaicas tenham surgido de alguma pressão em sua história particular. Assim como as raças evoluíram no passado recente, as etnias dentro das raças também vão evoluir se ficarem em certa medida isoladas reprodutivamente de sua população hospedeira, seja por causa da geografia ou da religião. A adaptação dos judeus a um nicho cognitivo especial, se esse foi mesmo um processo evolutivo, como afirmaremos a seguir, representa um exemplo notável da capacidade da seleção natural de mudar uma população humana em poucos séculos.

Até a era da sequenciação rápida do DNA, era possível supor que os judeus fossem uma população distinta por causa de leis religiosas que não viam com bons olhos o casamento com não judeus. Ninguém, no entanto, sabia com certeza, porque, sem evidências genéticas, era impossível estimar a quantidade de intercasamentos que mesmo assim teriam ocorrido ao longo da história. A análise do DNA mostra que os judeus são um conjunto definível de populações e que pelo menos os judeus asquenazitas podem ser distinguidos geneticamente dos outros europeus. Em cada comunidade judaica, houve alguns intercasamentos com as populações locais, mas a uma taxa muito lenta. Isso explica em termos simples a observação de antropólogos judeus de que os judeus do mundo inteiro parecem-se uns com os outros, mas também se parecem com suas populações hospedeiras.

A base dessa semelhança comum é que os judeus originaram-se em Israel e carregam uma herança compartilhada com a população semita da região. Há 3 mil anos, data que marca o provável começo da religião judaica, os judeus não eram diferentes de ninguém; eram parte da população geral do Oriente Próximo, da qual também descendem os árabes, os turcos e os armênios de hoje.

Contudo, assim que sua religião começou a proibir os membros de casar-se com os não membros, a população judaica teria entrado em isolamento reprodutivo, como se tivesse sido colocada em uma ilha remota. Um grau considerável de isolamento reprodutivo é a condição necessária para que uma população tome seu próprio caminho evolutivo.

Quanto aos judeus europeus, ou asquenazitas, a genética mostra que há uma mistura de 20% a 30% com os europeus desde a fundação da população asquenazita por volta do ano 900 d.C. – grande parte dessa mistura provavelmente ocorreu nos tempos modernos.[4] Os pesquisadores, usando um chip SNP que testa o genoma em 550 mil pontos, relatam ter conseguido distinguir com exatidão total os asquenazitas e os europeus não judeus. Esse teste pode ser aplicado a populações, não a indivíduos, porque depende de ver como os indivíduos se aglomeram segundo diferenças estatísticas em suas sequências genômicas. Contudo, ele mostra que os asquenazitas são uma população distinta e, portanto, pode ter sido submetida a forças de seleção natural diferentes daquelas que agem nos outros europeus.

Os asquenazitas provavelmente diferem geneticamente de outros europeus por causa do componente do Oriente Próximo em sua linhagem. "É claro que os genomas de indivíduos com completa ancestralidade genética asquenazita possuem uma assinatura inequívoca de sua herança judaica, e isso provavelmente deve-se antes à sua ancestralidade do Oriente Médio do que à endogamia", dizem os pesquisadores.[5]

A taxa de mistura com as populações hospedeiras provavelmente foi similar entre as outras duas grandes populações judaicas: os sefarditas e os judeus orientais, ou *mizrahim*. Os sefarditas são judeus que por muito tempo viveram na Espanha e em Portugal, mas foram expulsos desses países em 1492 e em 1497. Então, eles se dispersaram pelo Mediterrâneo, indo para lugares como o norte da África e o Império Otomano. Muitos sefarditas também se estabeleceram na Holanda. Os judeus orientais são aqueles que por muito tempo viveram em países árabes e no Irã. A origem dos sefarditas ainda é obscura, mas existem pistas genéticas de que tanto eles quanto os asquenazitas podem ser derivações da grande comunidade judaica que vivia em Roma no início do Império Romano.

Em mapas genéticos da população mundial, os três grupos judaicos formam uma aglomeração, ensanduichados entre as populações do Oriente Médio, com as quais compartilham uma ancestralidade comum, e as populações europeias, com as quais os asquenazitas e os sefarditas estão misturados.

Considerando esse grau de separação genética, é perfeitamente possível que as populações judaicas tenham seguido um caminho evolutivo ligeiramente diverso dos europeus ao adaptar-se às circunstâncias particulares de sua história, desenvolvendo capacidades cognitivas fora do comum.

Contudo, a ideia de que pode haver diferenças genéticas significativas entre os grupos humanos enfrenta uma resistência feroz por parte de muitos pesquisadores. Eles se aferram à ideia de que a mente é uma tábula rasa na qual apenas a cultura pode escrever, e não a genética, e descartam a possibilidade de que a evolução poderia ter realizado alguma mudança recente na mente humana. Eles rejeitam a proposta de que qualquer comportamento humano, para nem falar na inteligência, possui base genética. Acusam de racismo qualquer pessoa que sugira que as capacidades cognitivas possam diferir entre os grupos populacionais humanos. Todas essas posições são informadas pelo dogma político esquerdista e marxista, não pela ciência. No entanto, a maior parte dos estudiosos não adentra esse terreno por causa de um vivo medo de ser satanizada por seus colegas acadêmicos.

Uma objeção mais substanciosa à exploração dessa questão relaciona-se com as sensibilidades da comunidade judaica. Assim como no caso das comunidades de imigrantes chineses na Ásia, o trabalho duro e o sucesso muitas vezes provocaram a inveja e a inimizade de suas populações hospedeiras, levando à discriminação, a expulsões e a massacres. A discussão da inteligência judaica traz o risco de atiçar hostilidades. Contudo, os dias dos pogroms já vão longe e ignorar todo assunto difícil só serviria às forças do obscurantismo.

Em tempos recentes, a única tentativa séria por parte de pesquisadores de investigar os elos entre a genética judaica e a inteligência é um longo ensaio de Gregory Cochran, Jason Hardy e Henry Harpending, da Universidade de Utah. Seu relatório foi enviado a diversos editores de revistas acadêmicas dos Estados Unidos. Todos disseram que ele era fascinante, mas que não poderiam publicá-lo. Os autores acabaram obtendo a publicação na Inglaterra, no *Journal of Biosocial Science*.[6]

A essência do argumento da equipe de Utah consiste em afirmar uma conexão causal entre dois fatos fora do comum e inexplicados de outro modo. O primeiro é que os judeus asquenazitas, além de suas realizações culturais, possuem QI alto – geralmente medido entre 110 e 115, que é a maior média de qualquer grupo étnico. O segundo é que os asquenazitas possuem um estranho padrão das ditas doenças mendelianas, aquelas que são causadas por uma mutação em um único gene.

Os pesquisadores de Utah observam em primeiro lugar que o QI asquenazita, além de ser alto, possui uma estrutura fora do comum. Nos componentes dos testes de QI, os asquenazitas vão bem em perguntas verbais e matemáticas, mas ficam abaixo da média em perguntas espaço-visuais. Na maior parte das pessoas, esses dois tipos de capacidade estão altamente correlacionados. Isso sugere que alguma força específica esteve operando para moldar a natureza da inteligência asquenazita, como se a população estivesse sendo adaptada não para a caça, que exige capacidades espaço-

-visuais excelentes, mas para ocupações mais urbanas, atendidas pela capacidade de manipular palavras e numerais.

Assim, chama a atenção que os asquenazitas, quase que desde o momento em que apareceram na Europa, por volta do ano 900, trabalhassem maciçamente com empréstimos. Era essa a principal ocupação dos judeus na Inglaterra, na França e na Alemanha. O ofício demandava diversas capacidades de alto nível, incluindo a capacidade de ler e de escrever contratos e a capacidade aritmética. Poucas pessoas eram alfabetizadas na Europa medieval. Ainda em 1500, apenas 10% da população da maioria dos países europeus era alfabetizada, ao passo que a maior parte dos judeus já o era.[7]

Quanto à aritmética, ela pode ser até simples com os algarismos arábicos que usamos hoje. Porém, estes só se espalharam na Europa em meados do século XVI. Antes disso, as pessoas usavam algarismos romanos, um sistema de notação que não possui zero. Calcular taxas de juros e conversões de moedas sem o uso do zero não é uma operação elementar.

Não existiam bancos naquela época, e os prestamistas eram fundamentais para aqueles que desejavam comprar a crédito ou trabalhar com o comércio a longa distância. O prestamista tinha de avaliar o risco de crédito dos mutuários, estimar as garantias adicionais, entender as leis contratuais locais e manter boas relações com as autoridades que as aplicavam. Para aqueles que trabalhavam com o comércio a longa distância, no qual a transferência física de dinheiro geralmente era evitada por causa do perigo, era necessário obter crédito com parceiros confiáveis em cidades distantes.

Assim, é bastante fácil aceitar a primeira premissa da equipe, de que os judeus asquenazitas da Idade Média tinham uma ocupação cognitivamente exigente. A segunda premissa é que essa ocupação, apesar de altamente arriscada, também compensava muito. Em todos os países europeus em que se estabeleceram, os judeus gozaram de altos padrões de vida. Entre 1239 e 1260, os impostos pagos pelos judeus constituíam entre um sexto e um quinto da arrecadação real, ainda que os judeus fossem 0,01% da população. Em 1241, os judeus na Alemanha pagavam 12% de toda a arrecadação imperial.[8]

A riqueza era importante porque permitia que os judeus garantissem um grau considerável de sucesso reprodutivo. Antes da Revolução Industrial e da fuga da armadilha malthusiana, os ricos tinham mais filhos sobreviventes, por serem capazes de proporcionar melhor nutrição e casas mais aquecidas. A população asquenazita tinha crescido de um número quase insignificante no ano 900 para aproximadamente 500 mil pessoas em 1500 e 14,3 milhões em 1939.[9]

De cerca de 900 a 1700, os asquenazitas concentraram-se em poucas atividades, destacando-se o prestamismo e certo tipo de coleta de impostos (pagar o dinheiro dos impostos adiantado ao príncipe e depois cobrá-lo dos súditos que deviam). Por causa da forte herdabilidade da inteligência, a equipe de Utah calcula que vinte gerações, em meros quinhentos anos, seriam suficientes para que os asquenazitas desenvolvessem um QI 16 pontos acima do QI dos europeus. A equipe de Utah presume que a herdabilidade da inteligência é de 0,8, isto é, que 80% da variação, a diferença entre os valores mais altos e mais baixos em uma população, deve-se à genética. Se os pais de cada geração tiverem um QI de apenas 1 ponto acima da média, então o QI médio aumenta 0,8% a cada geração. Se o tempo médio de cada geração humana na Idade Média era de 25 anos, então em vinte gerações humanas, ou quinhentos anos, o QI asquenazita aumentaria 20 × 0,8 = 16 pontos de QI.

Havia, claro, prestamistas cristãos, que precisavam ter as mesmas capacidades cognitivas dos asquenazitas. Porém, os cristãos casavam-se dentro de uma comunidade muito maior, que incluía pessoas em muitas outras ocupações. A seleção natural pode ter elevado a inteligência das populações urbanas em geral durante a Idade Média, mas ela exerceu um efeito muito mais forte na população judaica, que era menor. Isso porque quaisquer genes que melhorassem a inteligência e que surgissem em uma família na população geral seriam diluídos na geração seguinte, mas poderiam acumular-se na comunidade judaica porque havia impedimentos ao casamento com pessoas de fora. Esse efeito seletivo não pôde operar nos judeus orientais – aqueles sob governo muçulmano – porque seus governantes em grande parte os confinavam a ocupações impopulares como o curtimento e os açougues, que não demandavam capacidades intelectuais particulares. Os judeus orientais e os sefarditas não estão super-representados em ocupações cognitivamente exigentes, e ambos os grupos têm QIs comparáveis aos dos europeus, segundo a equipe de Utah.

Os pesquisadores de Utah não levam a sério as outras explicações que já foram propostas para a maior inteligência judaica. Uma é que as séries de massacres e de expulsões que começaram na época da Primeira Cruzada em 1096 constituíram um efeito seletivo ao qual apenas os mais inteligentes conseguiram sobreviver. Porém, os massacres e as expulsões afetaram toda a população asquenazita e parece improvável que tenham selecionado os mais inteligentes com a mesma precisão que as capacidades necessárias para conceder empréstimos.

Segundo o folclore judaico, os casamentos entre os filhos de rabinos e de mercadores ricos eram o motor da inteligência aguçada. Escreve o antropólogo Melvin Konner:

> [As academias talmúdicas] selecionaram as melhores mentes em cada geração de judeus por mais de mil anos. As estrelas nascentes entre aqueles rapazes brilhantes conviveriam com mercadores de sucesso, e casamentos seriam arranjados entre eles e as filhas dos mercadores. Assim, os rapazes mais inteligentes e mais estudiosos se juntariam às famílias mais ricas.[10]

Sem quaisquer dados sobre a frequência com que esses casamentos eram arranjados, isso mais parece a fantasia de um acadêmico do que um arranjo comum. Os mercadores ricos talvez enxergassem o filho de outro mercador como um genro mais promissor do que um pobre estudante rabínico. Porém, se esses casamentos às vezes ocorriam, não havia rabinos suficientes na população – apenas 1% – para fazer uma diferença genética significativa, diz a equipe de Utah.

Os pesquisadores de Utah apresentam um argumento geral interessante: a pressão seletiva de um nicho ocupacional cognitivamente exigente teria favorecido a inteligência superior entre os asquenazitas. Em seguida, eles prosseguem identificando o que julgam ser os genes causativos. Suas propostas, caso confirmadas, dariam plausibilidade específica ao argumento geral, mas, caso sejam falsas, não o derrubariam.

O argumento genético diz respeito às mutações que causam doenças mendelianas. As doenças mendelianas, ou simples, são aquelas que resultam de uma mutação que incapacita um único gene, ao contrário de doenças complexas, como câncer ou diabetes, que são o produto de diversos genes causadores variantes.

Cada população tem seu próprio padrão de doenças mendelianas. Entre os judeus, algumas mutações mendelianas, como a conhecida febre familiar do Mediterrâneo, são muito antigas, sendo compartilhadas com populações do Oriente Médio como os turcos e os drusos, ao passo que outras só se encontram entre os asquenazitas ou os sefarditas, e por isso devem ter ocorrido apenas depois de as duas populações se separarem.

A análise da equipe de Utah concentra-se em um grupo de quatro doenças mendelianas que só ocorrem nos asquenazitas e afetam uma obscura função bioquímica, o armazenamento de gorduras conhecido como esfingolipídios. As quatro doenças são conhecidas como doença de Tay-Sachs, de Gaucher, de Niemann-Pick e mucolipidose tipo IV.

Herdar uma única cópia de qualquer um desses genes variantes não faz grande mal: a cópia boa herdada do outro progenitor compensa o alelo defeituoso. Porém, herdar uma dose dupla dos alelos variantes pode provocar lesões sérias no caso da doença de Gaucher e é letal nos casos das outras três.

Os genes variantes que causam as quatro doenças são encontrados em proporções relativamente altas na população asquenazita. Quando uma versão de um gene é mais comum do que o esperado, os geneticistas normalmente presumem uma entre duas causas. Uma é a seleção natural e a outra é a influência conhecida como efeito fundador.

Por que a seleção natural favoreceria um gene variante associado a uma doença letal? Isso pode acontecer se a variante, ainda que letal em dose dupla, conferir alguma vantagem quando herdada de apenas um progenitor. Um exemplo bem conhecido é o da anemia falciforme. Uma pessoa com uma cópia do gene variante fica protegida da malária, mas aqueles que herdam duas cópias sofrem de uma séria doença do sangue. O alelo será favorecido pela seleção natural porque os muitos portadores de um só alelo, que ficam protegidos da malária, superam em muito o número dos portadores dos dois alelos, que morrem ou sofrem deficiências.

A outra razão por que um gene variante pode ser mais comum do que o esperado é que ele por algum motivo ocorreu em grande frequência em uma população pequena que posteriormente expandiu-se. Qualquer mutação rara cujo portador é um dos fundadores da população será herdada por seus descendentes e terá naquela população uma frequência maior do que na maioria das outras, situação conhecida como efeito fundador.

O geneticista Neil Risch concluiu que as mutações dos judeus asquenazitas são efeitos fundadores que surgiram cerca de mil anos atrás. Como todas as mutações surgiram ao mesmo tempo, elas devem ter a mesma causa, e isso deve ser um efeito fundador, afirma

Risch, porque é improvável que essa variedade de mutações ofereça alguma vantagem específica que a seleção natural possa favorecer.[11]

Esse argumento, porém, é revertido em termos simples pela equipe de Utah. Eles concordam que as mutações asquenazitas surgiram nos últimos mil anos, mas afirmam que elas foram de fato favorecidas pela seleção natural porque todas promovem a inteligência.

Caso se rejeite o argumento do efeito fundador, uma razão plausível para a grande disseminação das mutações mendelianas asquenazitas seria que elas protegem contra alguma doença grave. Porém, esse efeito protetor ainda não foi detectado. De todo modo, os judeus asquenazitas e as populações europeias entre as quais eles viveram sofriam das mesmas doenças, mas não há um padrão similar de mutações entre os europeus.

A única diferença significativa no modo de vida asquenazita era que eles trabalhavam em ocupações cognitivamente exigentes, diz a equipe de Utah, então essa deve ter sido a pressão seletiva que impeliu as mutações mendelianas asquenazitas a esses níveis relativamente altos.

Outra razão para supor que a seleção natural está operando, e não um efeito fundador, é que algumas das mutações asquenazitas ocorrem em *clusters*. Isso é altamente fora do comum porque as mutações acontecem aleatoriamente ao longo do genoma, por isso não deveriam concentrar-se em genes que têm todos a mesma função. Um conjunto de mutações asquenazitas ocorre no *cluster* de genes que controla a rede de armazenamento de esfingolipídios mencionada anteriormente. Se quatro mutações estão presentes em uma rede específica, temos um forte indício de seleção natural. A equipe de Utah chama a atenção para os dados experimentais, ainda que não haja muitos deles, sugerindo que a perturbação do armazenamento esfingolipídico induza os neurônios a fazer mais conexões do que o habitual.

Um segundo *cluster* de quatro mutações encontra-se na rede de reparos do DNA. Duas das mutações ocorrem nos genes BRCA1 e BRCA2 e estão associadas com os cânceres de seio e de ovário. As outras duas mutações causam a anemia de Fanconi tipo C e a síndrome de Bloom. É difícil enxergar como perturbações do sistema de reparação do DNA poderiam ser benéficas em qualquer contexto, especialmente no caso das duas mutações do BRCA, que trazem riscos mesmo quando um indivíduo tem uma única cópia do gene modificado. A equipe de Utah observa que o BRCA1 pode limitar a proliferação celular nas células-tronco neuronais no embrião e no adulto, de modo que o comprometimento do gene poderia permitir a geração de mais células cerebrais. A equipe sugere que podem existir vantagens similares, ainda por ser descobertas, nas outras mutações do reparo do DNA.

Ainda que o papel exato das mutações mendelianas na promoção da inteligência esteja por ser esclarecido, elas são notavelmente comuns entre os asquenazitas. Cerca de 15% dos judeus asquenazitas são portadores de uma das mutações do esfingolipídio ou do reparo do DNA, e 60% são portadores ou dessas ou de uma das outras mutações das doenças mendelianas peculiares aos asquenazitas. Como já observado, as mutações são inofensivas caso sejam herdadas de apenas um progenitor. A explicação da equipe de Utah parece a melhor até agora para esse estranho padrão de mutações, e em particular para aquelas que existem em *clusters*. Além disso, uma das grandes virtudes de uma hipótese científica é ser facilmente testável, como é a teoria da equipe de Utah. A teoria implica que as pessoas que são portadoras de uma das mutações asquenazitas terão, na média, pontuações maiores de QI do que as pessoas que não são. Qualquer um que disponha de acesso a uma população asquenazita pode testar a previsão de que o QI alto está associado a mutações asquenazitas. Estranhamente, até agora ninguém fez isso, ou, se fez, não publicou os resultados.

Sem poder fazer testes com uma população viva, a equipe de Utah obteve evidências indiretas de que a doença de Gaucher eleva o QI. Eles verificaram que dos 255 pacientes em idade laboral em uma clínica em Israel, um terço estava em áreas como ciências, contabilidade e medicina, que exigem QI alto, uma proporção muito maior do que na população como um todo.

VANTAGENS DA ALFABETIZAÇÃO

Uma possível fragilidade da proposta da equipe de Utah é a afirmação de que a capacidade cognitiva mais apurada limita-se ao ramo asquenazita da população judaica. Os sefarditas deram ao mundo Spinoza, Disraeli, Ricardo e muitos outros indivíduos de renome. É difícil encontrar medidas específicas do QI sefardita, e a equipe de Utah não oferece nenhuma em seu artigo. Mensurações em Israel relatam que o QI asquenazita é mais alto do que o não asquenazita, mas este último grupo inclui tanto os judeus do Oriente quanto os sefarditas. A equipe de Utah concentra-se nos judeus asquenazitas porque as mutações mendelianas encontradas entre eles parecem ter-se originado por volta do ano 1000, após os asquenazitas e os sefarditas terem se tornado populações separadas. Porém, mesmo que a tese da equipe de Utah tenha mérito, não existe razão para os judeus não poderem ter desfrutado de capacidades cognitivas especiais desde muito antes em sua história; nesse caso, esses traços depois teriam sido aguçados entre os asquenazitas da maneira descrita pelos cientistas.

Uma nova perspectiva da história judaica foi desenvolvida recentemente por dois historiadores econômicos, Maristella Botticini e Zvi Eckstein. Botticini, professora da Universidade Bocconi, em Milão, é especializada em contratos medievais e em mercados matrimoniais. Eckstein é um economista de renome que foi vice-presidente do Banco de Israel. O interesse de ambos na história judaica concentra-se em números populacionais e nas ocupações. Eles não fazem quase nenhuma referência à inteligência ou à genética, mas sua história econômica deixa abundantemente claro como as pressões seletivas podem ter agido sobre a população judaica de modo a aguçar a capacidade cognitiva.

A explicação convencional, amplamente aceita, da história ocupacional judaica é que os judeus eram proibidos pelas nações cristãs hospedeiras de possuir terras e passaram a emprestar dinheiro porque essa era a única profissão permitida a eles. Por causa de frequentes expulsões e perseguições, segundo essa visão, as comunidades judaicas dispersaram-se em cidades por toda a Europa e pelo mundo mediterrâneo.

Botticini e Eckstein rejeitam essa explicação, afirmando, com riqueza de detalhes históricos, que os judeus não foram forçados ao prestamismo, mas antes o escolheram por ser muito lucrativo. Além disso, eles em geral se dispersavam não por causa de perseguições, mas porque havia espaço para um número limitado de prestamistas em cada cidade.

Porém, como os judeus vieram a escolher essa ocupação pouco usual? Botticini e Eckstein desenvolvem uma explicação simples, mas persuasiva, que remonta aos princípios do judaísmo rabínico no primeiro século da era cristã.

Antes da era rabínica, a religião israelita concentrava-se no Templo de Jerusalém e em copiosos sacrifícios animais. Seus líderes promoveram três grandes insurreições contra o domínio romano, a primeira das quais culminou na destruição do Templo de Jerusalém no ano 70. A perda do templo fortaleceu a posição dos fariseus, uma dentre muitas seitas, e levou-os a desenvolver uma versão muito diferente do judaísmo, na qual o local de culto e o sacrifício animal foram substituídos como componentes centrais da religião pelo estudo da Torá.

A forma rabínica do judaísmo que surgiu desse movimento enfatizava a alfabetização e as capacidades de ler e de interpretar a Torá. Mesmo antes da destruição do templo, Joshua ben Gamla, sumo sacerdote fariseu, promulgou a exigência, em 63 ou 65, de que todo pai judeu deveria enviar seus filhos para a escola aos seis ou sete anos. O objetivo dos fariseus era a alfabetização masculina universal, para que todos pudessem entender as leis judaicas e obedecer a elas. Entre os anos 200 e 600, esse objetivo foi em grande parte atingido, à medida que o judaísmo se transformava em uma religião baseada no estudo da Torá (os primeiros cinco livros da Bíblia) e do Talmude (um compêndio de comentários rabínicos).

Essa notável reforma educacional não foi realizada sem dificuldade. A maioria dos judeus naquela época ganhava a vida trabalhando no campo, como quase todo mundo. Era caro para agricultores enviar os filhos à escola e a instrução não tinha valor prático. Muitos parecem ter resistido a ela, pois o Talmud está cheio de imprecações contra os *ammei ha-aretz*, que no uso talmúdico significa a gente grosseira do campo, que se recusa a dar instrução aos filhos. Os pais são aconselhados a não deixar, em hipótese alguma, suas filhas se casarem com as pessoas sem estudo dos *ammei ha-aretz*.

Os homens do campo desprezados podiam escapar dessa intimidação sem abandonar por completo o judaísmo. Podiam adotar uma forma de judaísmo *light* – desenvolvida por um judeu da Diáspora – que não exigia nem saber ler, nem estudar a Torá e estava ganhando popularidade naquela época. O judeu da Diáspora era Paulo de Tarso, e o cristianismo, a religião que ele desenvolveu, acondiciona inconsutilmente o judaísmo no credo de um culto de mistério de um deus da vegetação agrícola que morre no outono e ressuscita na primavera.[12]

Como evidência de que muitos judeus de fato se converteram ao cristianismo, Botticini e Eckstein citam estimativas que mostram que a população judaica caiu dramaticamente de cerca de 5,5 milhões no ano 65 para mero 1,2 milhão em 650. Não há muitas outras explicações para um declínio tão dramático além de uma alta taxa de conversão para fora do judaísmo.

Botticini e Eckstein não fazem qualquer menção às forças genéticas que teriam sido colocadas em jogo por essa conversão. Porém, se os judeus que careciam da capacidade de alfabetizar-se, ou do comprometimento para tanto, foram expulsos da comunidade geração após geração, a propensão para o alfabetismo daqueles que ficavam aumentou constantemente. A exigência rabínica de alfabetização masculina universal pode, portanto, ter sido o primeiro passo na direção de uma melhoria genética da capacidade cognitiva judaica. Um segundo passo viria depois, quando a alfabetização foi posta a serviço de um grande efeito prático.

Por volta do ano 650, os judeus tinham quase inteiramente desaparecido das regiões em que o cristianismo era forte, incluindo a Síria, o Líbano, o Egito e até mesmo Israel. O centro do mundo judaico foi transferido para o Iraque e para a Pérsia. Houve também uma alteração nas ocupações judaicas. Os judeus abandonaram a agropecuária e mudaram-se para as cidades, onde adotaram atividades comerciais e de serviços, ou então tornaram-se lojistas e artesãos.

Após o estabelecimento do califado abássida no ano 750, os judeus migraram para as cidades grandes e pequenas que então prosperavam. Por volta do ano 900, quase todos os judeus estavam envolvidos em ocupações urbanas, trabalhando como artesãos, comerciantes, prestamistas e médicos. Por que os judeus escolheram profissões dessas áreas em particular? A crença comum é que eles eram proibidos de possuir terras e não podiam adotar certas profissões. Botticini e Eckstein dizem que há pouco ou nenhum indício dessas proibições. Os judeus se concentraram em profissões como o comércio e o prestamismo, dizem os autores, por uma razão simples. Em um mundo em que a maioria das pessoas era analfabeta, o fato de quase todos os judeus serem alfabetizados dava-lhes uma clara vantagem em qualquer ocupação que demandasse ler contratos e cuidar de contabilidade.

Os judeus gozavam de outro benefício prático conferido por sua religião. As comunidades judaicas estavam submetidas à lei, como disposta no Talmud, e os tribunais rabínicos cuidavam da aplicação dos contratos e das disputas. Por causa da presença das comunidades judaicas em muitas cidades da Europa e do Oriente Próximo, os judeus tinham acesso à rede natural de comércio de seus correligionários. Tanto a rede quanto o mecanismo de resolução de disputas eram extraordinários e davam aos judeus uma vantagem particular no comércio a longa distância.

À medida que o comércio e a urbanização começaram a florescer no mundo muçulmano sob os abássidas, a "maior taxa de alfabetização do povo judaico", escrevem Botticini e Eckstein, "dava aos judeus uma vantagem comparativa sobre os não judeus como artesãos, negociantes, comerciantes e prestamistas".[13]

O saque de Bagdá pelos mongóis em 1258 destruiu o centro político e cultural do Império Abássida, e grandes regiões do Iraque e da Pérsia ficaram despovoadas. O centro populacional da comunidade judaica deslocou-se então para a Europa, onde os judeus se especializaram cada vez mais em emprestar dinheiro.

Esse padrão ocupacional teve uma profunda consequência demográfica. Como o prestamismo era muito lucrativo, apesar de seus altos riscos, os judeus conseguiam manter grandes famílias e, como outras pessoas ricas, conseguiam garantir que uma parte maior de seus filhos sobrevivesse até a idade adulta. Após a devastação das comunidades judaicas no Iraque e na Pérsia e a expulsão dos judeus europeus da Inglaterra, da França e de muitas áreas da Alemanha, sua população total caiu para menos de 1 milhão em 1500. Porém, impelida por sua nova riqueza, a população judaica começou a aumentar rapidamente e em 1939 tinha chegado a 16,5 milhões de pessoas no mundo inteiro.

De uma perspectiva evolutiva, o aumento populacional foi o resultado de uma adaptação de sucesso. Por causa da exigência de alfabetização, os judeus encontravam-se mais capacitados do que os não judeus para lidar com as novas exigências cognitivas do comércio urbano. Escreve o historiador Jerry Z. Muller:

> Os judeus tinham os traços comportamentais que levam ao sucesso em uma sociedade capitalista. Eles entraram em sociedades que se comercializavam com um estoque de conhecimentos de suas famílias e comunidades sobre como os mercados funcionavam, como calcular lucros e perdas, como avaliar e assumir riscos. Mais importante de tudo, embora mais difícil de especificar, os judeus demonstraram propensão para descobrir novas carências e trazer recursos subutilizados ao mercado.[14]

Assim como as comunidades imigrantes chinesas, os judeus trouxeram benefícios enormes às economias em que trabalhavam. Infelizmente, seu sucesso, assim como o dos imigrantes chineses, em muitos casos provocou não a gratidão, mas a inveja, seguida por discriminação e por ataques assassinos, resposta que reflete mais fortemente a ganância do que a inteligência das populações hospedeiras.

Olhando o físico de um esquimó, é fácil reconhecer o processo evolutivo operante que moldou a forma humana para sobreviver melhor no ambiente ártico. Populações que vivem em grandes altitudes, como os tibetanos, representam outra adaptação a ambientes extremos; nesse caso, as mudanças na regulação das células sanguíneas são menos visíveis, mas foram identificadas geneticamente. O sucesso econômico dos judeus da época medieval em diante poderia ser outro desses processos evolutivos, porém, se for o caso, é mais difícil de reconhecer porque o nicho ao qual os judeus estão adaptados exigiu uma mudança comportamental, não física.

Por causa dessa adaptação, a população judaica inclui proporcionalmente mais indivíduos de capacidade cognitiva superior do que muitas outras. Por isso, ela tem uma força extraordinária em empreitadas que demandam inteligência. A distribuição de traços como a inteligência segue a forma de um sino, com um grande número de pessoas com valor médio e números progressivamente menores delas à medida que se passa ao extremo mais alto ou ao mais baixo. É preciso apenas uma pequena mudança para cima no valor médio para que haja um aumento significativo no extremo superior. O QI médio dos norte-europeus é de 100, por definição, e 4 pessoas em cada 1.000 nessa população possuem QIs acima de 140. Porém, entre os asquenazitas, se o QI médio é de 110, então 23 asquenazitas em cada 1.000 devem passar de 140, segundo os cálculos da equipe de Utah, proporção seis vezes maior do que a do norte da Europa. Isso ajuda a explicar por que a população judaica, apesar de seu tamanho reduzido, produziu tantos ganhadores do Prêmio Nobel e tantas pessoas de distinção intelectual.

Civilizações e história

Pouco a pouco todos os povos não ocidentais da Terra viram que era necessário fazer algo drástico a respeito dos intrusivos europeus, com seus modos perturbadores e irrequietos. Assim, a ascensão do Ocidente a essa posição de dominância por todo o planeta é, de fato, o tema principal de toda a história mundial moderna.

WILLIAM MCNEILL[1]

A história pregressa, presente e futura do dinamismo militar no mundo é em última instância uma investigação da destreza das armas ocidentais.

VICTOR DAVIS HANSON[2]

Porém, qualquer história das civilizações do mundo que minimize o grau de sua progressiva subordinação ao Ocidente desde 1500 não enxergará o cerne da questão – aquilo que mais precisa ser explicado. A ascensão do Ocidente é, muito simplesmente, o fenômeno histórico mais destacado do segundo milênio depois de Cristo. É a narrativa no coração mesmo da história moderna. Trata-se talvez da charada mais difícil que os historiadores precisam resolver.

NIALL FERGUSON[3]

Em 1608, Hans Lippershey, fabricante de óculos na cidade holandesa de Middelburg, inventou o telescópio. Em poucas décadas, os telescópios haviam sido introduzidos da Europa à China, do Império Mogol na Índia ao Império Otomano. Todas as quatro civilizações estavam, portanto, em pé de igualdade no que dizia respeito à posse desse poderoso novo instrumento, com seu poder latente de observar o Universo e de deduzir as leis dos movimentos planetários.

Poucos são os experimentos controlados da história, mas Toby Huff, historiador da ciência, descobriu um deles na maneira como o telescópio foi recebido e usado no século XVII. As reações das quatro civilizações a esse poderoso novo instrumento dizem algo sobre os tipos muito diferentes de sociedade que cada qual desenvolveu.

Na Europa, o telescópio foi imediatamente apontado para o firmamento. Galileu, ao ouvir uma descrição do dispositivo de Lippershey, logo começou a construir seus próprios telescópios. Foi ele o primeiro a observar as luas de Júpiter. Também usou os satélites de Júpiter como prova empírica a favor da ideia de Copérnico, então controversa, de que os planetas, incluindo a Terra, eram satélites do Sol. O argumento de Galileu de que a Terra girava em torno do Sol colocou-o em conflito com a crença da Igreja de que a Terra era fixa. Em 1633, ele foi obrigado pela Inquisição a retratar-se e colocado em prisão domiciliar pelo resto da vida.

A Europa, porém, não era monolítica, e a Inquisição não tinha poder para suprimir as ideias de Copérnico e de Galileu nos países protestantes. Aquilo que Galileu começou foi levado adiante por Kepler e por Newton. O ímpeto da Revolução Científica quase não esmoreceu.

No mundo islâmico, o telescópio rapidamente chegou ao Império Mogol, na Índia. Um telescópio foi dado de presente em 1616 pelo embaixador britânico à corte do imperador Jahāngīr, e muitos mais chegaram um ano depois. Os mogóis conheciam bem a astronomia, mas seu interesse por ela limitava-se a questões do calendário. Um calendário revisto foi apresentado ao imperador mogol Shāh Jahān em 1628, mas o estudioso que o preparou baseou-o no sistema ptolomaico (que presume que o Sol gira em torno de uma Terra imóvel).

Considerando essa grande familiaridade com a astronomia, talvez se pudesse esperar que os estudiosos mogóis usassem o telescópio para explorar o céu. Porém, os projetistas de instrumentos astronômicos do Império Mogol não produziram telescópios, e os estudiosos não geraram nenhuma demanda por eles. "No fim das contas, nenhum estudioso mogol tentou usar o telescópio para fins astronômicos no século XVII", informa Huff.[4]

Os telescópios não tiveram melhor sorte no outro império islâmico da época. Eles chegaram a Istambul em torno de 1626 e foram rapidamente incorporados à Marinha otomana. Porém, apesar da preeminência muçulmana na campo da óptica no século XIV, os estudiosos do Império Otomano não demonstraram qualquer interesse particular pelo telescópio. Eles se contentavam com a visão ptolomaica do Universo e não se esforçaram para traduzir as obras de Galileu, de Copérnico ou de Kepler. "Não foram construídos novos observatórios, nenhum telescópio aperfeiçoado foi produzido e não há registros de debates cosmológicos sobre aquilo que o telescópio revelava dos céus", conclui Huff.[5]

Fora da Europa, os mais promissores novos usuários do telescópio estavam na China, cujo governo tinha um profundo interesse na astronomia. Além disso, havia um mecanismo fora do comum, mas vigoroso, de introdução das novas descobertas astronômicas europeias na China, na forma da missão jesuítica que havia ali. Os jesuítas achavam que tinham mais chance de converter a China ao cristianismo se mostrassem que a astronomia europeia era capaz de oferecer cálculos mais precisos dos eventos celestiais em que os chineses estavam interessados. Por meio dos esforços dos jesuítas, os chineses certamente sabiam do telescópio em 1626, e o imperador provavelmente recebeu um telescópio do cardeal Borromeo, de Milão, já em 1618.

Os jesuítas investiram em talentos importantes para sua missão, que foi fundada por Matteo Ricci, matemático de formação que também falava chinês. Ricci, que morreu em 1610, e seus sucessores importaram os livros europeus mais recentes sobre matemática e astronomia e ensinaram diligentemente os astrônomos chineses, que começaram a reformar o calendário. Um dos jesuítas, Adam Schall von Bell, chegou a se tornar o chefe do Departamento Chinês de Matemática e Astronomia.

Os jesuítas e seus seguidores chineses realizaram muitas vezes desafios de previsões entre eles e os astrônomos chineses que seguiam os métodos tradicionais, desafios esses que os jesuítas sempre venciam. Os chineses sabiam, por exemplo, que haveria um eclipse solar em 21 de junho de 1629, e o imperador pediu aos dois lados que, um dia antes de ele acontecer, predissessem seu local e sua duração exatos. Os astrônomos tradicionais previram que o eclipse começaria às 10h30 da manhã e duraria duas horas. Em vez disso, ele começou às 11h30 da manhã e durou dois minutos, exatamente como os jesuítas tinham calculado.

Porém, essas vitórias nos cálculos não resolveram o problema dos jesuítas. Os chineses tinham pouca curiosidade a respeito da astronomia em si. Estavam mais interessados em adivinhação, em prever dias propícios para certos acontecimentos, e a astronomia não passava de um meio para esse fim. Por isso, o Departamento de Astronomia era apenas uma pequena unidade do Ministério dos Ritos. Os jesuítas tinham dúvidas sobre o quão longe poderiam chegar no ramo da previsão astrológica, mas seu programa de converter os chineses por meio da excelência astronômica convenceu-os a tentar mesmo assim. Isso os levou a um enfrentamento com as autoridades e a ser denunciados como estrangeiros que estavam interferindo em questões chinesas. Em 1661, Schall e os demais jesuítas foram presos com espessas correntes de ferro e postos na cadeia. Schall foi condenado à execução por desmembramento, e só foi solto porque aconteceu um terremoto no dia seguinte.

Intrigante é que ao longo desse período os chineses não fizeram nenhuma melhoria no telescópio. Também não demonstraram qualquer interesse prolongado na efervescência das ideias europeias sobre a estrutura teórica do Universo, apesar de os jesuítas os informarem das mais recentes pesquisas. Os astrônomos chineses tinham atrás de si uma tradição secular de observação astronômica. Porém, ela estava embutida em um sistema cosmológico que eles relutavam em abandonar. Sua xenofobia latente também dava esteio à resistência a novas ideias. "Melhor não ter boa astronomia do que ter ocidentais na China", escreveu o estudioso anticristão Yang Guangxian.[6]

Tanto a China quanto o mundo muçulmano sofriam de um "déficit de curiosidade" sobre o mundo natural, diz Huff, déficit que ele atribui a seus sistemas educacionais. Contudo, as diferenças entre as sociedades europeias e as demais iam consideravelmente além da educação e da curiosidade científica. A recepção do telescópio mostra que, no começo do século XVII, diferenças fundamentais já tinham surgido no comportamento social das quatro civilizações e nas instituições que lhe davam corpo. As sociedades europeias eram inovadoras, voltadas para o mundo exterior, interessadas em desenvolver novos conhecimentos e em aplicá-los e suficientemente abertas e pluralistas para impedir que a antiga ordem suprimisse a nova. As sociedades da China e do mundo islâmico ainda estavam enredadas em estruturas religiosas tradicionais e eram subservientes demais à hierarquia para apoiar o pensamento livre e a inovação.

O DINAMISMO DO OCIDENTE

As tendências no século XVII iluminadas pelo experimento de Huff a respeito da história do telescópio continuaram até os dias de hoje, surpreendentemente com poucas mudanças. Quatro séculos depois, as sociedades europeias ainda são mais abertas e mais inovadoras do que as outras. As sociedades islâmicas ainda são voltadas para dentro, tradicionais e hostis ao pluralismo. Um regime autoritário ainda governa a China, destrói toda oposição organizada e inibe o fluxo livre de ideias e informações. A constância dessas principais tendências é um forte indicador, ainda que certamente não uma prova, de que forças evolutivas podem ter moldado a natureza básica dessas sociedades e de suas instituições.

Porque suas sociedades são abertas e inovadoras, o Ocidente chegou a obter um grau surpreendente de dominância em muitas esferas, apesar do fato de que seus métodos e seu conhecimento há muito tempo são um livro aberto que todos os demais podem copiar. A maior parte do mundo está hoje integrada ao sistema econômico ocidental. Porém, o Japão e a China, dois de seus principais rivais econômicos, dão poucos sinais de que se tornarão inovadores melhores. A maioria das empresas que obtiveram enorme sucesso global ainda está no Ocidente. Os americanos e os europeus ainda dominam a maioria dos campos de pesquisa científica e recebem a maioria dos prêmios Nobel.

O Ocidente continua a liderar em poderio militar. Sua preeminência não foi uniforme. O Japão derrotou a frota russa na batalha de Tsushima em 1905 e tomou as possessões do Sudeste Asiático das potências coloniais europeias na Segunda Guerra Mundial. A China chegou ao empate com os Estados Unidos na Guerra da Coreia, e os Estados Unidos não venceram o Vietnã. As potências europeias retiraram-se de muitos países colonizados após o custo da manutenção de sua posse tornar-se proibitivo. Porém, a força ocidental permaneceu essencialmente incontrastável desde que resistiu à invasão otomana no século XVII. Por séculos, os mais fortes adversários das potências ocidentais foram outras nações ocidentais.

A ciência ocidental, um motor da tecnologia, ainda possui uma grande liderança sobre a de outros países. Apesar da expectativa de que a ciência japonesa se tornasse formidável na esteira de sua modernização, esse florescimento não aconteceu. E, apesar do investimento pesado em pesquisa científica, não existe garantia de que só com a força dos números a China possa tornar-se uma grande potência científica. A ciência é essencialmente subversiva, no sentido de que exige, ao menos em seus grandes progressos, a derrubada de teorias aceitas e sua substituição por teorias melhores. As sociedades da Ásia oriental tendem a dar muito valor ao conformismo e ao respeito pelos superiores, o que não é um terreno fértil para o florescimento da ciência.

No mundo inteiro, a medicina ocidental mostrou-se mais eficiente do que a variante tradicional. A música, as artes e o cinema ocidentais são geralmente mais criativos do que as culturas artísticas do Oriente, limitadas pela tradição, e a abertura das sociedades ocidentais é considerada mais atraente por muitos. Não seria cabível atribuir qualquer virtude particular aos europeus como indivíduos – eles são pouco diferentes de quaisquer outros. Porém, a organização social europeia e particularmente suas instituições mostraram-se, segundo muitos critérios significativos, mais produtivas e mais inovadoras do que as de outras civilizações. O que, então, explica a ascensão e o sucesso continuado do Ocidente?

DETERMINISMO GEOGRÁFICO

Uma explicação para a ascensão do Ocidente é geográfica. O geógrafo Jared Diamond é o mais recente defensor dessa ideia. Em *Armas, germes e aço*, ele afirma que o Ocidente é mais poderoso do que o restante simplesmente porque teve uma vantagem inicial, ao dispor de mais condições favoráveis à agricultura. A natureza das próprias pessoas, ou de suas sociedades, não é relevante, na opinião dele. Tudo na história humana foi determinado por traços geográficos, como as espécies de vegetais e de animais disponíveis para a domesticação, ou as doenças que eram endêmicas em uma população mas não em outra.

Apesar da popularidade do livro de Diamond, há muitas lacunas sérias em seu argumento. Uma é o pressuposto antievolutivo de que importa apenas a geografia, e não os genes. Seu livro, escreve o próprio Diamond, pode ser resumido em uma única frase: "A história seguiu diferentes caminhos para diferentes povos por causa de diferenças entre os ambientes dos povos, não por causa de diferenças biológicas".[7] O determinismo geográfico, porém, é uma posição tão absurda quanto o determinismo genético, considerando que a evolução diz respeito à interação entre os dois.

O livro de Diamond é construído como uma resposta à pergunta que lhe foi feita pelo membro de uma tribo da Nova Guiné sobre por que a civilização ocidental produzia bens materiais em uma quantidade tão maior que a sociedade da Nova Guiné. Diamond não dá importância a desenvolvimentos como a ascensão da ciência moderna, a Revolução Industrial e as instituições econômicas por meio das quais os europeus finalmente escaparam da armadilha malthusiana. Na verdade, quando os europeus levaram seus métodos econômicos para a Austrália, por exemplo, logo foram capazes de criar e de operar uma economia europeia. Os aborígenes, a população nativa australiana, ainda estavam no Paleolítico quando os europeus chegaram e não deram qualquer sinal de desenvolver uma cultura material mais avançada sob qualquer aspecto.

Se, no mesmo ambiente, o da Austrália, uma população consegue operar uma economia altamente produtiva e outra não consegue, certamente não pode ser o ambiente o fator decisivo, como Diamond sustenta, mas sim alguma diferença crucial na natureza das duas populações e de suas sociedades.

O próprio Diamond levanta esse contra-argumento, mas só para descartá-lo como "odioso" e "racista", estratagema que o poupa de ter de considerar seus méritos. Se satanizar os adversários das próprias ideias muitas vezes funciona no parquinho da academia, não é uma atitude automaticamente racista considerar categorias raciais como um fator explicativo possível. O próprio Diamond faz isso quando convém a seus fins. Ele afirma que "a seleção natural, promovendo genes da inteligência, foi provavelmente muito mais implacável na Nova Guiné do que em sociedades mais densamente povoadas e politicamente complexas. [...] Em termos de capacidades mentais, os habitantes da Nova-Guiné provavelmente são superiores aos ocidentais do ponto de vista genético".[8] Não existe qualquer indício de que essa improvável conjectura seja verdadeira.[9]

Igualmente estranha é sua afirmativa de que é mais provável que a inteligência tenha mais chances de ser favorecida em sociedades da Idade da Pedra do que em sociedades modernas. A inteligência pode ser mais bem recompensada nas sociedades modernas porque a demanda por ela é muito maior, e os asiáticos orientais e os europeus que construíram essas sociedades de fato têm QI mais alto – o que pode significar uma inteligência maior – do que o das pessoas que vivem em sociedades tribais ou caçadoras-coletoras.

Armas, germes e aço foi imensamente popular, mas os muitos leitores que, ao que parece, passam por cima da estranheza de suas afirmações contrafactuais deixam escapar uma pista importante sobre a natureza do livro de Diamond. Ele é movido pela ideologia, não pela ciência. Os lindos argumentos sobre a disponibilidade de espécies domesticáveis ou sobre a disseminação das doenças não são análises desapaixonadas de fatos, mas estão atrelados ao galopante cavalo do determinismo geográfico de Diamond, ele próprio projetado para afastar o leitor da ideia de que os genes e a evolução possam ter desempenhado qualquer papel na história humana recente.

A geografia e o clima sem dúvida foram importantes, mas não nesse grau avassalador sugerido por Diamond. Os efeitos da geografia são mais fáceis de ver em um sentido negativo, especialmente seu papel na contenção da urbanização em regiões de densidade populacional baixa, como a África e a Indonésia. Muito mais difícil de entender é como a Europa e a Ásia oriental, que ficam praticamente nas mesmas latitudes, foram conduzidas a diferentes caminhos.

Se a geografia oferece apenas uma primeira aproximação à resposta, será que a economia pode oferecer uma explicação mais detalhada para a ascensão do Ocidente? Como dito no capítulo "O remodelamento da natureza humana", os historiadores econômicos em geral voltaram-se para fatores como instituições e recursos para explicar a gênese da Revolução Industrial. Porém, muitas das aparentes condições do sucesso estavam presentes na China e também na Inglaterra, dando poucas razões evidentes para a preponderância ocidental. "Quase todos os elementos geralmente considerados pelos historiadores como uma contribuição relevante para a Revolução Industrial no noroeste da Europa também estavam presentes na China", concluiu o historiador Mark Elvin.[10]

Aqueles que preferem as instituições como a chave da Revolução Industrial enfatizaram a Revolução Gloriosa inglesa de 1688, que colocou o soberano firmemente sob o controle do Parlamento e racionalizou os incentivos econômicos. Porém, tanto a Revolução Gloriosa quanto a Revolução Industrial que se seguiu foram desenvolvimentos tardios na ascensão do Ocidente, cujas fundações os historiadores julgam ter sido lançadas muito antes.

Em um ensaio recente que procura explicar a ascensão do Ocidente, o historiador Niall Ferguson cita seis instituições, a primeira das quais ele denomina competição. Por competição ele entende "uma descentralização da vida política, que criou o trampolim tanto para os Estados-nação quanto para o capitalismo".[11] Essa é outra maneira de dizer que o Ocidente, em termos gerais, desfrutou de sociedades abertas com instituições concorrentes, ao contrário do despotismo uniforme do Oriente.

A sociedade aberta possibilitou as outras instituições que Ferguson considera cruciais para a ascensão do Ocidente, como o Estado de direito, incluindo os direitos de propriedade privada e a representação dos proprietários em uma legislatura; progressos na ciência e na medicina; e uma economia em expansão alimentada pela tecnologia e pela demanda do consumidor.

Escreve Ferguson:

> Ao longo de mais ou menos quinhentos anos, a civilização ocidental chegou a uma posição de preponderância extraordinária no mundo. [...] A ciência ocidental mudou os paradigmas; os demais povos ou a seguiram ou ficaram para trás. Os sistemas jurídicos ocidentais e os modelos políticos derivados deles, incluindo a democracia, derrubaram ou derrotaram as alternativas não ocidentais. [...] Acima de tudo, o modelo ocidental de produção industrial e consumo de massa deixou todos os modelos alternativos de organização econômica debatendo-se em seu rasto.[12]

Uma sociedade com diferentes centros de poder tem menos probabilidade que uma autocracia de sufocar novas ideias ou impedir a inovação e o empreendedorismo. A Europa, assim, ofereceu um ambiente mais favorável do que a China para o surgimento da ciência e da tecnologia e para a ascensão do capitalismo. Todavia, a análise de Ferguson se resume à afirmação de que o Ocidente teve sucesso porque era uma sociedade aberta. Isso não deixa de ser verdade, mas por que só o Ocidente desenvolveu uma sociedade dessa natureza? "Essa abertura da sociedade, junto com sua inventividade, passa a ser aquilo que precisa ser explicado", escreve o historiador econômico Eric Jones.[13]

Cerca de 50 mil anos atrás, um vasto experimento natural foi iniciado quando os humanos modernos dispersaram-se pelo planeta, saindo de sua terra natal na África. Tanto lá como na Australásia, na Ásia oriental, na Europa e nas Américas, as pessoas desenvolveram tipos muito diferentes de sociedades, dependendo dos diversos desafios que enfrentavam. Durante pelo menos os últimos quinhentos anos, para os quais existem registros detalhados, e provavelmente por muito mais, essas diferenças foram de natureza duradoura.

O experimento da natureza, com pelo menos cinco versões diferentes correndo em paralelo boa parte do tempo, teve um resultado complexo. Está claro que é possível moldar uma ampla variedade de sociedades a partir do mesmo barro humano. A Austrália serve como uma espécie de base para a comparação. Ela foi habitada por imigrantes da terra natal africana há cerca de 46 mil anos. Os descendentes desses primeiros habitantes, segundo os indícios de seu DNA, conseguiram afastar todos os forasteiros até a chegada dos europeus no século XVII. Naquela época, seu modo de vida pouco tinha mudado. Os aborígenes australianos ainda viviam em sociedades tribais, sem cidades grandes ou pequenas. Sua tecnologia pouco diferia daquela dos caçadores paleolíticos que chegaram à Europa na mesma época em que seus ancestrais pisaram na Austrália. Durante os 46 mil anos de seu isolamento, eles não inventaram nem a roda, nem o arco e flecha. Viviam em um estado de guerra perpétua entre tribos vizinhas. Sua realização cultural mais evidente era uma religião intensa, com alguns rituais que atravessavam dia e noite por meses a fio. O ócio para dedicar-se a essas elaboradas devoções foi conquistado pela capacidade dos aborígenes de florescer em um ambiente praticamente deserto, no qual os recém-chegados teriam perecido. Contudo, por causa da ausência de crescimento populacional e de pressão demográfica, as tribos aborígenes nunca foram forçadas ao intenso processo de formação de Estado e construção de império que moldou outras civilizações.

Na África, os números populacionais eram mais altos do que na Austrália, a agricultura foi rapidamente adotada e as sociedades sedentárias desenvolveram-se. Destas, sociedades mais complexas foram pouco a pouco surgindo, incluindo Estados primitivos. Porém, por causa da baixa densidade populacional, estes não adentraram a fase de rivalidade política e de guerra contínua da qual os impérios surgiram na Mesopotâmia, no vale do rio Amarelo e, muito depois, nas terras altas dos Andes. A população na África em 1500 era de apenas 46 milhões de pessoas. Como o solo era majoritariamente pobre, havia poucos excedentes agrícolas e, portanto, nenhum incentivo ao desenvolvimento de direitos de propriedade. Por carecer da roda e de rios navegáveis, o transporte dentro da África era difícil e o comércio, limitado. Por carecer de pressão demográfica, as sociedades africanas tinham poucos incentivos para desenvolver as habilidades que o comércio estimula, para acumular capital, para aprimorar especialidades ocupacionais ou gerar sociedades modernas. A fase da construção de Estado e de império tinha acabado de começar quando foi interrompida pela colonização europeia.

A história nas Américas começou apenas 15 mil anos atrás, quando os primeiros imigrantes da Sibéria atravessaram a ponte terrestre então existente entre a Sibéria e o Alasca. Impérios importantes surgiram no México, na América Central e nos Andes. Porém, as populações levaram muitos anos para atingir a densidade crítica para a formação do Estado. Os astecas e os incas tinham apenas começado tardia e incertamente a mover-se na direção do Estado moderno e já estavam debilitados por fraquezas internas quando os conquistadores chegaram às suas portas.

Somente na Eurásia surgiram Estados e impérios substanciais. O clima e a geografia mais favoráveis permitiram o desenvolvimento de populações maiores. Sob as influências transformadoras do comércio e da guerra, apareceram impérios na China, na Índia, no Oriente Próximo e na Europa.

É difícil identificar as influências que podem ter moldado a população europeia antes de cerca do século V, quando a autoridade civil na metade ocidental do Império Romano entrou em colapso. Em termos geográficos, a Europa à época consistia de uma colcha de retalhos de regiões desmatadas separadas por florestas, montanhas ou pântanos. Essas regiões aráveis desmatadas transformaram-se no núcleo de novas entidades políticas que começaram a se tornar Estados por volta do ano 900. Essa desfragmentação, porém, foi um processo lento. Havia ainda cerca de mil unidades políticas na Europa por volta do século XIV. Os Estados-nação começaram a desenvolver-se em fins do século XV. Em 1900, a Europa consistia em 25 Estados.[14]

A geografia da China, por outro lado, canalizava o comportamento social de sua população em uma direção muito diferente. Na fértil planície entre os rios Yang-Tsé e Amarelo, a população cresceu de maneira constante e logo foi obrigada a entrar na competição entre Estados na qual o vencedor leva tudo. A China foi unificada em 221 a.C. e permaneceu uma autocracia, sujeita a ataques periódicos dos poderosos povos nômades ao longo de suas fronteiras setentrionais.

Nas palavras do antropólogo Peter Farb, "qualquer levantamento objetivo dos últimos 10 mil anos da história humana mostraria que, durante quase o tempo todo, os europeus do norte eram uma raça bárbara e inferior, que vivia na sordidez e na ignorância e que produziu poucas inovações culturais".[15] Porém, durante o começo da Idade Média, uma combinação favorável de fatores preparou o cenário para que os europeus desenvolvessem uma forma particularmente bem-sucedida de organização social. Entre estes havia uma geografia que favorecia a existência de um certo número de Estados independentes e dificultava que um dominasse todos os demais; uma população densa o bastante para incentivar a estratificação social e o comércio e um centro de influência independente na forma da Igreja, que limitava o poder dos governantes locais. Em 1200, a Europa ainda era atrasada em comparação com a China e com o mundo islâmico, mas tinha instituições que estavam prestes a incentivar um surto ímpar de inovação acompanhado da ascensão da ciência.

ORIGENS DA CIÊNCIA MODERNA

Um traço distintivo da civilização ocidental é sua criação da ciência moderna. Será possível, detendo-se nas raízes da ciência moderna, descobrir os fatores essenciais que empurraram as sociedades europeias para esse caminho singular?

Uma comparação cuidadosa entre a ciência antiga europeia, o mundo islâmico e a China foi feita pelo historiador da ciência Toby Huff, cujo experimento do telescópio foi contado anteriormente. Qualquer pessoa que tivesse examinado o mundo em 1200 teria achado mais provável que a ciência moderna surgisse não na Europa, mas no mundo islâmico ou na China. As obras científicas da Grécia antiga foram traduzidas para o árabe nos séculos XII e XIII. As pessoas que escreviam em árabe – entre as quais judeus, cristãos, iranianos, além dos árabes – tornaram a ciência árabe a mais avançada do mundo do século VIII até o XIV. Os cientistas que escreviam nessa língua eram líderes nas áreas da matemática, astronomia, física, óptica e medicina. Os árabes aperfeiçoaram a trigonometria e a geometria esférica.

A China também teria parecido um terreno fértil para a ciência. As três invenções que em 1620 Francis Bacon dizia serem as maiores até então conhecidas pelo homem – o compasso, a pólvora e a imprensa – eram todas de origem chinesa. Além de sua inventividade tecnológica, a China tinha uma longa história de observação astronômica, base necessária para a compreensão da mecânica do sistema planetário do Sol.

Contudo, tanto a ciência árabe quanto a chinesa esmoreceram por razões essencialmente similares. A ciência não é a ação independente de indivíduos solitários, mas uma atividade social, o trabalho de uma comunidade de estudiosos envolvidos na verificação, no questionamento e no enriquecimento mútuos. A ciência, portanto, precisa de instituições sociais, como universidades ou institutos de pesquisa, onde florescer, e estes precisam ser razoavelmente livres de constrangimentos intelectuais impostos pelas autoridades religiosas ou pelo governo.

Tanto no mundo islâmico quanto na China, não havia lugar para instituições independentes. No Islã, havia madraçais, institutos de educação religiosa, anexados às mesquitas. Porém, seu propósito primário era inculcar o que se chamava de ciências islâmicas, o estudo do Alcorão e da lei islâmica, e não as ciências estrangeiras, como eram conhecidas as ciências naturais. Boa parte da antiga filosofia grega contrariava o ensinamento corânico e era excluída do estudo. Os estudiosos que desagradassem às autoridades religiosas poderiam ver-se subitamente silenciados por uma *fatwa*. A tradição intelectual do Islã, segundo a qual o Alcorão e os ditos de Maomé continham toda a ciência e a lei, criava um ambiente hostil para todas as linhas independentes de pensamento.

Os governantes islâmicos por muito tempo mantiveram à distância os questionamentos, proibindo a imprensa e sufocando linhas investigativas problemáticas. Na Europa, o interesse no novo conhecimento não estava restrito a uma elite, mas permeava sociedades em que a alfabetização tornava-se mais disseminada. Em 1500 havia 1.700 prensas móveis distribuídas por 300 cidades europeias em todos os países, menos na Rússia.[16] No Império Otomano, um decreto do sultão Selim I determinava que a pena de morte seria aplicada a qualquer pessoa que usasse uma prensa móvel. Istambul só foi adquirir uma prensa móvel em 1726, e os proprietários só puderam publicar alguns poucos títulos antes de serem obrigados a encerrar suas atividades.

As autoridades religiosas nos países islâmicos desdenhavam de quaisquer fontes de conhecimento que não fossem o Alcorão e frequentemente exerciam seu poder para sufocá-las. Institutos como o renomado observatório Maragha, no Irã, fundado em 1259, tiveram uma existência breve. E, mesmo em 1580, um observatório que era construído em Istambul foi derrubado por razões religiosas antes mesmo de ser concluído.[17]

O economista Timur Kuran recentemente defendeu que o mundo islâmico foi retardado economicamente por causa da rigidez da lei islâmica quanto ao comércio. As empresas, por exemplo, poderiam ser dissolvidas com a morte de qualquer sócio, caso seus herdeiros desejassem pagamento imediato. "Em suma, diversos elementos autoaplicáveis do direito islâmico – a contratação de provisões, o sistema de herança, as regulamentações matrimoniais – contribuíram conjuntamente para a estagnação da estrutura comercial do Oriente Médio", escreve.[18] Porém, culpar a lei islâmica não convence; os europeus também se deparavam com leis igualmente baseadas na teologia, como aquelas contrárias à usura, mas faziam a lei acomodar-se aos propósitos maiores da sociedade. No Islã, até o século XIX, as forças da modernidade não compeliram o Estado otomano a modernizar seu sistema jurídico.

Como, então, é possível que a ciência árabe fosse tão boa entre os séculos VIII e XIV, apesar de condições tão inóspitas? A razão, segundo Huff, é que nos primeiros séculos do governo islâmico poucas pessoas tinham de fato se convertido ao Islã. Foi só quando o ritmo da conversão se acelerou no século X que as maiorias muçulmanas tornaram-se comuns, uma dinâmica "que provavelmente teve consequências negativas para o estudo das ciências naturais e para a vida intelectual de maneira geral".[19]

A China, ainda que por razões diferentes, desenvolveu a mesma antipatia à ciência moderna que o mundo islâmico. Um de seus problemas foi a ausência de quaisquer instituições independentes do imperador. Não havia universidades. As academias que existiam eram essencialmente cursos preparatórios para o sistema imperial de provas. Não havia incentivos a pensadores independentes. Quando Hung-wu, o primeiro imperador da dinastia Ming, decidiu que os estudiosos tinham deixado as coisas saírem do controle, condenou à pena de morte 68 formados e 2 estudantes e à servidão penal 70 formados e 12 estudantes. O problema com a ciência chinesa, segundo Huff, não é que ela era tecnicamente falha, "mas que as autoridades chinesas nem criaram nem toleravam instituições independentes de ensino superior nas quais estudiosos desinteressados podiam investigar suas intuições".[20] A China, ao contrário do mundo islâmico, não proibiu as prensas móveis, mas os livros que elas produziam eram só para a elite.

Outro impedimento ao pensamento independente era o sistema educacional emburrecedor, que consistia na memorização pura e simples dos mais de 500 mil caracteres que compunham os clássicos de Confúcio e na capacidade de escrever um comentário estilizado a respeito deles. O sistema imperial de provas, que começou em 124 a.C., assumiu sua forma final em 1368 e permaneceu o mesmo até 1905, retardando a inovação intelectual por mais cinco séculos.

O fato de a ciência moderna ter sido sufocada por séculos tanto na China quanto no mundo islâmico significa que sua ascensão na Europa é digna de ser investigada. A Europa também tinha interesses que resistiam à mudança tecnológica e às perturbações que ela trazia. As autoridades religiosas europeias, assim como no Islã, rapidamente continham os questionamentos à doutrina da Igreja.

Em 1270, Étienne Tempier, bispo de Paris, condenou treze doutrinas defendidas por seguidores de Aristóteles, cuja filosofia tornava-se bastante influente nas universidades europeias. O bispo foi adiante em 1277, proibindo a discussão de 219 teses filosóficas e teológicas na Universidade de Paris.

Porém, a Europa diferia da China e do mundo islâmico na medida em que seus institutos educacionais tinham considerável independência. O conceito europeu da corporação como pessoa jurídica dava certa liberdade de pensamento e de ação a corpos como guildas e universidades. As autoridades eclesiásticas podiam objetar contra aquilo que estava sendo ensinado ou discutido, mas não podiam sufocar permanentemente ideias científicas.

Apesar de as universidades europeias terem começado ensinando teologia, como os madraçais, elas logo passaram para a filosofia de Aristóteles, e da filosofia para a física e para a astronomia. Nessas instituições, os cientistas puderam iniciar a investigação sistemática da natureza, lançando assim a base da ciência moderna.

A existência de universidades explica como a ciência pôde prosperar na Europa, ainda que não na China ou no mundo islâmico, mas não explica como a ciência começou na Europa. Quais eram as fontes preexistentes e não científicas das quais surgiu a empreitada científica?

Huff apresenta uma ideia interessante de onde encontrá-las. "A charada do sucesso da ciência moderna no Ocidente – e de seu fracasso em civilizações não ocidentais – será resolvida pelo estudo dos domínios não científicos da cultura, isto é, da religião, da filosofia, da teologia e coisas similares", escreve.[21]

A teologia cristã tinha um rico histórico de discussões sobre pontos doutrinários sutis, muitos dos quais derivados do complexo dogma da Trindade. Essas disputas moldaram nas mentes dos europeus a ideia da razão como atributo humano. Era a razão que separava o homem do animal. Auxiliados pela redescoberta do direito civil romano perto do fim do século XI, a Europa desenvolveu o conceito de um sistema jurídico. A razão e a consciência foram adotadas como critérios para as decisões na prática jurídica. Dali, então, foi um passo para se chegar ao conceito de leis da natureza, para a hipótese de que havia um Livro da Natureza e uma Máquina do Mundo que podiam ser compreendidos pela razão humana. Foi a revolução no pensamento jurídico dos séculos XII e XIII, na visão de Huff, que transformou a sociedade medieval na Europa e fez dela um terreno receptivo ao crescimento da ciência moderna.

AS RECOMPENSAS DA ABERTURA

Os conceitos de lei e de razão na Europa, que foram as nascentes da ciência moderna, também serviram como base para uma sociedade aberta. O comércio e a exploração, que os imperadores chineses conseguiam sufocar quando lhes convinha, tornaram-se forças centrais da expansão europeia.

Entre surtos intermitentes de guerra, havia um comércio vigoroso entre as diversas regiões da Europa. O comércio era uma das forças por trás da exploração europeia do mundo. Na década de 1490, Vasco da Gama visitou a Índia, e Colombo, as Américas. Essas viagens também marcaram uma curiosidade particularmente europeia em relação ao mundo. A exploração veio junto de uma torrente de novas invenções técnicas, dos princípios da ciência moderna e do surgimento do capitalismo.

Foi a Europa que descobriu o mundo, não o contrário. O almirante chinês Zheng He fez diversas viagens ao Sudeste Asiático e à África no começo do século XV, mas o empreendimento não foi adiante. Tendo descoberto o resto do mundo, os europeus criaram rotas comerciais, seguidas em muitas instâncias por conquista. Puseram de lado sociedades tribais quase ao seu bel-prazer, mandando colonos ocupar as Américas, a Austrália e grandes partes da África.

As raízes da peculiaridade europeia podem ter sido lançadas já no século XI, se não antes, mas mesmo em 1500 a ascensão iminente da Europa estava longe de ser óbvia. À época, o Império Otomano ainda estava em expansão. A China gozava de um período de estabilidade durante a dinastia Ming. O Império Mogol estava prestes a ascender na Índia. Todas essas três potências eram muito mais fortes do que qualquer potência europeia.

A Europa carecia da vantagem militar da unificação, mas podia dar-se ao luxo de ser fragmentada, ainda que só por pouco, porque, ao contrário da China, ela não vivia sob a ameaça contínua de invasão. Na extremidade ocidental da massa continental eurasiana, a Europa estava protegida em seu flanco oriental pelos Estados amortecedores da Rússia e de Bizâncio. A partir do século X, após investidas de vikings, de magiares e de muçulmanos terem sido repelidas, estava razoavelmente livre de ataques externos, e a Inglaterra, com a proteção extra de ser uma ilha, gozava de mais segurança do que todos.

Assim, ao contrário dos chineses, os europeus nunca foram forçados a buscar ou a aceitar um regime autocrático forte o bastante para protegê-los de forasteiros. Eles tinham o luxo de preferir a independência e de lutar apenas entre si. Essas guerras internas permitiam que eles se beneficiassem do incentivo da competição militar, mas a geografia e a política da Europa impediam o lance final que levava a um único império permanente. Os impérios pós-romanos que surgiram na Europa, o de Carlos Magno, o dos Habsburgos, o de Napoleão ou o de Hitler, nunca foram completos e tenderam a durar pouco.

Em sociedades autoritárias, o governante pode cobrar impostos, convocar exércitos e fazer guerra. Em princípio, os Estados autoritários da China e do mundo islâmico deveriam ter gozado de maior poderio militar do que o punhado de Estados desunidos da Europa, cada qual com um soberano obrigado a reconhecer em vários graus as leis e as elites locais. E por muitos séculos assim foi. A Europa do século XIII não era páreo para o exército mongol ocidental que invadiu a Polônia, a Hungria e o Sacro Império Romano, com ordens de chegar à costa do Atlântico; os mongóis só se retiraram da Europa porque o Grande Khan Ögedei morreu em 1241, precipitando uma crise de sucessão. Após o colapso do Estado bizantino em 1453, que retirou o amortecedor que tinha separado a Europa da horda turca, os exércitos otomanos foram capazes de penetrar a Europa até Viena em 1529 e outra vez em 1683.

Porém, a riqueza e a inventividade crescentes da Europa acabaram por inverter sua posição de fraqueza militar. Seu atraso em 1500, comparado com os impérios islâmico e chinês, era apenas aparente. Expedições europeias logo conquistariam a Índia, as Américas do Norte e do Sul, a Austrália e a maior parte da África. A Europa ocupa 7% da massa terrestre do planeta, mas veio a dominar 35% dela em 1800 e 84% em 1914.

Ao contrário da Europa, onde a ciência, a tecnologia e a indústria estavam intimamente entremeadas, a tecnologia na China nunca foi aproveitada na indústria, e esta nunca teve espaço para desenvolver-se autonomamente. O entusiasmo da China pela invenção já estava amortecido havia muito tempo. Os mandarins não gostavam de novidades. Desdenhavam de invenções estrangeiras e careciam da curiosidade que movia os europeus intelectualmente aventurosos a ir além da tecnologia e procurar, por detrás dela, os princípios científicos.

Não havia livre mercado nem direitos de propriedade institucionalizados na China. "O Estado chinês estava sempre interferindo nas empresas privadas – tomando atividades lucrativas, proibindo outras, manipulando preços, cobrando propinas, limitando o enriquecimento privado", escreve o historiador econômico David

Landes. "O governo ruim estrangulava a iniciativa, aumentava o custo das transações e tirava talentos do comércio e da indústria."[22]

Nas palavras lapidares de Adam Smith, "para levar um Estado da mais vil barbárie ao mais algo grau de opulência pouca coisa é necessária além de paz, impostos simples e uma administração tolerável da justiça: tudo o mais é trazido pelo curso natural das coisas".[23] Porém, esse "pouca coisa" é uma espécie de eufemismo. Paz, impostos simples e justiça raramente são encontrados juntos na história. Só na Europa essa fórmula mágica foi obtida, e ela se tornou a base da inesperada ascensão no mundo desse continente.

A RESPOSTA ADAPTATIVA A DIFERENTES SOCIEDADES

Em seu livro *A riqueza e a pobreza das nações*, o historiador David Landes examina todos os fatores possíveis para explicar a ascensão do Ocidente e a estagnação da China e conclui, essencialmente, que a resposta está na natureza dos povos. Landes atribui o fator decisivo à cultura, mas descreve a cultura de modo a sugerir a raça. Escreve ele:

> Se há algo que podemos aprender com a história do desenvolvimento econômico, é que a cultura faz toda a diferença. Testemunhemos o empreendedorismo das minorias expatriadas – os chineses no leste e no Sudeste Asiático, os indianos no leste africano, os libaneses na oeste africano, os judeus e os calvinistas em boa parte da Europa, e daí por diante. Porém, a cultura, no sentido de valores interiores e atitudes que guiam uma população, assusta os estudiosos. Ela tem um odor sulfúrico de raça e de herança, um ar de imutabilidade.[24]

Odor sulfúrico ou não, a cultura de cada raça, tenha ou não base genética, é aquilo que Landes sugere ter feito a diferença no desenvolvimento econômico. Considerando a peculiaridade das sociedades europeias e o período em que elas seguiram em seu próprio caminho de desenvolvimento – pelo menos mil anos –, o comportamento social dos europeus pode muito bem ter se adaptado geneticamente aos desafios de sobreviver e de prosperar em uma sociedade europeia. Os dados reunidos por Clark sobre as taxas decrescentes de violência e as taxas crescentes de alfabetização entre 1200 e 1800, descritos no capítulo "O remodelamento da natureza humana", são indícios a favor dessa possibilidade.

Ainda que não existam dados equivalentes para a população chinesa, sua sociedade vem distinguindo-se há ainda mais tempo – ao menos 2 mil anos – e as intensas pressões para a sobrevivência discutidas em "O remodelamento da natureza humana" teriam adaptado os chineses à sua sociedade, assim como os europeus tornaram-se adaptados à deles.

Os psicólogos que estudam os comportamentos característicos das populações europeias e da Ásia oriental normalmente atribuem tudo exclusivamente à cultura. De uma perspectiva evolutiva, isso é implausível. O comportamento social de uma sociedade é central para sua sobrevivência. O comportamento social teria sido tão perfeitamente afinado às condições predominantes quanto os traços observáveis de diferenças entre as raças, como a pele ou a cor do cabelo.

As instituições que caracterizam uma sociedade são uma mistura de comportamentos determinados pela cultura e influenciados pela genética. O componente cultural pode ser reconhecido porque tem uma taxa geralmente mais alta de mudança, apesar do conservadorismo de muitas instituições culturais. A guerra, por exemplo, é uma instituição de todas as sociedades humanas, mas o exercício dessa propensão moldada geneticamente depende da cultura e das circunstâncias. A Alemanha e o Japão desenvolveram sociedades altamente militaristas antes da Segunda Guerra Mundial e também durante, mas ambas hoje são determinadamente pacíficas. Esta é uma mudança cultural, rápida demais para ser genética. Pode haver pouca dúvida de que as duas nações guardam a propensão para a guerra e a exerceriam caso precisassem.

Um traço distintivo de comportamentos moldados geneticamente é que eles persistem inalterados ao longo de muitas gerações. A presença de uma âncora genética explicaria por que populações inglesas expatriadas pelo mundo inteiro comportavam-se da mesma forma umas em relação às outras e também em relação à sua população de origem, ao longo de muitos séculos, e por que o mesmo vale para os chineses no exterior. Uma base genética para o comportamento social desses grupos também explica por que é tão difícil para outras populações copiar seus traços desejáveis. As populações malaias, tailandesas ou indonésias que têm prósperas populações chinesas em seu meio podem invejar o sucesso chinês, mas são estranhamente incapazes de copiá-lo. As pessoas são altamente imitativas, e, se o sucesso empresarial chinês fosse puramente cultural, todos achariam fácil adotar os mesmos métodos. Que esse não seja o caso pode ser porque o comportamento social dos chineses e dos outros tem um componente genético de algum peso junto com seu comportamento cultural mais reconhecido.

A base genética do comportamento social humano ainda é muito opaca, e é difícil dizer exatamente como as regras neuronais que influenciam o comportamento são escritas. Há claramente uma propensão genética para evitar o incesto, por exemplo. Porém, é muito improvável que a regra genética esteja escrita precisamente nesses termos. Os registros de casamentos de kibutzim israelenses e de famílias chinesas em Taiwan sugerem que, na prática, o tabu do incesto é motivado por uma aversão ao casamento com um parceiro que se conhecia intimamente na infância. Assim, a regra neural provavelmente é algo como "se você cresceu debaixo do mesmo teto que essa pessoa, ela não é um parceiro matrimonial adequado".

Os europeus são portadores de genes que favorecem sociedades abertas e o Estado de direito? Existe um gene para respeitar direitos de propriedade ou para restringir o absolutismo dos governantes? Improvável, obviamente. Ninguém consegue dizer ainda exatamente quais padrões no circuito neural podem predispor as populações europeias a preferir sociedades abertas e o Estado de direito a autocracias, ou os chineses a serem atraídos por um sistema de obrigações familiares, de hierarquia política e de conformidade. Porém, não há motivo para duvidar que a evolução é capaz de formular soluções sutis para problemas complexos de adaptação social.

Existe quase com certeza uma predisposição genética para seguir as regras da sociedade e para punir aqueles que as violam, como observado no capítulo "As origens da natureza social humana". Se os europeus fossem um pouco menos inclinados a punir os transgressores e os chineses mais inclinados, isso poderia explicar por que as sociedades europeias são mais tolerantes com dissidentes e com inovadores, e as sociedades chinesas, menos. Como os genes que governam a adesão a regras e a punição dos transgressores ainda não foram identificados, ainda não se sabe se estes de fato variam nas populações europeias e chinesas da maneira sugerida. A natureza tem muitos medidores para mexer na hora de ajustar as intensidades dos vários comportamentos sociais humanos e muitas maneiras diferentes de chegar à mesma solução.

As civilizações peculiares da China e da Europa podem não ter sido moldadas apenas por uma série de acidentes históricos e culturais, segundo a explicação habitual. Em vez disso, elas refletem, ao menos em parte, a evolução das populações da Europa e da Ásia oriental conforme iam se adaptando às condições geográficas e militares de seus respectivos habitats ecológicos. Nesse sentido, a ascensão da China e a do Ocidente em seu rastro são acontecimentos não apenas na história, mas também na evolução humana.

Perspectivas evolutivas sobre a raça

> As instituições são "padrões estáveis, valorizados e recorrentes de comportamento", nas palavras de Huntington, e sua função mais importante é facilitar a ação coletiva. Sem algum conjunto de regras claras e relativamente estáveis, os seres humanos teriam de renegociar suas interações todas as vezes. Essas regras muitas vezes são determinadas culturalmente e variam pelas diferentes eras e sociedades, mas a capacidade de criá-las e de aderir a elas está geneticamente entranhada no cérebro humano.
>
> FRANCIS FUKUYAMA[1]

Imagine que você, caso seja um falante de inglês de ascendência europeia, esteja no alto de uma colina com uma pessoa da Ásia oriental e com outra da África. Por um lapso no contínuo espaço-tempo, você subitamente percebe que está dando a mão para sua mãe, que dá a mão para a mãe dela, e assim por diante, em uma longa linhagem de ancestrais que se estende colina abaixo. As mesmas ancestrais vivas apareceram ao lado do asiático oriental e do africano, e as três filas de mulheres de mãos dadas serpeiam encosta abaixo até o vale.

Você solta a mão da sua mãe e desce pela encosta para examinar as três linhagens. As mulheres que dão as mãos ficam a um metro uma da outra. O tempo médio de uma geração ao longo da maior parte da história tem sido de cerca de 25 anos, o que significa que houve quatro gerações por século. Assim, a cada 4 metros que você anda, você percorre um século de ancestrais, e, a cada 40 metros, 1.000 anos.

Você passa maravilhado por suas ancestrais, mas não consegue se comunicar com elas; os idiomas diversos que elas falam estão hoje muito distantes do inglês. Seus rostos logo perdem os traços distintamente europeus, embora sua pele ainda seja clara. Após você ter andado 1.200 metros, acontece uma coisa estranha. Uma mulher está de pé entre a sua linha de ancestrais e a da asiática oriental e, a partir da posição dela, as duas linhas fundem-se em uma só. Ela segura as mãos de suas duas filhas, uma das quais é a primeira da linhagem europeia e a outra a primeira da linhagem asiática oriental.

À medida que continua descendo, você examina apenas duas linhagens, a europeia-asiática oriental, agora unida, e a dos africanos. As pessoas na fila unida vão exibindo uma tez sempre mais escura, porque viveram antes de os humanos terem se expandido para latitudes mais setentrionais e desenvolvido a pele clara. Assim, depois de você ter descido pouco mais de 1.600 metros, é a vez de aquelas duas linhagens convergirem em uma só. Ali está uma mulher que dá a mão para suas duas filhas, uma das quais ficou na África, enquanto a outra juntou-se ao pequeno grupo de caçadores-coletores que deixou a terra natal ancestral há cerca de 50 mil anos. Em uma caminhada de cerca de 22 minutos, a espécie humana foi reunificada diante dos seus olhos.

Se você tivesse continuado por mais uma hora, sempre seguindo as ancestrais africanas, teria chegado à marca dos 200 mil anos, a mais antiga data de aparecimento dos humanos modernos. Três quartos da existência humana moderna foram passados na África, e somente o último quarto fora dela. As raças de hoje têm em comum três quartos de sua história, e só um quarto em separado.[2]

De uma perspectiva evolutiva, as raças humanas são todas variações muito similares do mesmo *pool* genético. A questão que paira sobre todas as ciências sociais, sem resposta e quase sem discussão, é como explicar o paradoxo de que as pessoas, como indivíduos, sejam tão similares, ao passo que as sociedades são tão obviamente diferentes em suas realizações culturais e econômicas.

O argumento apresentado nas páginas anteriores é que essas diferenças não nascem de nenhuma grande disparidade entre os membros individuais das várias raças. Antes, elas derivam das variações deveras minúsculas no comportamento social humano, sejam relacionadas a confiança, conformidade, agressividade ou outros traços, que evoluíram em cada raça durante sua experiência geográfica e histórica. Essas variações prepararam o arcabouço para instituições sociais de naturezas significativamente distintas. É por causa de suas instituições – que são em grande parte edifícios culturais que repousam sobre uma base de comportamentos sociais moldados geneticamente – que as sociedades do Ocidente e da Ásia oriental são tão diversas, que as sociedades tribais são tão dessemelhantes a Estados modernos e que os países ricos são ricos e os pobres, pobres.

A explicação aceita consensualmente por quase todos os cientistas sociais é que as sociedades humanas diferem apenas no que diz respeito à cultura, com a premissa implícita de que a evolução não desempenhou nenhum papel nas diferenças entre populações. Contudo, a explicação de que tudo depende da cultura é implausível por diversas razões.

Primeiro, trata-se, é claro, de uma conjectura. Ninguém neste momento pode dizer qual proporção exata entre genética e cultura subjaz às diferenças entre sociedades humanas, e a afirmação de que a evolução não desempenha nenhum papel não passa de uma suposição.

Segundo, a posição de que tudo depende da cultura foi formulada em grande parte pelo antropólogo Franz Boas como posição antirracista, o que pode ser uma motivação louvável, mas ideologias políticas de qualquer tipo não têm lugar na ciência. Além disso, Boas escreveu quando ainda se desconhecia que a evolução humana não tinha cessado no passado distante.

Terceiro, a conjectura de que tudo depende da cultura não explica satisfatoriamente por que as diferenças entre sociedades humanas são tão arraigadas quanto parece. Se as diferenças entre uma sociedade tribal e um Estado moderno fossem puramente culturais, deveria ser fácil modernizar uma sociedade tribal importando instituições ocidentais. A experiência americana no Haiti, no Iraque e no Afeganistão em geral sugere que não é assim. A cultura inegavelmente explica muitas diferenças importantes entre as sociedades. A questão é saber se constitui uma explicação suficiente para todas essas diferenças.

Quarto, a conjectura de que tudo depende da cultura carece seriamente de cuidados e manutenção. Seus defensores não a atualizaram para dar conta da nova descoberta de que a evolução humana tem sido recente, copiosa e regional. Sua hipótese deve pressupor, contrariando todas as evidências acumuladas ao longo dos últimos trinta anos, que a mente é uma tábula rasa, nascida imaculadamente sem qualquer comportamento inato, e que a importância do comportamento social para a sobrevivência é banal demais para que ele tenha sido moldado pela seleção natural. Ou, caso concedam que o comportamento social tem base genética, devem explicar como essa base pode ter permanecido inalterada em todas as raças, apesar das enormes mudanças na estrutura social humana ao longo dos últimos 15 mil anos, período em que, como se sabe, muitos outros traços evoluíram de maneira independente em cada raça, transformando pelo menos 8% do genoma humano.

A tese apresentada aqui pressupõe, pelo contrário, que existe um componente genético no comportamento social humano; que esse componente, tão crítico para a sobrevivência, está sujeito a mudanças evolutivas e de fato evoluiu ao longo do tempo; que a evolução no comportamento social necessariamente procedeu de modo independente nas cinco principais raças e em outras; e que as ligeiras diferenças evolutivas no comportamento social subjazem às diferenças entre as instituições sociais predominantes das grandes populações humanas.

Como a posição de que tudo depende da cultura, esta tese não foi provada, mas repousa em diversas premissas que são plausíveis à luz dos novos conhecimentos.

A primeira é que as estruturas sociais dos primatas, inclusive dos humanos, baseiam-se em comportamentos moldados geneticamente. Os chimpanzés herdaram de seu ancestral comum com os humanos um modelo genético para a operação de suas sociedades peculiares. O ancestral comum teria transmitido o mesmo modelo à linhagem humana, o qual então evoluiu de modo a servir de base para os traços distintivos da estrutura social humana, da manutenção do par, que surgiu há cerca de 1,7 milhão de anos, à emergência de grupos e tribos de caçadores-coletores. É difícil ver por que os humanos, como espécie intensamente social, poderiam ter perdido o modelo genético para o conjunto de comportamentos sociais de que sua sociedade depende, ou por que o modelo não poderia ter continuado a evoluir durante a mais dramática de todas as suas transformações, a mudança que permitiu que o tamanho das sociedades humanas se expandisse de um máximo de 150 no grupo de caçadores-coletores para vastas cidades fervilhando com dezenas de milhões de habitantes. Essa transformação, deve-se observar, teve de evoluir de maneira independente em todas as grandes raças, visto que ocorreu depois de elas se separarem.

Diversos dados, incluindo experimentos com crianças bem pequenas, apontam para propensões sociais inatas para cooperatividade, ajuda aos outros, obediência a regras, punição para os que não obedecem, confiança seletiva em outras pessoas e um senso de equanimidade. Os genes que dirigem o circuito neural desses comportamentos são em grande parte desconhecidos. Porém, é plausível que eles existam, e os sistemas genéticos que envolvem o controle da enzima MAO-A, associada à agressão, e o hormônio oxitocina, modulador da confiança, já são conhecidos.

Uma segunda premissa é que esses comportamentos sociais moldados geneticamente subjazem às instituições em torno das quais são construídas as sociedades humanas. Considerando que esses comportamentos existam, parece incontroverso que as instituições dependam deles, e a proposição é endossada por autoridades como o economista Douglass North e o cientista político Francis Fukuyama. Ambos consideram que as instituições têm seus fundamentos na genética do comportamento humano.

Uma terceira premissa é que a evolução do comportamento social continuou durante os últimos 50 mil anos e ao longo do período histórico. Essa fase da evolução necessariamente ocorreu de modo independente e em paralelo nas três grandes raças, depois de elas terem se separado e cada qual ter feito a transição de caçadores-coletores para a vida sedentária. Indícios no genoma de que a evolução humana tem sido recente, copiosa e regional corroboram essa tese, a menos que se possa mostrar alguma razão pela qual o comportamento social deva ser isentado da seleção natural.

A melhor prova possível da premissa seria a identificação dos genes que moldam o circuito neural dos comportamentos sociais e a demonstração de que eles têm sido submetidos à seleção natural em cada raça. Tal exame ainda não está ao alcance porque os genes que subjazem ao comportamento social são em grande parte desconhecidos. Porém, os genes cerebrais de funções desconhecidas estão entre aqueles que se sabe terem estado sob pressão seletiva nas três principais raças, o que prova que os genes da função neural não estão isentos de mudanças evolutivas recentes. Além disso, o gene MAO-A, que influencia a agressividade, varia substancialmente entre as raças e as etnias, de modo a sugerir, mas não a provar, que o gene tem sido submetido à pressão evolutiva.

Uma quarta premissa é que o comportamento social evoluído de fato pode ser observado nas diversas populações de hoje.

As mudanças comportamentais documentadas na população inglesa durante os seiscentos anos que precederam a Revolução Industrial incluem um declínio na violência e aumentos na alfabetização, nas propensões para trabalhar e para poupar. Pode-se presumir que a mesma mudança evolutiva tenha ocorrido nas outras populações agrárias da Europa e da Ásia oriental antes que elas tenham iniciado suas próprias revoluções industriais. Outra mudança comportamental é evidente na população judaica, que se adaptou ao longo dos séculos primeiramente a demandas educacionais e em seguida a nichos profissionais exigentes.

Uma quinta premissa é que as diferenças significativas são aquelas entre as sociedades humanas, não entre seus membros individuais. A natureza humana é essencialmente a mesma no mundo inteiro. Porém, pequenas variações no comportamento social, ainda que quase ou totalmente imperceptíveis em um indivíduo, combinam-se para criar sociedades de caráter muito diferente. Essas diferenças evolutivas entre as sociedades dos vários continentes podem estar por trás tanto de viradas históricas importantes e de outro modo imperfeitamente explicadas – como a façanha da China como primeiro Estado moderno, a ascensão do Ocidente e o declínio do mundo islâmico e da China – quanto das disparidades econômicas que começaram a surgir nos últimos séculos.

Afirmar que a evolução desempenhou algum papel na história humana não significa dizer que esse papel é necessariamente proeminente, muito menos decisivo. A cultura é uma força poderosa, e as pessoas não são escravas de suas propensões inatas, as quais, de qualquer jeito, apenas incitam a mente a ir em certa direção. Porém, se todos os indivíduos de uma sociedade têm propensões similares, por menores que sejam, para, digamos, maior ou menor confiança social, ou maior ou menor conformidade, então a sociedade tenderá a agir naquela direção e a diferir de sociedades que não têm essas propensões.

O que escreveriam os historiadores se acreditassem que a evolução é relevante para seus interesses? Eles certamente dariam mais atenção ao papel evolutivo de forças como a demografia e a guerra na moldagem das sociedades humanas. O crescimento populacional parece ter sido a força motriz que compeliu as sociedades a arquitetar estruturas mais complexas, tanto para organizar números maiores de pessoas quanto para defender-se de vizinhos que também se expandiam em número e em território. Sob a pressão da guerra, as chefaturas coligaram-se em Estados arcaicos, e os Estados, em impérios. Porém, esse processo sanguinário esmorecia se as populações fossem esparsas demais ou se as pessoas pudessem fugir para outro lugar.

As forças da seleção natural que operam em uma sociedade foram igualmente significativas. Economias agrárias mantiveram as pessoas lutando à beira da fome por milênios, condição em que, como Darwin percebeu, a seleção natural favoreceria a mais ínfima vantagem de sobrevivência. Sob essas condições malthusianas, o mecanismo da riqueza – a capacidade dos ricos de criar mais filhos sobreviventes – pouco a pouco difundiu os comportamentos sociais necessários para a prosperidade moderna na sociedade como um todo.

Essas forças operaram de modo independente sobre as populações de cada continente, levando-as por caminhos que em grande parte eram paralelos, mas que em última instância divergiram. Estados primitivos surgiram na Ásia oriental, na Europa, na África e nas duas Américas. Na Austrália, porém, os números populacionais e o clima permaneceram adversos demais para induzir o desenvolvimento da agricultura ou de estruturas sociais mais elaboradas do que as dos caçadores-coletores.

Sociedades humanas de caráter distintivo surgiram em todos os cinco continentes e algumas se tornaram a base das grandes civilizações. Os historiadores rejeitam pensar em categorias raciais por razões compreensíveis. Porém, é um erro excluir qualquer papel possível para a evolução na história. As grandes civilizações emergem das duas grandes raças dos asiáticos orientais e caucasianos, distintas pela genética. Da raça da Ásia oriental surgiram as civilizações da China, da Coreia e do Japão, assim como as culturas das estepes siberianas, como os mongóis. No grupo caucasiano estão as civilizações da Índia, da Rússia, do Ocidente, da América do Sul e do mundo islâmico.

Um efeito primordial da genética é acrescentar um grau significativo de inércia ou de estabilidade ao comportamento social e, portanto, às instituições de cada sociedade. Mudanças rápidas devem ser decorrências da cultura, não da genética, mas se os comportamentos sociais nucleares de cada civilização tiverem fundamento evolutivo, como afirmado no capítulo anterior, então a taxa de mudança em suas relações provavelmente será refreada. A lenta marcha da evolução, em outras palavras, aplica uma coleira invisível ao ritmo da história.

Essa restrição tem peso considerável sobre questões como, por exemplo, se o Ocidente vai manter sua preponderância ou se vai entrar em declínio. "Aquilo que estamos vivendo agora é o fim de quinhentos anos de predomínio ocidental. Dessa vez o desafiante oriental é para valer", escreveu o historiador Niall Ferguson em 2011.[3] O argumento básico de Ferguson é que os impérios sempre ascenderam e decaíram, e portanto os Estados Unidos também serão eclipsados, e o sucessor mais provável no horizonte é a China. Porém, a ascensão e a queda das civilizações são de fato muito mais lentas do que as dos impérios. Na Europa, os impérios de Carlos Magno, dos Habsburgos, de Napoleão e de Hitler ascenderam e decaíram, sem ter tido qualquer impacto significativo na ascensão da civilização ocidental. As dinastias chinesas mudaram, algumas lideradas por invasores como os mongóis ou os manchus, sem alterar o caráter essencial do comportamento social chinês. Os impérios são epifenômenos na superfície das correntes mais fortes e mais lentas da evolução.

Mais portentosos são os choques entre as civilizações mundiais. A guerra foi o mecanismo que fundiu as antigas sociedades humanas nos primeiros Estados primitivos e foi uma força moldadora constante da organização estatal desde então. Não há razão clara por que o militarismo continuado não deveria ter culminado em um único império mundial assim que transporte e comunicações permitiram. O Império Mongol, uma sociedade voraz e altamente destrutiva que se estendia da Europa oriental ao mar do Japão, foi um protótipo desse império universal. O saque mongol de Bagdá destruiu o principal centro da cultura islâmica. As capitais da Europa quase sofreram o mesmo destino: se o exército mongol que conquistou a Polônia e a Hungria tivesse seguido sua marcha até a costa do Atlântico, como era seu plano, a ascensão do Ocidente teria sido abortada ou ao menos substancialmente retardada.

A civilização ocidental era certamente expansionista, mas, após uma fase colonial comparativamente breve, ela voltou a concentrar-se no investimento comercial e produtivo que inicialmente movera sua expansão. No que parece um resultado feliz, a força militar dominante do mundo acabou sendo o Ocidente, com um sistema de comércio internacional e de direito que oferece benefícios a todos os participantes, e não um Estado puramente predatório e militarista como o dos mongóis ou dos otomanos, como se poderia ter esperado, ou mesmo um Estado civilizado mas autocrático, como o da China.

De uma perspectiva evolutiva, um declínio iminente do Ocidente parece improvável. O comportamento social ocidental, a origem da sociedade aberta e da economia aberta com suas recompensas para a inovação, tem sido moldado pela evolução e também pela cultura e pela história, e é improvável que mude em qualquer momento do futuro próximo. O Ocidente era mais explorador e mais inovador do que outras civilizações em 1500, e hoje continua assim. Nem o Japão, nem a China já desafiaram seriamente a proeminência do Ocidente na ciência e na tecnologia, apesar de amplos investimentos e de um grande corpo de cientistas bem formados e capazes. Instituições com boa performance não garantem a dominância permanente do Ocidente, mas o comportamento social por trás delas é um bem que deve durar por muitas gerações, a menos que haja algum grande imprevisto. As sociedades da Ásia oriental parecem autoritárias e conformistas demais, apesar da grande capacitação de seus cidadãos, para desafiar a inovação do Ocidente, fato implicitamente reconhecido nos intensos esforços do Estado chinês para roubar segredos técnicos e comerciais do Ocidente.

Porém, o sucesso do Ocidente, ainda que seja duradouro, é necessariamente provisório. O arcabouço de comportamento social na base de suas instituições cruciais pode ser mais frágil do que parece e vulnerável a ser destruído por forças culturais adversas, como a imobilidade política, a luta de classes ou a falta de coesão social. As sociedades ocidentais são bem adaptadas às condições econômicas atuais, as quais, em grande medida, elas criaram. Em condições diferentes, a vantagem do Ocidente pode desaparecer. Se o regime climático atual mudar significativamente, por exemplo com o resfriamento global que irá preceder o inevitável início da próxima Era Glacial, sociedades mais autoritárias como as da Ásia oriental poderiam estar em melhor posição para suportar pressões duras. Pelo critério de sucesso da evolução, os asiáticos orientais já são a população humana de maior sucesso: os chineses han são o grupo étnico humano mais numeroso. Segundo outro critério biológico, a população da África é a mais importante, já que abriga uma diversidade genética maior e, portanto, uma fatia maior do patrimônio genético humano do que qualquer outra raça.

As várias raças e etnias em que os seres humanos se desenvolveram representam um grande experimento no qual a natureza testou algumas das variações inerentes ao genoma humano. O experimento não está sendo realizado em nosso interesse – ele não tem propósito nem objetivo –, mas oferece benefícios consideráveis. Em vez de haver um único tipo de sociedade humana, existem muitos, criando uma rica diversidade de culturas, cujas características mais promissoras podem ser adotadas e melhoradas por outras. Sem as competências produtivas ocidentais, os países da Ásia oriental ainda poderiam estar presos a autocracias estagnadas. No Ocidente, o sucesso dos judeus beneficiou todas as economias em que eles trabalharam, contribuindo imensamente para as artes e as ciências. As culturas fortes da Ásia oriental podem ainda encontrar meios de sobrepujar o Ocidente, como fizeram na maior parte de sua história pregressa.

COMPREENDENDO A RAÇA

A ideia de que as populações humanas são geneticamente diferentes umas das outras tem sido fortemente ignorada por acadêmicos e por criadores de políticas públicas por medo de que essa investigação possa promover o racismo. O argumento apresentado aqui é que as pessoas no mundo inteiro são muito semelhantes como indivíduos, mas as sociedades são muito distintas por causa de diferenças evolutivas no comportamento social. Seria melhor levar em conta as diferenças evolutivas do que continuar a ignorá-las.

Além disso, os temores de que o entendimento evolutivo da raça vá promover uma nova fase de racismo e de imperialismo são certamente exagerados. As lições dos abusos do passado ainda estão bastante vívidas. A ciência pode ser um corpo autônomo de conhecimento, mas sua interpretação depende muito do clima intelectual da época. No século XIX, período de vigorosa expansão europeia, as pessoas voltavam-se para o darwinismo social a fim de justificar a dominação dos outros e a fim de negar assistência estatal aos pobres. Essa interpretação do darwinismo foi tão extensivamente repudiada que é difícil conceber alguma circunstância em que ela pudesse ser ressuscitada com sucesso.

Contudo, não é uma forma de racismo associar o sucesso do Ocidente à genética dos ocidentais? Por muitas razões, não é esse o caso. Primeiro, não há uma afirmação de superioridade, o que é a essência do racismo, e de qualquer modo o sucesso do Ocidente é provisório. Suas economias são um livro aberto, que todos podem copiar, como estão copiando, e melhorar. Como todos sabem, a China é uma potência em ascensão, cujo papel no mundo ainda está por ser definido. As nações são comparadas segundo métricas como o poderio econômico ou militar, que mudam constantemente e não dão a ninguém o direito de reivindicar um domínio permanente, muito menos uma superioridade intrínseca.

Segundo, as realizações de uma sociedade, seja na economia, seja nas artes, seja na prontidão militar, baseiam-se antes de mais nada em suas instituições, que em sua essência são em grande parte culturais. Os genes podem ser um empurrãozinho para o comportamento social ir em uma ou em outra direção, afetando assim a natureza das instituições de uma sociedade em uma escala temporal de gerações e preparando o arcabouço dentro do qual a cultura opera, mas esse é um efeito de longo prazo, que deixa bastante espaço para a cultura desempenhar um papel importante.

Terceiro, todas as raças humanas são variações de um tema comum. Não existe base, desde uma perspectiva evolutiva ou qualquer outra, para declarar que uma variação é superior às demais.

Uma razão por que a discussão da genética é tão minada deve-se ao pressuposto de que os genes são imutáveis e de que dizer que uma pessoa ou um grupo de pessoas trazem genes não vantajosos torna seus casos irremediáveis. Isso, na melhor das hipóteses, é uma verdade parcial.

Os genes cujos efeitos não podem ser mudados, como aqueles que determinam a cor da pele, do cabelo ou as proporções do corpo, não são ou não deveriam ser relevantes para o sucesso de uma economia moderna. Os genes importantes, ao menos no que diz respeito às diferenças entre civilizações, são aqueles que influenciam o comportamento social.

Porém, os genes que governam o comportamento humano raramente emitem imperativos. Eles operam criando meras inclinações, e mesmo as mais fortes delas podem ser sobrepujadas. Quase com certeza há genes que predispõem as pessoas a considerar o incesto uma aberração, mas casos de incesto estão longe de ser raros porque essas proibições neurais podem ser ignoradas. Como é possível resistir à incitação dos genes comportamentais, o comportamento social arraigado pode ser submetido a diversas manipulações, que vão da educação e da pressão social aos incentivos fiscais. Em suma, muitos comportamentos sociais podem ser modificados, e provavelmente é isso que acontece, mesmo que eles sejam influenciados geneticamente. No que diz respeito ao comportamento, genético não significa imutável.

Muitas formas de conhecimentos novos são potencialmente perigosas, sendo a energia do átomo um exemplo de destaque. Porém, em vez de restringir a investigação, as sociedades ocidentais em geral decidem que a melhor política é continuar a exploração, confiando em que as recompensas podem ser colhidas e os riscos, controlados. É difícil ver por que a exploração do genoma humano e de suas variações raciais deveria ser considerada uma exceção a esse princípio, ainda que os pesquisadores e seu público devam primeiro desenvolver as palavras e os conceitos para discutir objetivamente um assunto perigoso.

A visão pressuposta de muitos acadêmicos – de historiadores e antropólogos a geneticistas populacionais – é que a evolução humana parou no passado distante, e só então, após uma pausa considerável, a história começou. Entretanto, a teoria perpetuamente perturbadora de Darwin não obedece às crenças religiosas e políticas de ninguém, muitas vezes expondo os que resistem a seu alcance ao ridículo das gerações futuras. Se a evolução não pode parar, então a história tem de seguir seu curso dentro de seu arcabouço, sujeita à mudança evolutiva.

Normalmente se considera que o conhecimento é uma base melhor para as políticas públicas do que a ignorância. Este livro foi uma tentativa, sem dúvida imperfeita, de dissipar o temor do racismo que paira sobre a discussão das diferenças entre grupos humanos e de começar a explorar as implicações de longo alcance da descoberta de que a evolução humana tem sido recente, copiosa e regional.

Notas

EVOLUÇÃO, RAÇA E HISTÓRIA

1 Akey, Joshua M. "Constructing Genomic Maps of Positive Selection in Humans: Where Do We Go from Here?". *Genome Research*, v. 19, 2009, pp. 711-22.

2 Wilde, Sandra et alii. "Direct Evidence for Positive Selection of Skin, Hair, and Eye Pigmentation in Europeans During the Last 5,000 Years". *Proceedings of the National Academy of Sciences*, n. 111, 2013, pp. 4.832-7.

3 Milot, Emmanuel et alii. "Evidence for Evolution in Response to Natural Selection in a Contemporary Human Population". *Proceedings of the National Academy of Sciences*, v. 108, 2011, pp. 17.040-5.

4 Stearns, Stephen C. et alii. "Measuring Selection in Contemporary Human Populations". *Nature Reviews Genetics*, v. 11, n. 9 , set./2010, pp. 1-13.

5 Associação Americana de Antropologia [American Anthropological Association]. Race: A Public Education Project. Disponível em: http://www.aaanet.org/resources/A-Public-Education-Program.cfm.

6 Goodman, Alan H.; Moses, Yolanda T.; Jones, Joseph L. "Race: Are We So Different?". *American Anthropological Association*, Arlington, VA, v. 2, 2012.

7 Associação Americana de Sociologia [American Sociological Association]. The Importance of Collecting Data and Doing Social Scientific Research on Race. Washington, DC: American Sociological Association, 2003. Disponível em: http://www2.asanet.org/media/asa_race_statement.pdf.

8 Chabris, Christopher F. et alii. "Most Reported Genetic Associations with General Intelligence Are Probably False Positives". *Psychological Science*, v. 20, n. 10, 24/9/2012, pp. 1-10.

9 Epstein, David. *The Sports Gene: Inside the Science of Extraordinary Athletic Performance*. Nova York: Current, 2013, p. 176.

PERVERSÕES DA CIÊNCIA

1 Hofstadter, Richard. *Social Darwinism in American Thought*. Boston: Beacon Press, 1992, p. 171.

2 Isaac, Benjamin. *The Invention of Racism in Classical Antiquity*. Princeton: Princeton University Press, 2004, p. 23.

3 Painter, Nell Irving. "Why White People Are Called 'Caucasian'?". Trabalho apresentado na Quinta Conferência Internacional Anual do Gilder Lehrman Center, Universidade Yale, New Haven, CT, 7-8/11/2003. Disponível em: http://www.yale.edu/glc/events/race/Painter.pdf.

4 Lewis, Jason E. et alii. "The Mismeasure of Science: Stephen Jay Gould Versus Samuel George Morton on Skulls and Bias". *PLoS Biology*, v. 9, n. 6, 7/6/2011. Disponível em: www.plosbiology.org/article/info%3Adoi%2F10.1371%2Fjournal.pbio.1001071.

5 Hofstadter, Richard, op. cit., p. xvi.

6 Darwin, Charles. *The Descent of Man and Selection in Relation to Sex*. 2. ed. Nova York: Appleton, 1898, p. 136.

7 Gillham, Nicholas Wright. *A Life of Sir Francis Galton: From African Exploration to the Birth of Eugenics*. Nova York: Oxford University Press, 2001, p. 166.

8 Idem, ibidem, p. 357.

9 Black, Edwin. *War Against the Weak: Eugenics and America's Campaign to Create a Master Race*. Nova York: Four Walls Eight Windows, 2003, p. 37.

10 Idem, ibidem, pp. 45-7.

11 Idem, ibidem, p. 90.

12 Kevles, Daniel J. *In the Name of Eugenics: Genetics and the Uses of Human Heredity*. Nova York: Knopf, 1985, p. 69.

13 Black, Edwin, op. cit., p. 87.

14 Idem, ibidem, p. 99.

15 Kevles, Daniel J., op. cit., p. 81.

16 Idem, ibidem, p. 106.

17 Black, Edwin, op. cit., p. 123.

18 Kevles, Daniel J., op. cit., p. 97.

19 Black, Edwin, op. cit., p. 393.

20 Grant, Madison. *The Passing of the Great Race; or, The Racial Basis of European History*. 4. ed. Nova York: Charles Scribner, 1932, p. 170.

21 Idem, ibidem, p. 263.

22 Spiro, Jonathan P. *Defending the Master Race: Conservation, Eugenics and the Legacy of Madison Grant*. Burlington: University of Vermont Press, 2009, p. 375.

23 Black, Edwin, op. cit., p. 100.

24 Idem, ibidem, p. 259.

25 Kevles, Daniel J., op. cit., p. 117.

26 Idem, ibidem, p. 118.

27 Hilberg, Raul. *The Destruction of the European Jews*. Nova York: Holmes & Meier, 1985, edição do aluno, p. 31.

28 Sherratt, Yvonne. *Hitler's Philosophers*. New Haven: Yale University Press, 2013, p. 60.

AS ORIGENS DA NATUREZA SOCIAL HUMANA

1 Chapais, Bernard. *Primeval Kinship: How Pair-Bonding Gave Birth to Human Society*. Cambridge: Harvard University Press, 2008, p. 4.

2 Darwin, Charles, op. cit., p. 131.

3 Tomasello, Michael. *Why We Cooperate*. Cambridge: MIT Press, 2009, p. 27.

4 Idem, ibidem, p. 23.

5 Idem, ibidem, p. 7.

6 Herrmann, Esther et alii. "Humans Have Evolved Specialized Skills of Social Cognition: The Cultural Intelligence Hypothesis". *Science*, v. 317, n. 5.843, 7/9/2007, pp. 1.360-6.

7 Tomasello, Michael; Carpenter, Malinda. "Shared Intentionality". *Developmental Science*, v. 10, n. 1, 2007, pp. 121-5.

8 McCall, Cade; Singer, Tania. "The Animal and Human Neuroendocrinology of Social Cognition, Motivation and Behavior". *Nature Neuroscience*, v. 15, 2012, pp. 681-8.

9 De Dreu, Carsten K. W. et alii. "Oxytocin Promotes Human Ethnocentrism". *Proceedings of the National Academy of Sciences*, v. 108, n. 4, 25/1/2011, pp. 1.262-6.

10 Skuse, David H. et alii. "Common Polymorphism in the Oxytocin Receptor Gene (OXTR) Is Associated With Human Recognition Skills". *Proceedings of the U.S. National Academy of Sciences*, 23/12/2013.

11 De acordo com Zoe R. Donaldson e Larry J. Young, "Oxytocin, Vasopressin and the Neurogenesis of Sociality". *Science*, v. 322, n. 5.903, 7/11/2008, pp. 900-4.

12 Wade, Nicholas. "Nice Rats, Nasty Rats: Maybe It's All in the Genes. *New York Times*, 25/7/2006. Disponível em: www.nytimes.com/2006/07/25/health/25rats.html?pagewanted=all&_r=0.

13 Anholt, Robert R. H.; Mackay, Trudy F. C. "Genetics of Aggression". *Annual Reviews of Genetics*, v. 46, pp. 145-64, 2012.

14 Guo, Guang et alii. "The VNTR 2 Repeat in MAO-A and Delinquent Behavior in Adolescence and Young Adulthood: Associations and MAO-A Promoter Activity". *European Journal of Human Genetics*, v. 16, 2008, pp. 624-34.

15 Gilad, Yoav et alii. "Evidence for Positive Selection and Population Structure at the Human MAO-A Gene". *Proceedings of the National Academy of Sciences*, v. 99, n. 2, 22/1/2002, pp. 862-7.

16 Beaver, Kevin M. et alii. "Exploring the Association Between the 2-Repeat Allele of the MAO-A Gene Promoter Polymorphism and Psychopathic Personality Traits, Arrests, Incarceration, and Lifetime Antisocial Behavior". *Personality and Individual Differences*, v. 54, n. 2, jan./2013, pp. 164-8.

17 Bevilacqua, Laura et alii. "A Population-Specific HTR2B Stop Codon Predisposes to Severe Impulsivity". *Nature*, v. 468, n. 7.327, 23/12/2010, pp. 1.061-6.

18 Wilson, Edward O. *Sociobiology: The New Synthesis*. Cambridge: Harvard University Press, 1975, pp. 547-75.

19 Wilson, Edward O. *On Human Nature*. Cambridge: Harvard University Press, 1978, p. 167.

20 Tishkoff, Sarah A. et alii. "Convergent Adaptation of Human Lactase Persistence in Africa and Europe". *Nature Genetics*, v. 39, n. 1, jan./2007, pp. 31-40.

21 Kaplan, Hillard S.; Hooper, Paul L.; Gurven, Michael. "The Evolutionary and Sociological Roots of Human Social Organization". *Philosophical Transactions of the Royal Society B: Biological Science*, v. 364, n. 1.533, 12/11/2009, pp. 3.289-99.

O EXPERIMENTO HUMANO

1 Darwin, Charles, op. cit., p. 171.

2 Tattersall, Ian; DeSalle, Rob. *Race? Debunking a Scientific Myth*. College Station: Texas A&M University Press, 2011.

3 Venter, J. Craig. *A Life Decoded: My Genome, My Life*. Nova York: Penguin Books, 2008.

4 Diamond, Jared. "Race Without Color". *Discover*, nov./1994.

5 Collins, Francis S.; Mansoura, Monique K. "The Human Genome Project: Revealing the Shared Inheritance of All Humankind", suplemento de *Cancer*, jan./2001.

6 Coyne, Jerry A. "Are There Human Races?". Disponível em: http://whyevolutionistrue.wordpress.com/2012/02/28/are-there-human-races.

7 Montagu, Ashley. *Man's Most Dangerous Myth: The Fallacy of Race*. 6. ed. Lanham, MD: AltaMira Press/Rowman & Littlefield, 1997, p. 41.

8 Idem, ibidem, p. 47.

9 Sauer, Norman J. "Forensic Anthropology and the Concept of Race: If Races Don't Exist, Why Are Forensic Anthropologists So Good at Identifying Them?". *Social Science and Medicine*, v. 34, n. 2, jan./1992, pp. 107-11.

10 Jordan, Winthrop D. *The White Man's Burden: Historical Origins of Racism in the United States*. Nova York: Oxford University Press, 1974, pp. xi-xii.

11 Novembre, John et alii. "Genes Mirror Geography Within Europe". *Nature*, v. 456, n. 7.218, 6/11/2008, pp. 98-101.

12 O'Dushlaine, Colm et alii. "Genes Predict Village of Origin in Rural Europe". *European Journal of Human Genetics*, v. 18, n. 11, nov./2010, pp. 1.269-70.

13 Ver, por exemplo, *The History and Geography of Human Genes* (Princeton: Princeton University Press, 1994), obra clássica de L. Luca Cavalli-Sforza, Paolo Menozzi e Alberto Piazza.

14 Parra, Esteban J. "Human Pigmentation Variation: Evolution, Genetic Basis, and Implications for Public Health". *Yearbook of Physical Anthropology*, v. 50, 2007, pp. 85-105.

15 Lamason, Rebecca L. et alii. "SLC24A5, a Putative Cation Exchanger, Affects Pigmentation in Zebrafish and Humans". *Science*, v. 310, n. 5.755, 16/12/2005, pp. 1.782-6.

16 Fujimoto, Akihiro et alii. "A Scan for Genetic Determinants of Human Hair Morphology: EDAR Is Associated with Asian Hair Thickness". *Human Molecular Genetics*, v. 17, n. 6, 15/3/2008, pp. 835-43.

17 Kamberov Yana G. et alii. "Modeling Recent Human Evolution in Mice by Expression of a Selected EDAR Variant". *Cell*, v. 152, n. 4, 14/2/2013, pp. 691-702.

18 Yoshiura, Koh-ichiro et alii. "A SNP in the ABCC11 Gene Is the Determinant of Human Earwax Type". *Nature Genetics*, v. 38, n. 3, mar./2006, pp. 324-30.

A GENÉTICA DA RAÇA

1 Darwin, Charles, op. cit., p. 132.

2 Bowcock, A. M. et alii. "High Resolution of Human Evolutionary Trees with Polymorphic Microsatellites". *Nature*, v. 368, n. 6.470, 31/3/1994, pp. 455-7.

3 Risch, Neil; Burchard, Esteban; Ziv, Elad; Tang, Hua. "Categorization of Humans in Biomedical Research: Genes, Race and Disease". *Genome Biology*, v. 3, n. 7, mar./2002. Disponível em: http://genomebiology.com/2002/3/7/comment/2007.

4 Wade, Nicholas. "Gene Study Identifies 5 Main Human Populations, Linking Them to Geography". *The New York Times*, 20/12/2002. Disponível em: http://www.nytimes.com/2002/12/20/us/gene-study-identifies-5-main-human-populations-linking-them-to-geography.htmlp.

5 Rosenberg, Noah A. et alii. "Genetic Structure of Human Populations". *Science*, v. 298, n. 5.602, 20/12/2002, pp. 2.381-5.

6 Livingstone, Frank B.; Dobzhansky, Theodosius. "On the Non-Existence of Human Races". *Current Anthropology*, v. 3, n. 3, jun./1962, p. 279.

7 Serre, David; Pääbo, Svante. "Evidence for Gradients of Human Genetic Diversity Within and Among Continents". *Genome Research*, v. 14, 2004, pp. 1.679-85.

8 Rosenberg, Noah A. et alii. "Clines, Clusters, and the Effect of Study Design on the Inference of Human Population Structure". *PLoS Genetics*, v. 1, n. 6, 2005, pp. 660-71.

9 Li, Jun Z. et alii. "Worldwide Human Relationships Inferred from Genome--Wide Patterns of Variation". *Science*, v. 319, n. 5.866, 22/2/2008, pp. 1.100-4.

10 Tishkoff, Sarah A. et alii. "The Genetic Structure and History of Africans and African Americans". *Science*, v. 324, n. 5.930, 22/5/2009, pp. 1.035-44.

11 Voight, Benjamin F.; Kudaravalli, Sridhar; Wen, Xiaoquan; Pritchard, Jonathan K. "A Map of Recent Positive Selection in the Human Genome". *PLoS Biology*, v. 4, n. 3, mar./2006, pp. 446-53.

12 Grossman, Sharon R. et alii. "Identifying Recent Adaptations in Large-Scale Genomic Data". *Cell*, v. 152, n. 4, 14/2/2013, pp. 703-13.

13 Idem, ibidem. As cifras não são dadas no texto, mas podem ser vistas em uma tabela suplementar, a Tabela S2.

14 Akey, Joshua M. "Constructing Genomic Maps of Positive Selection in Humans: Where Do We Go from Here?". *Genome Research*, v. 19, n. 5, mai./2009, pp. 711-22.

15 Kittler, Ralf; Kayser, Manfred; Stoneking, Mark. "Molecular Evolution of *Pediculus humanus* and the Origin of Clothing". *Current Biology*, v. 13, n. 16, 19/8/2003, pp. 1.414-7. Outro pesquisador do piolho, David Reed, defendeu que uma data muito anterior, talvez 500 mil anos atrás, é a correta.

16 Herráez, David López et alii. "Genetic Variation and Recent Positive Selection

in Worldwide Human Populations: Evidence from Nearly 1 Million SNPs". *PLoS One*, v. 4, n. 11, 18/11/2009, pp. 1-16.

17 Coop, Graham et alii. "The Role of Geography in Human Adaptation". *PLoS Genetics*, v. 5, n. 6, jun./2009, pp. 1-16.

18 Gross, Matthew B.; Kniffen, Cassandra. "Duffy Antigen Receptor for Chemokines: DARC". *Online Mendelian Inheritance in Man*, 10/12/2012. Disponível em: http://omim.org/entry/613665.

19 Miller, C. T. et alii. "cis-Regulatory Changes in Kit Ligand Expression and Parallel Evolution of Pigmentation in Sticklebacks and Humans". *Cell*, v. 131, 2007, pp. 1.179-89.

20 Hernandez, Ryan D. et alii. "Classic Selective Sweeps Were Rare in Recent Human Evolution". *Science*, v. 331, n. 6.019, 18/2/2011, pp. 920-4.

21 Pritchard, Jonathan K. "Adaptation – Not by Sweeps Alone". *Nature Reviews Genetics*, v. 11, n. 10, out./2010, pp. 665-7.

22 Tang, Hua et alii. "Genetic Structure, Self-Identified Race/Ethnicity, and Confounding in Case-Control Association Studies". *American Journal of Human Genetics*, v. 76, n. 2, fev./2005, pp. 268-75.

23 Kosoy, Roman et alii. "Ancestry Informative Marker Sets for Determining Continental Origin and Admixture Proportions in Common Populations in America". *Human Mutation*, v. 30, n. 1, jan./2009, pp. 69-78.

24 Jin, Wenfei et alii. "A Genome-Wide Detection of Natural Selection in African Americans Pre- and Post-Admixture". *Genome Research*, v. 22, n. 3, 1º/3/2012, pp. 519-27.

25 Bhatia, Gaurav et alii. "Genome-Wide Scan of 29,141 African Americans Finds no Evidence of Directional Selection Since Admixture". *American Journal of Human Genetics*, n. 95, 2014, pp. 437-44.

26 Lewontin, Richard. "The Apportionment of Human Diversity". *Evolutionary Biology*, v. 6, 1972, pp. 396-7, apud Montagu, Ashley, op. cit., pp. 45-6.

27 Apud Hartl, Daniel L.; Clark, Andrew G. *Principles of Population Genetics*. 3. ed. Sunderland: Sinauer Associates, 1997, p. 119.

28 Apud Harpending, Henry; Rogers, Alan R. "Genetic Perspectives in Human Origins and Differentiation". *Annual Review of Genomics and Human Genetics*, v. 1, 2000, pp. 361-85.

29 Edwards, A. W. F. "Human Genetic Diversity: Lewontin's Fallacy". *BioEssays*, v. 25, n. 8, ago./2003, pp. 798-801.

30 Hagen, Ed. "Biological Aspects of Race", declaração de posição da Associação Americana de Antropólogos Físicos. *American Journal of Physical Anthropology*, v. 101, 1996, pp. 569-70. Disponível em: www.physanth.org/association/position-statements/biological-aspects-of-race.

31 American Anthropological Association. "Statement on 'Race'", 17/5/1998. Disponível em: www.aaanet.org/stmts/racepp.htm.

SOCIEDADES E INSTITUIÇÕES

1 Elias, Norbert. *The Germans: Power Struggles and the Development of Habitus in the Nineteenth and Twentieth Centuries*. Nova York: Columbia University Press, 1996, pp. 18-9. [ed. bras.: *Os alemães. A luta pelo poder e a evolução do habitus nos séculos XIX e XX*. Rio de Janeiro: Zahar, 1997.]

2 North, Douglass C. *Understanding the Process of Economic Change*. Princeton: Princeton University Press, 2005, p. 99.

3 Wade, Nicholas. *The Faith Instinct: How Religion Evolved and Why It Endures*. Nova York: Penguin Press, 2010, pp. 124-43.

4 Chagnon, Napoleon A. "Life Histories, Blood Revenge, and Warfare in a Tribal Population". *Science*, v. 239, n. 4.843, 28/2/1988, pp. 985-92.

5 Carneiro, Robert L. "A Theory of the Origin of the State". *Science*, v. 169, n. 3.947, 21/8/ 1970, pp. 733-8.

6 Fukuyama, Francis. *The Origins of Political Order: From Prehuman Times to the French Revolution*. Nova York: Farrar, Straus & Giroux, 2011, v. 1, p. 48. [ed. bras.: *As origens da ordem política: dos tempos pré-humanos até a Revolução Francesa*. Rio de Janeiro: Rocco, 2013.]

7 Idem, ibidem, p. 99.

8 "The Book of Lord Shang". Disponível em: http://en.wikipedia.org/wiki/The_Book_of_Lord_Shang.

9 Fukuyama, Francis, op. cit., p. 421.

10 Idem, ibidem, p. 14.

11 Acemoğlu, Daron; Robinson, James A. *Why Nations Fail: The Origins of Power, Prosperity, and Poverty*. Nova York: Crown, 2012, p. 398. [ed. bras.: *Por que as nações fracassam*. Tradução de Cristiana Serra. Rio de Janeiro: Elsevier, 2012.]

12 Idem, ibidem, p. 364.

O REMODELAMENTO DA NATUREZA HUMANA

1 Sowell, Thomas. *Conquests and Cultures: An International History*. Nova York: Basic Books, 1999, p. 329.

2 Pomeranz, Kenneth. *The Great Divergence: China, Europe, and the Making of the Modern World Economy*. Princeton: Princeton University Press, 2000, p. 3. [ed. port.: *A grande divergência: a China, a Europa e a formação da economia mundial moderna*. Lisboa: Edições 70, 2013.]

3 Clark, Gregory. *A Farewell to Alms: A Brief Economic History of the World*. Princeton: Princeton University Press, 2007, p. 127. [ed. port.: *Um adeus às esmolas*. Lisboa: Bizâncio, 2008.]

4 Idem, ibidem, p. 179.

5 Idem, ibidem, p. 234.

6 Wade, Nicholas. *Before the Dawn: Recovering the Lost History of Our Ancestors*. Nova York: Penguin Press, 2007, p. 112.

7 Clark, Gregory, op. cit., p. 259.

8 Idem, ibidem, p. 245.

9 Clark, Gregory. "The Indicted and the Wealthy: Surnames, Reproductive Success, Genetic Selection and Social Class in Pre-Industrial England", 19/1/2009. Disponível em: www.econ.ucdavis.edu/faculty/gclark/Farewell%20to%20Alms/Clark%20-Surnames.pdf.

10 Unz, Ron. "How Social Darwinism Made Modern China: A Thousand Years of Meritocracy Shaped the Middle Kingdom". *The American Conservative*, 11/3/2013. Disponível em: www.theamericanconservative.com/articles/how-social-darwinism-made-modern-china-248.

11 Huff, Toby E. *The Rise of Early Modern Science: Islam, China, and the West*, 2. ed. Nova York: Cambridge University Press, 2003, p. 282.

12 Lahr, Marta Mirazón. *The Evolution of Modern Human Diversity: A Study of Cranial Variation*. Cambridge: Cambridge University Press, 1996, p. 263.

13 Lahr, Marta Mirazón; Wright, Richard V. S. "The Question of Robusticity and the Relationship Between Cranial Size and Shape in *Homo sapiens*". *Journal of Human Evolution*, v. 31, n. 2, ago./1996, pp. 157-91.

14 Entrevista com Richard Wrangham. Disponível em: Edge.org, 2/2/2002.

15 Elias, Norbert. *The Civilizing Process: Sociogenetic and Psychogenetic Investigations*. Oxford: Blackwell, 1994, p. 167. [ed. bras.: *O processo civilizador*. Rio de Janeiro: Zahar, 1995.]

16 Pinker, Steven. *The Better Angels of Our Nature: Why Violence Has Declined*. Nova York: Viking, 2011, pp. 48-50. [ed. bras.: *Os anjos bons da nossa natureza. Por que a violência diminuiu*. Tradução de Bernardo Joffily e Laura Teixeira Motta. São Paulo: Companhia das Letras, 2013.]

17 Idem, ibidem, pp. 60-3.

18 Idem, ibidem, p. 149.

19 Idem, ibidem, p. 613.

20 Idem, ibidem, p. 614.

21 Gibbons, Jonathan (org.). *2011 Global Study on Homicide: Trends, Context, Data*. Viena: Escritório das Nações Unidas sobre Drogas e Crime, 2010.

22 Salzman, Philip Carl. *Culture and Conflict in the Middle East*. Amherst: Humanity Books, 2008, p. 184.

23 *Arab Human Development Report 2009: Challenges to Human Security in the Arab Countries*. Nova York: Programa de Desenvolvimento das Nações Unidas, Escritório Regional para os Países Árabes, 2009, p. 9.

24 Idem, ibidem, p. 193.

25 Meredith, Martin. *The Fate of Africa: A History of Fifty Years of Independence*. Nova York: PublicAffairs, 2005, p. 682.

26 Dowden, Richard. *Africa: Altered States, Ordinary Miracles*. Nova York: Public Affairs, 2009, p. 535.

27 Devarajan, Shantayanan; Fengler, Wolfgang. "Africa's Economic Boom: Why the Pessimists and the Optimists Are Both Right". *Foreign Affairs*, pp. 68-81, mai.-jun./2013.

28 Clark, Gregory, op. cit., pp. 259-71.

29 Pomeranz, Kenneth, op. cit., p. 297.

30 Acemoğlu, Daron; Robinson, James A., op. cit., p. 73.

31 Harrison, Lawrence E.; Huntington, Samuel P. (orgs.). *Culture Matters: How Values Shape Human Progress*. Nova York: Basic Books, 2000, p. xiii.

32 Sachs, Jeffrey. "Notes on a New Sociology of Economic Development". In: Harrison; Huntington (orgs.), op. cit., pp. 41-2.

33 Glazer, Nathan. "Disaggregating Culture". In: Harrison; Huntington (orgs.), op. cit., pp. 220-1.

34 Etounga-Manguelle, Daniel. "Does Africa Need a Cultural Adjustment Program?". In: Harrison; Huntington (orgs.), op. cit. pp. 65-77.

35 Harrison, Lawrence E. *The Central Liberal Truth: How Politics Can Change a Culture and Save It from Itself.* Oxford: Oxford University Press, 2006, p. 1.

36 Sowell, Thomas. *Migrations and Cultures: A World View.* Nova York: Basic Books, 1996, p. 118.

37 Idem, ibidem, p. 192.

38 Idem, ibidem, p. 219.

39 Sowell, Thomas. *Conquests and Cultures,* p. 330.

40 Idem, *Migrations and Cultures,* p. 226.

41 Idem, ibidem, p. 57.

42 Chabris, Christopher F. et alii. "Most Reported Genetic Associations with General Intelligence Are Probably False Positives". *Psychological Science,* v. 20, n. 10, 24/09/2012, pp. 1-10.

43 Lynn, Richard; Vanhanen, Tatu. *IQ and Global Inequality.* Augusta: Washington Summit, 2006, pp. 238-9.

44 Idem, ibidem, p. 2.

45 Idem, ibidem, p. 277.

46 Idem, ibidem, p. 281.

47 Acemoğlu; Robinson, op. cit., p. 48.

48 Idem, ibidem, p. 238.

49 Idem, ibidem, p. 454.

50 Idem, ibidem, p. 211.

51 Idem, ibidem, p. 427.

ADAPTAÇÕES JUDAICAS

1 Himmelfarb, Gertrude. *The People of the Book: Philosemitism in England, from Cromwell to Churchill.* Nova York: Encounter Books, 2011, p. 3.

2 Murray, Charles. "Jewish Genius". *Commentary,* abr./2007, pp. 29-35.

3 Konner, Melvin. *Unsettled: An Anthropology of the Jews.* Nova York: Viking Compass, 2003, p. 199.

4 Ostrer, Harry; Skorecki, Karl. "The Population Genetics of the Jewish People". *Human Genetics,* n. 132, 2013, pp. 119-27.

5 Need, Anna C.; Kasparaviciutè, Dalia; Cirulli, Elizabeth T.; Goldstein, David B. "A Genome-Wide Genetic Signature of Jewish Ancestry Perfectly Separates Individuals with and without Full Jewish Ancestry in a Large Random Sample of European Americans". *Genome Biology*, v. 10, edição 1, artigo R7, 2009.

6 Cochran, Gregory; Hardy, Jason; Harpending, Henry. "Natural History of Ashkenazi Intelligence". *Journal of Biosocial Science*, v. 38, n. 5, set./2006, pp. 659-93.

7 Botticini, Maristella; Eckstein, Zvi. *The Chosen Few: How Education Shaped Jewish History, 70-1492*. Princeton: Princeton University Press, 2012, p. 109.

8 Idem, ibidem, p. 193.

9 Idem, ibidem, p. 267.

10 Konner, Melvin, op. cit., p. 189.

11 Risch, Neil et alii. "Geographic Distribution of Disease Mutations in the Ashkenazi Jewish Population Supports Genetic Drift over Selection". *American Journal of Human Genetics*, v. 72, n. 4, abr./2003, pp. 812-22.

12 Ver, por exemplo: Wade, Nicholas. *The Faith Instinct: How Religion Evolved and Why It Endures*. Nova York: Penguin Press, 2010, pp. 157-72.

13 Botticini, Maristella; Eckstein, Zvi, op. cit., p. 150.

14 Muller, Jerry Z. *Capitalism and the Jews*. Princeton: Princeton University Press, 2010, p. 88.

CIVILIZAÇÕES E HISTÓRIA

1 McNeill, William H. *A World History*. Nova York: Oxford University Press, 1967, p. 295.

2 Hanson, Victor Davis. *Carnage and Culture: Landmark Battles in the Rise to Western Power*. Nova York: Random House, 2001, p. 5.

3 Ferguson, Niall. *Civilization: The West and the Rest*. Londres: Allen Lane, 2011, p. 18.

4 Huff, Toby E. *Intellectual Curiosity and the Scientific Revolution: A Global Perspective*. Cambridge: Cambridge University Press, 2011, p. 126.

5 Idem, ibidem, p. 133.

6 Apud: Idem, ibidem, p. 110.

7 Diamond, Jared. *Guns, Germs, and Steel: The Fates of Human Societies*. Nova York: Norton, 1997, p. 25. [ed. bras.: *Armas, germes e aço: os destinos das sociedades humanas*. Tradução de Sílvia de Souza Costa. Rio de Janeiro: Record, 2001.]

8 Idem, ibidem, p. 21.

9 O QI médio de Papua Nova-Guiné é de 83, em comparação com o QI normalizado europeu de 100. Se Diamond tem em mente alguma medida mais apropriada da inteligência, ele não a menciona. Lynn, Richard; Vanhanen, Tatu, op. cit., p. 146.

10 Elvin, Mark. *The Pattern of the Chinese Past*. Palo Alto: Stanford University Press, 1973, pp. 297-8, apud Landes, David S. *The Wealth and Poverty of Nations: Why Some Are So Rich and Some So Poor*. Nova York: Norton, 1998, p. 55. [ed. bras.: *A riqueza e a pobreza das nações. Por que algumas são tão ricas e outras são tão pobres*. Tradução de Álvaro Cabral. Rio de Janeiro: Campus, 1998.]

11 Ferguson, Niall, op. cit., p. 13.

12 Idem, ibidem, pp. 256-7.

13 Jones, Eric. *The European Miracle: Environments, Economies, and Geopolitics in the History of Europe and Asia*. Cambridge: Cambridge University Press, 2003, p. 61.

14 Idem, ibidem, p. 106.

15 Apud Idem, ibidem, p. 153.

16 Jones, Eric, op. cit., p. 61.

17 Huff, Toby, op. cit., p. 128.

18 Kuran, Timur. *The Long Divergence: How Islamic Law Held Back the Middle East*. Princeton: Princeton University Press, 2011, p. 281.

19 Huff, Toby E., op. cit., p. 47.

20 Idem, ibidem, p. 321.

21 Idem, ibidem, p. 10.

22 Landes, David S., op. cit., p. 56.

23 Palestra em 1755, citada em: Stewart, Dugald. "Account of the Life and Writings of Adam Smith LL.D.". *Transactions of the Royal Society of Edinburgh*, 21 de janeiro e 18 de março de 1793, seção 4. Reproduzidas em: Hamilton, William (org.). *Collected Works of Dugald Stewart*. Edinburgh: Thomas Constable, 1854, v. 10, pp. 1-98.

24 Landes, David S., op. cit., p. 516.

PERSPECTIVAS EVOLUTIVAS SOBRE A RAÇA

1 Fukuyama, Francis. "America in Decay – the Sources of Political Dysfunction". *Foreign Affairs*, set.-out./2014, p. 8.

2 A imagem é derivada de uma ideia de Richard Dawkins que relaciona a ancestralidade de humanos e de chimpanzés.

3 Ferguson, Niall, op. cit., p. 322.

Agradecimentos

Este livro, assim como *The Faith Instinct* [O instinto da fé], seu antecessor, nasceu de *Before the Dawn* [Antes do amanhecer], um relato da evolução humana nos últimos 50 mil anos.

The Faith Instinct examinava o papel evolutivo da religião como força de coesão das sociedades humanas. Este livro explora novos dados do genoma humano que lançaram luzes sobre o surgimento das várias raças da humanidade. Tanto a religião quanto a raça são aspectos essenciais mas estranhamente inexplorados da experiência humana. Como tudo mais na biologia, elas só fazem sentido à luz da evolução.

Agradeço a Peter Matson, da Sterling Lord Literistic, por guiar o foco inicial do livro. Sou gratíssimo a Scott Moyers, da Penguin Press, por criticar extensivamente o livro e guiá-lo por muitos perigos com destreza editorial incansável.

Tenho uma grande dívida com os amigos que leram as primeiras versões e me pouparam de muitos erros de fato e de juízo, incluindo Nicholas W. Fisher, da Universidade de Aberdeen, Jeremy J. Stone, da Catalytic Diplomacy, Richard L. Tapper, da London School of Oriental and African Studies, e meu filho Alexander Wade, da organização Médicos Sem Fronteiras.

Índice remissivo

B

C

E

H

N

O

R

S

T

U

V

W

Y

Z

Este livro foi composto na fonte Albertina
e impresso em agosto de 2016 pela Intergraf,
sobre papel pólen soft 80 g/m².